Stimmrecht
und
Interessenkollision
bei den Personenverbänden des deutschen Reichsprivatrechts.

Von
Dr. Franz Herzfelder.

1927
J. Schweitzer Verlag (Arthur Sellier) München.

Druck von Dr. F. P. Datterer & Cie., Freising-München

Inhaltsübersicht.

Schrifttum.

Allgemeine Begründung zum Entwurf eines Gesetzes betreffend die Kommanditgesellschaften auf Aktien und die Aktiengesellschaften. Berlin 1883. Carl Heymanns Verlag (= Heymanns Entwurf).

Archiv für bürgerliches Recht (= Arch. f. bürgerl. R.).

Bachmann G., Der Entlastungsbeschluß (Décharcheerteilung) der Generalversammlung der Aktiengesellschaft für die Geschäftsführung der Verwaltung und die Rechnungsprüfung der Kontrollstellen, in Festschrift für Cohn, Zürich 1915 (= Bachmann).

— Die Sonderrechte des Aktionärs. Zürich 1902. (= Bachmann, Sonderrechte).

Bankarchiv, Zeitschrift für Bank- und Börsenwesen (= Bankarch.).

Behrend, Lehrbuch des Handelsrechts, Berlin 1880—1896 (= Behrend).

Beiträge zur Erläuterung des Deutschen Rechts, begründet von Gruchot (= Gruchot).

Bernicken, Anwesenheitsrecht, Teilnahmerecht und Stimmrecht bei Generalversammlungen in JW. 1926, 2877 ff. (= Bernicken).

Biermann, Deutsches bürgerliches Recht. Allgem. Teil, Berlin 1908 (= Biermann).

Böhm, Über Aktionärschutz. München u. Berlin 1910 (= Böhm).

Brand, Das Handelsgesetzbuch mit Ausschluß des Seerechts. Berlin 1911 (= Brand).

Bretting, Die Kaduzierung von Aktien. Halle 1918.

Brodmann, Kommentar zum GmbHGes. Berlin u. Leipzig 1924 (= Brodmann).

Cosack, Lehrbuch des Handelsrechts, 7. Aufl. Stuttgart 1910 (= Cosack) und 9. Aufl. Stuttgart 1922.

— Lehrbuch des bürgerlichen Rechts. I. Bd., 7. Aufl. Jena 1921/22 (= Cosack B. R.)

Dahmann, Das Stimmrecht des Aktionärs. Köln 1919. Diss. (= Dahmann).

Denkschrift zum Entwurf eines Handelsgesetzbuches und eines Einführungsgesetzes zum Handelsgesetzbuch. In Hahn-Mugdan, die gesamten Materialien zu den Reichsjustizgesetzen. VI. Bd. Materialien zum Handelsgesetzbuch. Berlin 1897 (= Denkschr. HGB. Mugdan).

Dernburg, Das bürgerliche Recht des Deutschen Reichs und Preußens. 3. Aufl. Halle 1906 (= Dernburg).

Deutsche Juristenzeitung (= DJZ.).

Düringer-Hachenburg, Das Handelsgesetzbuch vom 10. Mai 1897 (mit Ausschluß des Seerechts), IV. Bd., bearbeitet von Fleichtheim u. Geiler. Mannheim 1914 (= Düringer-Hachenburg).

Endemann, Lehrbuch des bürgerlichen Rechts. I. Bd. 9. Aufl. Berlin 1903 (= Endemann).

Enneccerus, Kipp, Wolff, Lehrbuch des bürgerlichen Rechts. I. Bd. bearbeitet von Enneccerus. 22.—24. Aufl., Marburg 1924.

Entwurf eines Gesetzes betreffend die Erwerbs- und Wirtschaftsgenossenschaften. Reichstagsvorlage. In Drucksachen des Reichstags. 7. Leg.-Per. IV. Session 1888/89. Nr. 28. Bericht der 7. Kommission dazu, ebenda Nr. 182.

Entwurf eines Gesetzes betreffend die Gesellschaften mit beschränkter Haftung. Reichstagsvorlage. In Drucksachen des Reichstags. 8. Leg.-Per. I. Session 1890/92. Nr. 660. Bericht der 25. Kommission dazu, ebenda Nr. 744.

Esser R. u. F., Die Aktiengesellschaft nach den Vorschriften des Handelsgesetzbuchs für das Deutsche Reich vom 10. Mai 1897. 2. Aufl. Berlin 1899 (= Esser).

Fischer Rudolf, Die Aktiengesellschaft, in Ehrenbergs Handbuch des gesamten Handelsrechts. III. Band, 1. Abteilung. Leipzig 1914 (= Fischer).
— — Die Kommanditgesellschaft auf Aktien, ebenda.
Flechtheim, Zur Stimmenthaltung des Vertragsgegners bei Gesellschaftsbeschlüssen, in JW. 1925, 564 ff. (= Flechtheim).
Förtsch R., Gesetz betreffend die Gesellschaften mit beschränkter Haftung in der am 1. Januar 1900 in Wirksamkeit tretenden Fassung. 2. Aufl. Leipzig 1900 (= Förtsch).
Gierke, Vereine ohne Rechtsfähigkeit. Berlin 1902.
— Die Genossenschaftstheorie und die deutsche Rechtsprechung. Berlin 1887 (= Gierke, Gen.-Theorie).
— Deutsches Privatrecht, I. Bd., in Bindings Handbuch der deutschen Rechtswissenschaften. Leipzig 1895 (= Gierke, DPrR.).
— Das deutsche Genossenschaftsrecht, Berlin 1868—81. Bd. I—IV. (= Gierke, Gen.-Recht mit Bandzahl).
Gieseke, Das Aktienstimmrecht der Banken. Berlin 1926 (= Gieseke).
Goldmann, Das Handelsgesetzbuch vom 10. Mai 1897. Berlin 1901/06 (= Goldmann).
Goldschmidts Zeitschrift für das gesamte Handelsrecht (= ZHR.).
Goldschmit, Das Recht des Aufsichtsrats. Berlin 1922 (= Goldschmit).
Hachenburg, Aus dem Recht der Gesellschaft m. b. H. 1. Der Ausschluß des Stimmrechts bei der G. m. b. H., in LZ. 1907, 460 ff. (= Hachenburg).
Hager, Schikane und Rechtsmißbrauch im heutigen bürgerlichen Recht. München 1903.
Haselberger, Das Stimmrecht des Aktionärs. München 1906 (= Haselberger).
Hecht, Zur Reform des Aktiengesellschaftsrechts. Berlin 1882.
Hergenhahn, Berufung und Tätigkeit der Generalversammlung der Aktiengesellschaft. Berlin 1884 (= Hergenhahn).
Hirths Annalen des Deutschen Reiches.
Holdheims Monatsschrift für Handelsrecht und Bankwesen, Steuer und Stempelfragen (= Holdheim).
v. Holzschuher, Theorie und Casuistik des gemeinen Zivilrechts. I. Bd. Leipzig 1863 (= Holzschuher).
Homberger, Das Recht der entstehenden Aktiengesellschaft. München 1906.
Horrwitz, Das Recht der Generalversammlungen der Aktiengesellschaften und der Kommanditgesellschaften auf Aktien. Berlin 1913 (= Horrwitz).
Hueck, Anfechtbarkeit und Nichtigkeit von Generalversammlungsbeschlüssen bei Aktiengesellschaften. Mannheim, Berlin, Leipzig 1924 (= Hueck).
Jacobi, Die Wertpapiere, in Ehrenbergs Handbuch des gesamten Handelsrechts. IV. Bd. I. Abteilung. Leipzig 1917.
Iherings Jahrbücher für die Dogmatik des bürgerlichen Rechts.
Isay Herm. u. Rud., Allgemeines Berggesetz für die Preußischen Staaten, I. Bd. Mannheim 1919 (= Isay).
Jung, Über die Unterschiede zwischen der Gesellschaft mit beschränkter Haftung von der Aktiengesellschaft. Frankfurt 1897.
Juristische Wochenschrift (= JW.).
Karo, Die rechtliche Natur des Aktienbezugsrechts und seine Gestaltung bei dem Bestehen eines Pfandrechts. Erlangen 1916. Diss.
Katz-Dyhrenfurt, Die Aktiengesellschaft unter dem neuen Aktiengesetz. Berlin 1899.
Keyßner, Die Aktiengesellschaften und die Kommanditgesellschaften auf Aktien. Berlin 1873 (= Keyßner).
Knoke, Das Recht der Gesellschaft nach dem Bürgerlichen Gesetzbuch. Jena 1901 (= Knoke).
Lehmann, Das Recht der Aktiengesellschaft. I. u. II. Band. Berlin 1898, 1904 (= Lehmann AG. I u. II).
— Lehrbuch des Handelsrechts, I. Halbbd. 3. Aufl. Leipzig 1921. Im übrigen 2. Aufl., Leipzig 1912.
Lehmann-Ring, Das Handelsgesetzbuch für das Deutsche Reich. 2. Band, 2. Aufl. Berlin 1913 (= Lehmann-Ring).
Leipziger Zeitschrift für Deutsches Recht (= LZ.).
Leist, Untersuchungen zum inneren Vereinsrecht. Jena 1904.

Liebmann, Kommentar zum Gesetz betreffend die Gesellschaft mit beschränkter Haftung. 6. Aufl., Berlin 1921 (= Liebmann).
Makower, Handelsgesetzbuch mit Kommentar. I. Bd. Teil I. 12. Aufl. Berlin 1901 (= Makower).
Manigk, Willenserklärung und Willensgeschäft. Berlin 1907 (= Manigk).
Markowitsch, Das Problem der Sonderrechte der Körperschaftsmitglieder. Berlin 1910. Diss. (= Markowitsch).
Marquardt, Das Stimmrecht des Gesellschafters in eigener Sache, in JW. 1914, 1031 ff. (= Marquardt).
Marx, Ein Vorschlag zur Reform des Aktienrechts auf der Grundlage des Persönlichkeitsprinzips. Zentralblatt für Handelsrecht 1926, 349 ff. (= Marx).
Merzbacher, Reichsgesetz betreffend die Gesellschaft mit beschränkter Haftung. 8. Aufl. München 1923 (= Merzbacher).
Möser, Die Generalversammlung der Aktiengesellschaft auf Grund einer wirtschaftskritischen Betrachtung der gesetzlichen Vorschriften. Berlin 1925 (= Möser).
Mugdan, Die gesamten Materialien zum Bürgerlichen Gesetzbuch. I. Band. Allgemeiner Teil. Berlin 1899.
Müller-Erzbach, Deutsches Handelsrecht. Tübingen 1921 (= Müller-Erzbach).
Neukamp, Das Reichsgesetz betreffend die Gesellschaft mit beschränkter Haftung. 5.—7. Aufl. Berlin 1923/24 (= Neukamp).
Oertmann, Bürgerliches Gesetzbuch. Erstes Buch. Allgemeiner Teil. 3. Aufl. Erste Hälfte. Berlin 1926. (= Oertmann).
— Das Recht der Schuldverhältnisse. 3./4. Aufl. Berlin 1910 (= Oertmann Schuldverhältnisse).
Parisius-Crüger, Das Reichsgesetz betreffend die Erwerbs- und Wirtschaftsgenossenschaften. 10. Aufl. Berlin 1926 (= Parisius-Crüger).
Parisius-Crüger-Crecelius, Das Reichsgesetz betreffend die Gesellschaften mit beschränkter Haftung. 6. Aufl. Berlin 1922 (= Parisius-Crüger GmbHGes.).
Passow, Die Aktiengesellschaft. Jena 1922 (= Passow).
Petersen und Pechmann, Gesetz betreffend die Kommanditgesellschaften auf Aktien und die Aktiengesellschaften. Leipzig 1890 (= Pechmann).
Pinner, Das deutsche Aktienrecht. Berlin 1899 (= Pinner).
— Beiträge zum Aktienrecht. Berlin 1918 (= Pinner Beiträge).
Planck, Bürgerliches Gesetzbuch nebst Einführungsgesetz. Bd. I. 4. Aufl. Berlin 1913. Herausgegeben von Strohal, bearbeitet von Knoke, Strecker und Flad. Bd. II. 3. Aufl. Berlin 1907, bearbeitet von Planck, Greiff, André, Unzner, Strecker (= Planck).
Planitz, Die Stimmrechtsaktie. Leipzig 1922 (= Planitz).
Rathenau, Vom Aktienwesen. Berlin 1917 (= Rathenau).
Rehbein, Das bürgerliche Gesetzbuch mit Erläuterungen für Studium und Praxis. Bd. I. Allgemeiner Teil. Berlin 1899 (= Rehbein).
Rehm, Die Bilanzen der Aktiengesellschaften und der Gesellschaften mit beschränkter Haftung. 2. Aufl. München 1914 (= Rehm, Bilanzen).
Das deutsche Bürgerliche Gesetzbuch, erläutert von Reichsgerichtsräten. 5. Aufl. Nürnberg 1923 (= RGR.-Kommentar).
Renaud, Das Recht der Aktiengesellschaften. Leipzig 1875 (= Renaud).
Richter, Das Stimmrecht des Aktionärs. Borna-Leipzig 1906. Diss. (= Richter).
Riesenfeld, Der Einfluß des neuen Aktienrechts. Berlin 1899 (= Riesenfeld).
Ring, Das Reichsgesetz betreffend die Kommanditgesellschaften auf Aktien und die Aktiengesellschaften. 2. Aufl. Berlin 1893 (= Ring).
Ritter, Das Handelsgesetzbuch, Berlin 1910 (= Ritter).
Rosenkranz, Die Beschlußfassung der Generalversammlung der Aktiengesellschaft. Kiel 1900. Diss. (= Rosenkranz).
Runkel-Langsdorff, Die Folgen des Erwerbs eigener Aktien durch die Aktiengesellschaft. Leipzig 1906 (= Runkel-Langsdorff).
Schifferer, Die Entlastung der Organe einer Aktiengesellschaft. Jena 1924. Diss. (= Schifferer).
Schiller, Das Stimmrecht in der Gesellschaft mit beschränkter Haftung. Tübingen 1913. Diss. (= Schiller).
Schreib, Aktionär und Generalversammlung. Lucka 1912. Diss. (= Schreib).
Schreiber, Die Aktienkommanditgesellschaft. München 1925 (= Schreiber).
Simon, Die Vertretung eigener und fremder Aktien in der Generalversammlung, in Festgabe für Wilke. Berlin 1900 (= Simon).

Sontag, Die Aktiengesellschaft im Kampf zwischen Macht und Recht. Berlin 1918. (= Sontag).
Staub, Kommentar zum Handelsgesetzbuch. Bearbeitet von Pinner, Könige, Bondi. 12. u. 13. Aufl. Berlin 1926 (= Staub).
Staubs Kommentar zum Gesetz betr. die Gesellschaften mit beschränkter Haftung. 4. Aufl., bearbeitet von Hachenburg. Berlin 1913 (= Staub-Hachenburg).
Staudinger, Das Vereinsrecht nach dem BGB. in SeuffBl. 62, 305 ff.
Staudingers Kommentar zum Bürgerlichen Gesetzbuch und dem Einführungsgesetz. I. Band. Erläutert von Loewenfeld u. Riezler. 9. Aufl. München, Berlin und Leipzig 1925.
II. Band. Erläutert von Kuhlenbeck, Kober u. Engelmann.
V. Band. Erläutert von Herzfelder. 7./8. Aufl. München u. Berlin 1912 (= Staudinger).
Steinmetz, Das Stimmrecht in der Generalversammlung der Aktiengesellschaft, Anklam 1919. Diss. (= Steinmetz).
Thalmessinger, Der Begriff der Gemeinschaft und die Geltung von Mehrheitsbeschlüssen bei Gemeinschaftsverhältnissen. Ulm 1899. Diss. (= Thalmessinger).
v. Tuhr, Allgemeiner Teil des BGB. I. Bd. in Bindings Handbuch der deutschen Rechtswissenschaft. X. Abteilung. 1. Teil. I. Band. Leipzig 1910.
v. Völderndorff, Das Reichsgesetz über Kommanditgesellschaften auf Aktien und die Aktiengesellschaften vom 18. Juli 1884. Erlangen 1884 (= Völderndorff).
Warneyer, Kommentar zum bürgerlichen Gesetzbuch für das Deutsche Reich. Tübingen 1923 (= Warneyer).
Wenck, Die Einberufung der Generalversammlungen. Marburg 1914.
Weudt, Die exceptio doli generalis im heutigen Recht in Arch. f. d. zivilist. Praxis 1906, 1 ff. (= Weudt).
Wieland, Handelsrecht. 1. Band; in Bindings Handbuch der deutschen Rechtswissenschaft. Leipzig 1921 (= Wieland).
Zeitschrift für Aktiengesellschaften und Gesellschaften mit beschränkter Haftung (= ZAG.).
— für das gesamte Aktienwesen (= ZAW.).
— für Gesellschaftswesen.
Zentralblatt für Handelsrecht, vereinigt mit der Zeitschrift für Gesellschaftswesen (= Zentrbl. f. HR.).

Abkürzungen.

AKG.	= Kommanditgesellschaft auf Aktien.
Berl. Tgbl.	= Berliner Tageblatt.
e. Gen.	= Erwerbs- und Wirtschaftsgenossenschaft(en).
FGJ.	= Jahrbuch in Angelegenheiten der freiwilligen Gerichtsbarkeit und des Grundbuchrechts, herausgegeben von Ring.
GeschAufsVO.	= Bekanntmachung über die Geschäftsaufsicht zur Abwendung des Konkurses vom 14. Dez. 1916 in der Fassung der VO. vom 8. Febr. 1924 und des Gesetzes vom 14. Juni 1924.
KGJ.	= Jahrbuch für Entscheidungen des Kammergerichts in Sachen der freiwilligen Gerichtsbarkeit, in Kosten-, Stempel- und Strafsachen.
RJA.	= Entscheidungen in Angelegenheiten der freiwilligen Gerichtsbarkeit und des Grundbuchrechts, zusammengestellt im Reichsjustizamt.
Rhein. Arch.	= Rheinisches Archiv für Zivil- und Kriminalrecht.
VAG.	= Gesetz über die privaten Versicherungsunternehmungen (Versicherungsaufsichtsgesetz) vom 12. Mai 1901.
VersVer. a. Gegs.	= Versicherungsverein auf Gegenseitigkeit.

§ 1.

A. Einleitung.

Es mag gewagt erscheinen, sämtliche Personenverbände des deutschen Reichsprivatrechts auch nur in irgend einer Beziehung einer einheitlichen Betrachtung unterziehen zu wollen, zumal dann, wenn man den Begriff des Personenverbandes, wie das im Folgenden geschehen soll, in seinem weitesten Sinne faßt, sodaß er außer den Körperschaften und „Gesellschaften" auch noch die „Gemeinschaften" im weiteren Sinne unter sich begreift; denn das Recht der Personenverbände ist von einem ungewöhnlichen Formenreichtum und einer Vielgestaltigkeit, die sich jeder einheitlichen Systematik zu entziehen scheint. Wenn trotzdem hier der Versuch gemacht wird ein bestimmtes Problem für alle Personenverbände des deutschen Reichsprivatrechts in einheitlicher Weise zu erörtern, so war dabei — bei voller Erkenntnis der Schwierigkeiten eines solchen Unternehmens — vor allem der Gesichtspunkt maßgebend, daß es trotz der bunten Vielgestaltigkeit innerhalb der Organisations- und Rechtsformen im Einzelnen doch auch einige Grundfragen und Grundgedanken gibt, die für alle oder fast alle jene Personenverbände Geltung haben. Solche gemeinsame Grundzüge finden wir freilich nur auf dem Gebiete der inneren Organisation der Personenverbände; diesem Gebiete, dem Gebiete des Innenlebens der Personenverbände, gehört aber die Frage an, die den Gegenstand der folgenden Ausführungen bildet.

Man kann heute insofern von einer grundsätzlich „demokratischen" Organisation der Personenverbände des deutschen Reichsprivatrechts sprechen, als bei ihnen allen von Gesetzeswegen grundsätzlich, wenn auch zum Teil in sehr beschränktem Umfang, die Mitglieder in gleichheitlicher Weise zur Mitwirkung bei der Besorgung der gemeinschaftlichen Angelegenheiten berechtigt sind. Während in der Regel allerdings die Vertretung nach außen und freilich auch häufig die Führung der gewöhnlichen Geschäfte in den Händen einiger weniger Personen ruht, gewährt das Gesetz grundsätzlich den Mitgliedern jener Verbände ein gleichheitliches Recht der Einflußnahme auf die Willensbildung im Inneren, indem es diese in der Regel wenigstens für Angelegenheiten bestimmter Art einer Beschlußfassung der Mitglieder überträgt und grundsätzlich allen Mitgliedern das Recht einräumt, an der Beschlußfassung teilzunehmen.

Das Recht auf die Angelegenheiten eines Personenverbandes durch Teilnahme an der Beschlußfassung mitbestimmend einzuwirken, ist das Stimmrecht. Seine Bedeutung ist für die einzelnen Personenverbände des Privatrechts je nach ihrer Rechts- und Organisationsform eine verschiedenartige, immer aber gewährt das Stimmrecht seinem Träger eine gewisse Macht innerhalb des Personenverbandes eine Macht, die von großer Tragweite und Bedeutsamkeit sein kann und daher unter Umständen für diejenigen, auf deren Interessen der

Stimmberechtigte einzuwirken vermag, eine bedenkliche Gefahr bedeutet, dann nämlich, wenn seine Ausübung in unverständiger und unsachgemäßer oder aber in mißbräuchlicher Weise erfolgt.

Die Gefahr einer unverständigen, unsachgemäßen Ausübung des Stimmrechts liegt auf der Hand; gegen sie gibt es grundsätzlich keinen gesetzlichen Schutz. Eine mißbräuchliche Ausübung des Stimmrechts dagegen ist in der Weise denkbar, daß das Stimmrecht entweder zum Schaden einzelner oder aller übrigen Mitglieder oder aber zum Schaden des ganzen Personenverbandes (zu dem der das Stimmrecht Ausübende selbst also auch gehört) betätigt wird. Mißbräuche der ersten Art entspringen zumeist Interessen- und Machtkämpfen innerhalb der Personenverbände, wie sie vor allem in besonders heftiger Form häufig bei den großen Kapitalgesellschaften vorzukommen pflegen und gerade in den letzten Jahren die Gerichte vielfach, zum Teil in aufsehenerregenden Streitfällen, beschäftigt haben.

Aber auch Mißbräuche der zweiten Art, also die mißbräuchliche Ausübung des Stimmrechts zum Schaden des Personenverbandes, sind häufige Erscheinungen im Leben der Personenverbände, auch sie haben in den letzten Jahren gerade bei den wirtschaftlich bedeutsamsten Personenverbänden des Privatrechts vielfach Anlaß zu gerichtlicher Entscheidung und wissenschaftlicher Erörterung gegeben.

Die Frage, welchen Schutz das Gesetz gegen Mißbräuche dieser Art gewährt, bildet den Kern des hier zu behandelnden Problems.

In der Regel bietet ja das eigene Interesse des Mitglieds eine gewisse Gewähr dafür, daß das Stimmrecht zum Besten des Personenverbandes ausgeübt wird, denn in den meisten Fällen stimmt das Interesse der Mitglieder mit dem Interesse des Personenverbandes, dem sie angehören, überein. Nicht selten sind jedoch auch diejenigen Fälle, wo das Interesse des Personenverbandes, das „Sozial"-interesse[1]), den privaten Sonderinteressen, den „Individual"-interessen eines Mitglieds, widerstreitet, also die Fälle der sogenannten I n t e r e s s e n k o l l i s i o n. Hier besteht die Gefahr, daß das Mitglied seine Privatinteressen denen des Personenverbandes überordnet und so unter Umständen die Interessen des Personenverbandes gefährdet und verletzt. Daß solche Fälle im praktischen Leben nicht selten vorzukommen pflegen und im Leben der Personenverbände eine nicht unerhebliche Rolle spielen, beweist vor allem der Umstand, daß in dieser Frage immer wieder die Gerichte angerufen werden[2]).

Die Bedeutung der Frage erhellt aber auch daraus, daß das deutsche Reichsprivatrecht in einigen besonders wichtigen Fällen der Interessenkollisionsgefahr für die Körperschaften ausdrücklich die Stimmenthaltung der „befangenen" Mitglieder vorschreibt. (Vgl. §§ 34 BGB., 252, III HGB., 47, IV GmbH. Ges., 43, III, GenGes., 36 VAG.).

Das deutsche Recht gewährt gegen die Gefahren der Interessenkollision noch manche andere Schutzmöglichkeiten als die Stimmenthaltung, diese ist aber das weitaus wirksamste und zweckmäßigste Schutzmittel. Im Folgenden soll daher nur untersucht werden, ob

---

[1]) In neuerer Zeit auch „Eigeninteresse" genannt. Vgl. Marx 349 f.

[2]) Einige besonders krasse Fälle, wo selbst Großaktionäre vor einer schweren Schädigung ihrer AG. ihrer privaten Vorteile halber nicht zurückschreckten, berichtet z. B. S o n t a g, 16 ff.

und inwieweit bei der Beschlußfassung der Mitglieder eines Personenverbandes des deutschen Reichsprivatrechts ein Mitglied in denjenigen Fällen, in denen sein Interesse dem des Personenverbandes widerstreitet, kraft Gesetzes vom Stimmrecht ausgeschlossen ist. Gerade für die Erörterung dieser Frage erwies sich die einheitliche Zusammenfassung aller Personenverbände der genannten Art als fruchtbar: denn einmal ist der Begriff der Beschlußfassung sowie der des Stimmrechts im Wesentlichen für alle Personenverbände ein einheitlicher; weiterhin kam der Gesichtspunkt in Betracht, daß gerade eine und dieselbe äußere Rechtsform von Personenverbänden ganz verschiedenen wirtschaftlichen Zwecken dienen und daher auch ganz verschiedene Organisationsformen unter sich begreifen kann, (wie z. B. die GmbH., der rechtsfähige Verein des BGB. oder die bürgerlich-rechtliche Gesellschaft), während anderseits unter scharf von einander unterschiedenen äußeren Rechtsformen wirtschaftlich und materiellrechtlich nah verwandte Organisationen sich verbergen können (so z. B. kann die GmbH. als Kapitalgesellschaft nach Art einer AG. ausgestaltet sein, sie kann aber auch als Personalgesellschaft einer bürgerlich-rechtlichen oder offenen Handelsgesellschaft äußerst nahe stehen), daß aber für gleichartige äußere Rechtsformen von Personenverbänden einheitliche allgemeine Grundsätze für die Frage der Stimmenthaltung in Fällen der Interessenkollision gelten; es ergab sich ferner gerade aus der Vergleichung und Gegenüberstellung verschiedenartiger und innerlich doch häufig nah verwandter Verhältnisse manche nicht unwichtige Folgerung sowie die Klärung mancher Begriffe und Zusammenhänge.

Die Bedeutung des zu behandelnden Problems ist unfraglich für die verschiedenen Personenverbände eine sehr verschiedene, z. B. vor allem je nach der rechtlichen Stellung der Mitgliedergesamtheit als Beschlußorgan überhaupt, dann auch je nach der Art und Möglichkeit der Übertragbarkeit der Mitgliedschaft an einem Personenverbande. Die Bedeutung der Frage ist sicherlich am größten bei den großen Kapitalgesellschaften, vor allem also bei der AG., wo das einzelne Mitglied in aller Regel am wenigsten geneigt sein wird seinen eigenen persönlichen Vorteil irgendwie zurückzustellen, sie ist am geringsten wohl im Allgemeinen bei den Personenverbänden ohne Rechtspersönlichkeit, wo häufig die Mitgliederzahl eine geringe ist und zwischen den Mitgliedern ein engeres und „intimeres" Verhältnis besteht, als das meist bei den Körperschaften der Fall ist. Dennoch zeigt die Erfahrung des Lebens, daß die Frage auch mit Bezug auf die Personenverbände ohne Rechtspersönlichkeit zuweilen von großer Wichtigkeit sein kann.

Das hier zu behandelnde Problem berührt sich nicht selten mit dem schon erwähnten des Schutzes gegen Mißbräuche des Stimmrechts durch das Mitglied eines Personenverbandes zum Schaden einzelner oder aller übrigen Mitglieder, ist aber juristisch stets scharf von diesem zu unterscheiden[3]).

---

[3]) Es ist zweifellos auch für die aktuelle Frage der Reform des Aktienstimmrechts und des Rechtsschutzes der Einzelaktionäre von nicht geringer Bedeutung.

Im Zusammenhang mit der Hauptfrage mußte auch die Frage nach den Folgen des unrechtmäßigen Nichtausschlusses bzw. Ausschlusses vom Stimmrecht in Fällen der Interessenkollision besprochen werden. Eine kurze geschichtliche Orientierung erwies sich — abgesehen von ihrem rein theoretischen Interesse — als in mancher Beziehung förderlich zur Lösung der gestellten Aufgabe.

§ 2.

B. Geschichtliches.

Im Römischen Recht war das Vereinswesen wenig ausgebildet. Es gibt hier daher auch keine allgemeine Theorie der Korporationsbeschlüsse. (Vgl. Gierke, Deutsches Gen. Recht III, § 6 S. 154, Dernburg, System des Römischen Rechts I, § 48, Liebenam, Zur Geschichte und Organisation des römischen Vereinswesens, Leipzig 1890 S. 280 Anm. 2). Nur für die decreta des ordo decurionum des Verwaltungsorgans der Stadtgemeinden, bestehen einige allgemeine Regeln. Für sie war u. A. bestimmt, daß bei Wahlen Angehörige desselben Hausverbandes, falls nicht das Ortsgesetz oder die Ortsgewohnheit entgegenstand, gültig für einander stimmen konnten. (l. 4 u. 5 pr. D 3, 4). Daraus kann aber wohl nicht geschlossen werden, daß jeder auch sich selbst wählen konnte, es ergibt sich vielmehr gerade daraus, daß das Gesetz jene Fälle ausdrücklich erwähnt, daß man es hier mit einer Ausnahme zu tun hat. Jener für die Wahl innerhalb der Stadtgemeinden geltende Grundsatz gilt auch für andere Korporationen, also insbesondere diejenigen des Privatrechts (l. 1 § 1 D quod cuiusque universitatis 3, 4).

Auch für die Beschlußfassung innerhalb der societas und communio sind nur spärliche allgemeine Grundsätze und jedenfalls keine hier interessierenden Bestimmungen des Römischen Rechtes vorhanden.

Bei den Kanonisten galt für Beschlüsse das Prinzip, daß nicht nur die „pars maior", sondern auch die „pars sanior" es sein müsse, die den Ausschlag gebe. Es kam nicht nur auf die Zahl der abgegebenen Stimmen, sondern auch auf die Motive der Abstimmenden an. (Vgl. Gierke, Gen. Recht III S. 328f.). Überhaupt erörterten die Kanonisten sehr eingehend die Grundsätze über die Beschlußfassung von Personenmehrheiten; insbesondere wurde auch die Frage ausführlich untersucht, ob und mit welcher Wirkung jemand bei Wahlen sich selbst die Stimme geben könne. Die Antwort lautet meist verneinend, so z. B. auch bei Hostiensis[1]), nach dessen Meinung der zu Wählende nicht für sich selbst stimmen darf, seine Stimme aber den für ihn Abstimmenden hinzugerechnet wird.

Vgl. dagegen can. 172 des Codex iuris Canonici von 1917, wo bestimmt ist, daß bei Wahlen durch Kompromiß der Kompromissar oder die Kompromissare sich nicht selbst wählen dürfen und daß auch ihre Stimmen nicht mitzuzählen sind.

In der gemeinrechtlichen Theorie wurde großenteils und zwar meist in Anlehnung an die obenerwähnte Digestenstelle angenom-

[1]) Henricus de Segusia Cardinalis Ostiensis; Summa aurea super titulis decretalium, ed. Basil. 1573, de el. n. 18 c. 33 X 1, 6. Vgl. auch Sinibaldus Fliscus Innocentius IV, Apparatus (Commentaria) in libros quinque decretalium ed. Frankof. 1570, c 2 X 5, 32 n. 2 i f.

men, daß diejenigen Mitglieder, deren Sonderinteressen mit den Interessen des Personenverbandes kollidieren, vom Stimmrecht ausgeschlossen sind. (Vgl. Gierke, Gen. Theorie 710.) Dabei wichen aber die Formulierungen dieses Prinzips im Einzelnen von einander ab. Zwischen juristischen Personen und nicht juristischen Personen wurde ebensowenig unterschieden, wie zwischen Personenverbänden des öffentlichen und solchen des Privatrechts. (Vgl. RG. 9, 140, wo aber der Ausschluß nur da anerkannt wurde, wo es sich um Beschlußfassung über Rechtsgeschäfte mit einem Mitglied oder Erfüllung einer Verbindlichkeit eines Mitgliedes handle; ferner SeuffA. 33, 264).

Gierke (Gen. Theorie 711 Anm. 1) bestreitet das Vorhandensein eines derartigen allgemeinen Rechtsprinzips und hält den Ausschluß vom Stimmrecht wegen Interessenkollision ohne besondere positive Gesetzesvorschrift nicht für zulässig; ähnlich auch Holzschuher 268 und RG. 4, 296ff. Nach dieser Entscheidung dürfen bei den Einzelwillen, deren Zusammenwirken den Gesamtwillen einer juristischen Person bildet, nicht Umstände vorwalten, welche es fraglich erscheinen lassen, ob dieselben lediglich im Bewußtsein und in Erfüllung der Verpflichtung abgegeben sind, die Zwecke der juristischen Person zu fördern oder ob sie fremden oder entgegenstehenden Interessen dienen, und es sind in Fällen der Interessenkollision nach dieser Entscheidung Maßregeln geboten, die verhindern sollen, daß die interessierten Mitglieder in egoistischer Weise zum Schaden des Personenverbandes stimmen; einen genügenden Schutz dagegen erblickt die Entscheidung jedoch in dem damals zum Teil bestehenden Schutz- und Aufsichtsrecht des Staates, andererseits erkennt auch sie einen Stimmrechtsausschluß ohne positive gesetzliche Vorschrift nicht ohne Weiteres an, insbesondere nicht bei der Gewerkschaft, weil hier die Dinge anders lägen als bei der AG., für die ja zur Zeit der Entscheidung bereits der Art. 239 des Allg. Deutsch. HGB. in Betracht kam. Außerdem nahm das RG. an, daß im vorliegenden Falle, wo es sich um eine Gewerkschaft des preuß. Rechtes handelte, ein ausreichender Schutz in dem in § 115 des allg. preuß. Bergges. bestimmten Anfechtungsrecht der Gewerken gegeben sei. (Vgl. aber auch Bekker, Pandekten § 67, Beil. IV, dann auch z. B. Puchelt, Comm. z. allg. Deutsch. HGB. Leipzig 1882, Anm. 4 zu Art. 195 und Anm. 2 zu Art. 97).

Im älteren, wie im neueren Deutschen Privatrecht scheint in zahlreichen positiven Einzelbestimmungen die Stimmenthaltung im Fall von Interessenkollisionen vorgeschrieben gewesen zu sein. (Vgl. z. B. Gierke, Gen. Recht II, Berlin 1873 S. 478, Anm. 8). Auch scheint hier in frühen Zeiten schon der Grundsatz gegolten zu haben, daß die Stimmen mehr gewogen als gezählt werden müssen, ein Grundsatz, der also etwa jenem kanonistischen Prinzip, daß die pars maior auch die pars sanior sein müsse, entspricht. (Vgl. Gierke, a. a. O. 480f.) Auf die Frage, ob hier wie dann auch in den späteren deutschen Partikularrechten ein allgemeines Prinzip des Stimmrechtsausschlusses in Fällen der Interessenkollisionsgefahr herrschte, einzugehen, verbietet der Rahmen dieser historischen Übersicht. Nach Gierke (D. PrR. I 502 Anm. 27) kann auch hier nicht von einem allgemeinen Grundsatze des Stimmrechtsausschlusses in Fällen der Interessenkollision die Rede sein, sondern kommt es vielmehr auf das Bestehen positiver Vorschriften an. (Ebenso Stobbe Deutsch. PrR. § 53 Anm. 9 a; vgl. dagegen SeuffA. 49, Nr. 2).

In den Satzungen der Personenverbände des neueren Rechtes, vor allem in denen der AGen., finden sich jedenfalls häufig Bestimmungen, wonach die an einem Beschluß unmittelbar interessierten Mitglieder von der Einwirkung auf die Beschlußfassung auszuschließen sind (vgl. Renaud, 408).

In der neueren Zeit hat das Prinzip des Stimmrechtsausschlusses in Fällen der Interessenkollision häufig in positiven Gesetzesvorschriften seinen Niederschlag gefunden. So vor allem in den meisten deutschen Gemeindegesetzen; vgl. bayr. GemO. Art. 103, I, wo ganz allgemein bestimmt ist; „Magistratsmitglieder können an der Beratung und Beschlußfassung über Angelegenheiten, wodurch ihr Privatinteresse unmittelbar berührt wird, nicht teilnehmen". Ähnlich Art. 118, I und Art. 145, IV, ferner Art. 78, IV der pfälz. GemO.; vgl. weiterhin preuß. Städteordnung für die 6 östlichen Provinzen der preuß. Monarchie vom 30. Mai 1853, § 44; westfäl. Städteordnung § 44; westfäl. LG. Ordnung § 33; schleswig-holstein. Städteordnung, § 64.

Auch im Allg. Deutsch. HGB. von 1861 fanden sich schon 2 Bestimmungen über den Ausschluß vom Stimmrecht in bestimmten Fällen der Interessenkollision, nämlich Art. 180, § 2 Satz 2, wo in Anlehnung an Art. 4 § 5 des französ. Gesetzes vom 24. Juli 1867 bestimmt war, daß bei Beschlüssen über Sacheinlagen od. sonstige besondere einem Aktionär einzuräumende Vorteile dieser vom Stimmrecht ausgeschlossen sei, ferner Art. 239, II, der bestimmte, daß zur Entlastung des Vorstandes bei Legung der Rechnung Personen nicht bestellt werden dürften, welche auf irgend eine Weise an der Geschäftsführung teilnähmen. Diese Bestimmung wurde von Renaud (503) dahin ausgelegt, daß solche Aktionäre, die mit der Führung von Gesellschaftsgeschäften betraut seien, bei der Beschlußfassung über die Entlastung vom Stimmrecht ausgeschlossen seien. Dazu kam durch die Aktiennovelle vom 11. Juni 1870 noch die Bestimmung des Art. 209 b, III, Satz 2, der ähnlich wie Art. 180, § 2 Satz 2 für den Fall der Sukzessivgründung bei der Beschlußfassung über Genehmigung von Sacheinlagen oder Übernahmeverträgen durch die konstituierende GV. das Stimmrecht der „beteiligten" Aktionäre ausschloß. Die Aktiennovelle vom 18. Juli 1884 beseitigte diese Bestimmungen, brachte aber dafür die allgemeine Stimmenthaltungsvorschrift des Art. 190, III für die AKG., der durch Art. 221, II auch für dieAG. für anwendbar erklärt war. Art. 190, III, bestimmte: „Wer durch die Beschlußfassung entlastet oder von einer Verpflichtung befreit werden soll, hat hiebei kein Stimmrecht, und darf ein solches auch nicht für Andere ausüben. Dasselbe gilt von einer Beschlußfassung, welche die Eingehung eines Rechtsgeschäftes mit ihm betrifft".

Eine Interessenkollisionsvorschrift stellte auch die Bestimmung des Art. 190, IV dar, wo den Komplementaren der AKG., die Aktien des Kommanditistenverbandes besäßen, das Stimmrecht in der GV. der Kommanditisten ausdrücklich aberkannt war.

Eine dem Vorbild des Art. 190, III entsprechende Bestimmung wurde dann auch in das GmbHGes. vom 20. April 1892, in das GenGes. vom 1. Mai 1889 und in das BGB. (§ 34, im Entw. I § 48, IV, im Entw. II § 31, III) aufgenommen. Auch im neuen HGB. vom 10. Mai 1897 wurde die Bestimmung des Art. 190, III aufrechterhalten, nach dem Vorbild des § 34 BGB. erweitert durch die Festsetzung, daß auch bei Beschlußfassungen über Einleitung oder Erledigung eines Rechtsstreites mit einem Aktionär dieser vom Stimmrecht ausgeschlossen sei (§§ 252, III, 320, III HGB.). Eine entsprechende Änderung erfuhr auch die Interessenkollisionsvorschrift des GmbHGes. (§ 47, IV des GmbHGes. in der Fassung vom 20. Mai 1898), dagegen merkwürdigerweise nicht diejenige des GenGes., obwohl auch dieses in den Jahren 1896 und 1897 mehrfach geändert wurde (vgl. § 43, III GenGes. in der Fassung von 14. Juni 1898).

Für Versicherungsvereine auf Gegenseitigkeit wurde der § 252, III HGB. bzw. § 34 BGB. für anwendbar erklärt. (Vgl. §§ 36, 53 VAG). Die Bestimmung des Art. 190, IV Allg. D. HGB. ist in etwas veränderter Fassung auch in das neue HGB. übergegangen (§ 327, I HGB.).

§ 3.

C. Allgemeine Grundfragen.

I. Begriff des Personenverbandes.

Unter Personenverbänden des deutschen Reichsprivatrechts sollen im Folgenden verstanden werden einmal die Körperschaften des deutschen Reichsprivatrechts, weiterhin aber diejenigen Personenmehrheiten, deren Mitglieder auf Grund der Normen des deutschen Reichsprivatrechts in so gearteten Rechtsbeziehungen zueinander stehen, daß sie als „rechtlich verbunden" angesehen werden können. Als rechtlich verbunden sind Personen dann anzusehen, wenn sie sich vertraglich zur Förderung eines gemeinsamen Zweckes verbunden haben oder wenn ihnen — unabhängig von einer rechtsgeschäftlichen Grundlage — ein Recht gemeinschaftlich zusteht.

Personenverbände in dem bezeichneten Sinne sind also der rechtsfähige Verein des BGB., die AG., die AKG., die G. m. b. H., die Erwerbs- und Wirtschaftsgenossenschaft nach dem Gesetz vom 1. Mai 1889 in der Fassung vom 20. Mai 1898, der Vers. Ver. a. G., dann der nicht rechtsfähige Verein des BGB., die Gesellschaft des bürgerlichen Rechts, die o. HG., die KG., die stille Gesellschaft, die Reederei, endlich die Gemeinschaften im weiteren Sinne, wozu also vor allem gehören die Gemeinschaft nach Bruchteilen (BGB. 741 ff. sowie das als eine Unterart von ihr zu betrachtende Miteigentum nach §§ 1008ff. BGB.), die Erbengemeinschaft und die fortgesetzte Gütergemeinschaft. Das eheliche Gemeinschaftsverhältnis scheidet hieraus, gleichgültig in welcher Weise es in vermögensrechtlicher Hinsicht ausgestaltet ist. Auch die Ehe ist zwar eine Gemeinschaft im weitesten Sinne, aber eine Gemeinschaft ganz besonderer Art; auf sie können daher die für andere Gemeinschaften geltenden Bestimmungen nicht ohne Weiteres analog angewendet werden. Soweit hier Kollisionen zwischen den Interessen eines der beiden Ehegatten und den gemeinschaftlichen Interessen der beiden Ehegatten in Frage kommen (Interessenkonflikte zwischen den einzelnen Mitgliedern von Personengemeinschaften stehen in unseren Betrachtungen überhaupt nicht zur Erörterung), sind sie daher auch von besonderen Gesichtspunkten aus zu beurteilen. Vor allem ist das weitgehende ausschließliche Verwaltungsrecht des Mannes in Betracht zu ziehen. Im übrigen kann man da, wo etwa die Zustimmung des Ehegatten zu Rechtshandlungen des anderen Ehegatten erforderlich ist, überhaupt nicht von Stimmrecht und Beschlußfassung reden. Kollisionsfälle sind auch hier allerdings denkbar, sie sind aber durch zahlreiche, den Besonderheiten des ehelichen Gemeinschaftsverhältnisses entsprechende Spezialvorschriften geregelt (vgl. §§ 1379, I, 1402, 1406 Nr. 3, 1407 Nr. 2, 1447, 1451, 1472, II BGB.).

Nur für die fortgesetzte Gütergemeinschaft nach §§ 1483ff., 1557 BGB. gilt hievon eine Ausnahme; für sie müssen nämlich, aber nur insoweit, als eine Beschlußfassung der „gemeinschaftlichen Abkömmlinge" in Frage kommt, die im Folgenden für die Erbengemeinschaft aufgestellten Grundsätze in entsprechender Weise zur Anwendung kommen; das entspricht den Grundsätzen, nach denen das Rechtsverhältnis der gemeinschaftlichen Abkömmlinge zueinander überhaupt zu beurteilen ist. Allerdings wird eine Beschlußfassung der gemeinschaftlichen Abkömmlinge nicht häufig vorkommen; denkbar ist eine solche aber z. B. im Falle des § 1450 BGB.

Teil- und Gesamtgläubigerverhältnisse als solche (§§ 420, 428 BGB.) sind gleichfalls Personenverbände in dem oben bezeichneten Sinne. Die Fälle, in denen das Interesse sämtlicher Teil- oder Gesamtgläubiger mit denjenigen eines einzelnen von ihnen bei Beschlußfassungen der Teil- oder Gesamtgläubiger kollidiert, sind selten, weil mit der Vereinigung von Forderung und Schuld in der Person eines dieser Gläubiger derselbe aufhört, Gläubiger zu sein. Immerhin sind dennoch auch hier Kollisionsfälle denkbar. Hier sind die im Folgenden für die Gemeinschaft nach Bruchteilen aufgestellten Grundsätze entsprechend anzuwenden. Das gleiche gilt für die Gläubiger einer unteilbaren Leistung (§ 423 BGB.).

(Vgl. über Anwendbarkeit der Vorschriften über die Gemeinschaft nach Bruchteilen auf derartige Gläubigerverhältnisse, Staudinger Anmerkg. IIb zu § 741 BGB.; Oertmann, Schuldverhältnisse, Vorbem. 1 zu § 741 BGB.)

Nicht zu den Personenverbänden gehört nach dem oben Ausgeführten die Gesamtheit der Gläubiger aus Schuldverschreibungen, welche nach dem Gesetz betr. die gemeinsamen Rechte der Besitzer von Schuldverschreibungen vom 4. Dezember 1899 über ihre gemeinsamen Angelegenheiten durch Beschluß in einer Versammlung entscheiden können. Für den Hauptfall einer Interessenkollission trifft aber hier § 10, IV Satz 1 Vorsorge, welcher lautet: „Der Schuldner ist für die in seinem Besitze befindlichen Schuldverschreibungen nicht stimmberechtigt." Auch die Gesamtheit der Konkursgläubiger ist kein Personenverband. (Wegen analoger Anwendbarkeit der Interessenkollisionsvorschriften vgl. unten S. 65.)

Dem Reichsrecht unterstehen nicht diejenigen Personenverbände, die solchen Materien angehören, welche der landesgesetzlichen Regelung überlassen bleiben, also insbesondere dem Wasserrecht, Siel- und Deichrecht, Forstrecht, Bergrecht, Jagd- und Fischereirecht. (Vgl. Art. 65, 66, 67, 69, 83, 113, dann auch Art. 182 EG.BGB.) Es kann aber unter Umständen eine entsprechende Anwendung der allgemeinen Normen des Gesellschafts-, Gemeinschafts- oder Vereinsrechts des BGB. in subsidiärer Weise in Betracht kommen. (Vgl. Staudinger Vorbem. I, 1d zu § 705 BGB.) Das gleiche gilt für die in Art. 82 EG BGB. erwähnten Vereine.

Die Frage, welche Personenverbände dem Privatrecht und welche dem öffentlichen Recht angehören, ist deshalb hier nicht von großer Bedeutung, weil gerade die meisten derjenigen Personenverbände, bei denen Zweifel in dieser Hinsicht entstehen könnten, durch das EG.BGB. der primären Herrschaft des Reichsrechts entzogen sind. Nur insoferne, als bei solchen landesrechtlichen Personenverbänden die subsidiäre Anwendung des Reichsrechts in Frage kommt, muß die Frage ihrer öffentlichrechtlichen oder privatrechtlichen Natur geprüft werden; denn die Vorschriften des BGB. z. B. über Personenverbände sind, abgesehen von der in § 89 BGB. erwähnten Ausnahme, nur auf Personenverbände des Privatrechts anwendbar. Da bei den öffentlichrechtlichen Personenverbänden oft ganz andere Verhältnisse und Bedürfnisse gegeben sind, muß auch mit einer analogen Anwendung der Vorschriften des BGB., also z. B. auch des § 34 BGB., äußerst vorsichtig verfahren werden.

Die Frage der Geltung des Reichsrechts für die vor dem Inkrafttreten des BGB., des HGB. von 1897 und des neuen GenGes. bestehenden Personenverbände ist nach dem jeweils maßgebenden Übergangsrechte zu beantworten.

II. Begriff und Wesen des Stimmrechts.

Das Stimmrecht der Mitglieder von Personenverbänden des Privatrechts ist das Recht dieser Mitglieder durch Teilnahme an der Beschlußfassung der hiezu berufenen Mitgliedergesamtheit mitbestimmend auf die Angelegenheiten des Personenverbandes einzuwirken. Der Stimmrechtsbegriff ist also, wie schon erwähnt, im wesentlichen für alle Personenverbände des Privatrechts der gleiche, wenn auch die Eigenschaften und Modalitäten des Stimmrechts bei den verschiedenen Personenverbänden zum Teil voneinander abweichen; so richtet sich das Stimmrecht der Mitglieder von Körperschaften gegen die Körperschaft selbst, während das Stimmrecht der Mitglieder von Personenverbänden ohne Rechtspersönlichkeit sich gegen die übrigen Mitglieder richtet; so ist vor allem auch die Entziehbarkeit des Stimmrechts bei den verschiedenen privatrechtlichen Personenverbänden in sehr verschiedener Weise geregelt.

Das Stimmrecht ist, um ein Wort v. Tuhrs (S. 551, 164ff.) zu gebrauchen, eine „Machtbefugnis". v. Tuhr definiert die Machtbefugnisse als den Gestaltungsrechten verwandte Befugnisse eines Menschen, durch seinen rechtsgeschäftlichen Willen in der Sphäre eines anderen Rechtssubjekts Wirkungen herbeizuführen oder an der Herbeiführung solcher Wirkungen sich zu beteiligen. Der Ausdruck „Befugnis" darf allerdings dabei nicht irreführen; denn es handelt sich um wirkliche Rechte. Von manchen wird das Stimmrecht auch im Gegensatz zu anderen, den vermögensrechtlichen Mitgliedschaftsrechten als „Herrschaftsrecht" oder „Organschaftsrecht" bezeichnet. Alle diese Definitionen geben dem gleichen Gedanken der Macht der Einwirkung auf fremde Angelegenheiten, auf den es hier ankommt, Ausdruck. Eine Machtbefugnis ist auch das Recht, ein anderes Rechtssubjekt zu vertreten.

Bei den Körperschaften unterscheidet man das Stimmrecht im weiteren und im engeren Sinne. Das Stimmrecht im weiteren Sinne zerfällt in 1. das Recht zur Teilnahme an der Mitgliederversammlung; 2. das „Verhandlungsrecht", d. h. das Recht auf sachgemäße Erörterung der zur Beschlußfassung stehenden Fragen (vgl. DJZ. 11, 641 ff., RG. 36, 26; LZ. 08, 469); 3. das Recht auf Abstimmung (Stimmrecht im engeren Sinne). Unter Teilnahmerecht ist dabei zu verstehen das Recht, in der Mitgliederversammlung zu erscheinen, zu reden, Anträge zu stellen und den Beschlüssen zu widersprechen. Terminologisch unzweckmäßig ist es, als Teilnahmerecht den Obergebriff (der hier Stimmrecht im weiteren Sinne genannt wurde) und als Stimmrecht den Unterbegriff zu bezeichnen, weil zwischen Stimmrecht und Teilnahmerecht in den Gesetzen nicht genau unterschieden wird und der Ausdruck Stimmrecht vom Gesetz auch da gebraucht wird, wo er zweifellos das Teilnahmerecht mit umfassen soll. (Vgl. insbesondere § 255, II und III HGB., sowie § 12 der Goldbilanz-VO. vom 28. Dezember 1923.)

Bei den Personenverbänden ohne Rechtspersönlichkeit wird grundsätzlich das gleiche gelten müssen, obwohl hier das Gesetz weder vom Stimmrecht noch vom Teilnahmerecht ausdrücklich spricht. Zu beachten ist aber vor allem, daß das den Gesellschaftern einer bürgerlichrechtlichen Ges., einer offenen HG. oder einer KG. eingeräumte Widerspruchsrecht (§§ 711 BGB., 115, I, 161, II HGB.) im allgemeinen nach den gleichen Grundsätzen wie das Stimmrecht zu beurteilen ist (vgl. Staudinger, Anm. Ia zu § 711), da es, wenn man es nicht als eine Art des Stimmrechts betrachten will, zum mindesten dem Stimmrecht nahe verwandt ist. Ferner müssen die Grundsätze über Ausübung des Stimmrechts auch für die Erteilung oder Verweigerung der in gewissen Fällen erforderlichen Zustimmung eines Teilhabers jener Personenverbände (§§ 709 I BGB., 119 I, 161 II HGB.) gelten, weil die Erteilung oder Verweigerung der Zustimmung gleichfalls eine Art der Stimmabgabe, jedenfalls aber eine ihr sehr ähnliche Ausübung einer Machtbefugnis darstellt. (Vgl. dazu Müller-Erzbach Kap. 37 S. 195 und Ludewig in JW. 1925, 2586).[1])

III. Begriff und Grundgedanke der Interessenkollisions- und der Ausschlußvorschriften.

Unter Interessenkollisionsvorschriften sind im Folgenden alle diejenigen rechtlichen Bestimmungen zu verstehen, welche den Zweck

[1]) Diese Zustimmung ist nicht etwa eine Zustimmung nach §§ 183, 184. BGB.; denn die Verbandsmitglieder sind nicht Dritte im Sinne dieser Vorschriften; auch wird die Rechtswirksamkeit eines Rechtsgeschäftes des Verbandes mit Dritten in aller Regel nicht von einer solchen Zustimmung abhängen; schließlich muß eine solche Zustimmung sich gar nicht notwendig auf ein Rechtsgeschäft beziehen.

haben, diejenigen, auf deren Angelegenheiten andere kraft ihrer Machtbefugnis einzuwirken berechtigt sind, vor einer sie schädigenden Ausübung dieser Machtbefugnis in Fällen der Interessenkollision zu schützen. Von Interessenkollision spricht man da, wo das Interesse der Träger der Machtbefugnis dem Interesse des Rechtssubjektes, auf dessen Angelegenheiten er einzuwirken vermag, widerstreitet. Solche Interessenkollissionsvorschriften enthält sowohl das private als auch das öffentliche Recht. Vgl. z. B. §§ 34, 181, 712, I, 1406 Nr. 3, 1407 Nr. 2, 1630, II, 1795, 1796, II, 1874, III BGB., 117, 127 (der „übrigen" Gesellschafter), 252, III, 327, I, 499 Satz 2 HGB., 47, IV GmbHGes., 43, III GenGes., § 10, IV Satz 1 SchuldverschrGes., § 183 KO., § 40 GeschAufsVO., Art. 103, I, 118, I, 145, IV der bayer. rechtsrhein. GemO., Art. 78, IV der pfälz. GemO., § 44 der preuß. StädteO., § 23, III RVO.

Der Zweck der Interessenkollisionsvorschriften ergibt sich aus der von uns aufgestellten Definition. Sie sind Schutzvorschriften. Sie dienen dazu, diejenigen, auf deren Angelegenheiten andere Personen kraft einer Machtbefugnis einzuwirken berechtigt sind, vor einem Mißbrauch der Machtbefugnis durch ihren Träger sicherzustellen. Die Gefahr eines solchen Mißbrauchs liegt, wie schon in der Einleitung ausgeführt, besonders nahe in den Fällen der Interessenkollision. Der innere Grund der Interessenkollisionsvorschriften liegt also in dem Prinzip der Verkehrssicherheit.[2])

Zu den Interessenkollisionsvorschriften gehören somit auch diejenigen Normen, nach denen bei Körperschaften des Privatrechts in Fällen der Interessenkollisionsgefahr ein Mitglied bei der Beschlußfassung vom Stimmrecht ausgeschlossen ist. Die wichtigsten dieser Bestimmungen sind diejenigen vier gesetzlichen Vorschriften, die im Folgenden der Kürze halber zum Unterschied von anderen Interessenkollissionsvorschriften und auch von anderen Stimmenthaltungsvorschriften als „Ausschlußvorschriften" bezeichnet werden. Darunter verstehen wir demnach die Bestimmungen der §§ 34 BGB., 252, III HGB., 47, IV GmbHGes. und 43, III GenGes. Diese Vorschriften schließen das Stimmrecht ausdrücklich in einzelnen bestimmten Fällen aus, wo zwar nicht unbedingt notwendigerweise eine Interessenkollission besteht, wo aber in aller Regel eine Interessenkollision und zwar eine für die Körperschaft nicht ungefährliche Interessenkollision gegeben ist, wo also eine besonders große „Gefahr" der Interessenkollision vorliegt, wie denn auch in den Mot. zum § 48 des 1. Entw. zum BGB. (Mugdan 411) die Einführung dieser Vorschriften ausdrücklich damit begründet ist, daß die Gestattung des Mitstimmens in den von den Ausschlußvorschriften bezeichneten Fällen zu einer Gefährdung der Interessen der Körperschaft führen könne.

Die Ausschlußvorschriften erschienen trotz des (erst im 2. Entw. zum BGB. eingefügten) § 181 BGB. erforderlich, weil man annahm,

---

[2]) Vgl. darüber vor allem die Prot. der 2. Komm. zum Entw. eines BGB. bei Mugdan 759, wo ausgeführt ist, daß es bei der Frage der gesetzgeberischen Behandlung des Selbstkontrahierens eines Stellvertreters nicht maßgebend sein könne, „ob man das Selbstkontrahieren logisch und rechtlich an sich für möglich halte, sondern lediglich die Frage, ob und inwieweit die Zulassung mit der Verkehrssicherheit verträglich bzw. durch das Verkehrsbedürfnis gefordert sei."

daß die Körperschaftsmitglieder bei ihren Beschlußfassungen nicht als Vertreter der Körperschaft handelten. (Vgl. z. B. Planck, Anm. 1 zu § 34.) Inwieweit das in dieser Allgemeinheit richtig ist, soll erst später untersucht werden, jedenfalls trifft es in vielen Fällen zu und jedenfalls trifft § 181 BGB. bei weitem nicht alle in den Ausschlußvorschriften bezeichneten Fälle.

D. Der Ausschluß vom Stimmrecht im Allgemeinen.

§ 4.

I. Bei den Körperschaften.

Bevor wir zur Behandlung unseres eigentlichen Themas schreiten, sollen noch in aller Kürze die allgemeinen Grundsätze über den Ausschluß vom Stimmrecht überhaupt erörtert werden.

Auf die Frage nach den Voraussetzungen und den Trägern des Stimmrechts bei der Beschlußfassung der Mitglieder einer Körperschaft kann hier nicht näher eingegangen werden. Nur soviel sei bemerkt: Das Stimmrecht ist im allgemeinen an die Mitgliedschaft gebunden, es steht im allgemeinen also nur den Mitgliedern zu, bei der AG. und GmbH. nach der Theorie mancher auch den Nießbrauchern an Aktien bzw. Geschäftsanteilen. Sonstigen Personen kann bei der AG. und bei der eingetragenen Erwerbs- und Wirtschaftsgenossenschaft bei der Beschlußfassung in der GV. kein Stimmrecht, höchstens ein Besuchsrecht, das aber vom Teilnahmerecht wohl zu unterscheiden ist, durch die Satzung, einen Beschluß der GV. selbst oder auch das Gesetz (vgl. HypBkGes. § 4, II Ziff. 1) verliehen sein. Beim Verein des BGB. und bei der GmbH. ist es bei der Dispositivität der gesetzlichen Bestimmungen über die Beschlußfassung der Mitglieder nicht ausgeschlossen, daß auch dritten Personen das Stimmrecht bei der Beschlußfassung der Mitglieder bzw. der Gesellschafter eingeräumt wird. (Vgl. RG. 49, 147.) Inwieweit die Vorschriften über die Beschlußfassung der Mitglieder bzw. der Gesellschafter auf solche Fälle Anwendung finden, kann nicht allgemein entschieden werden.

Bei der Frage nach dem Ausschluß der Mitglieder von Körperschaften vom Stimmrecht muß einmal auf die Unterscheidung zwischen Stimmrecht im weiteren und Stimmrecht im engeren Sinn geachtet werden, dann aber auch auf den Unterschied zwischen dem Stimmrecht und dem Recht, das Stimmrecht auszuüben. Das Gesetz ist nämlich in der Wahl des Ausdrucks gerade in der Materie des Stimmrechts oft ungenau. Wenn es in § 252, III HGB., § 47, IV GmbH.-Ges. oder § 43, III GenGes. davon spricht, daß in bestimmten Fällen ein Mitglied kein Stimmrecht hat, so heißt das, genau genommen, daß das dem Mitglied allgemein zustehende Stimmrecht hier ruht, daß das Mitglied nicht zur Ausübung des Stimmrechts im engeren Sinne berechtigt ist. Sein Stimmrecht geht ja nicht unter, um etwa dann bei der nächsten Beschlußfassung, wo das Mitglied nicht „befangen“ ist, wieder aufzuleben. Dieses allgemeine Stimmrecht, das Recht allgemein an den Beschlußfassungen der Körperschaftsmitglieder teilzunehmen, mag der Deutlichkeit und der Kürze halber als „abstraktes" Stimmrecht, das Recht dagegen, an einer bestimmten Beschlußfassung mitzuwirken, als „konkretes" Stimmrecht bezeichnet werden.

1. Nach dem Gesetz steht den Mitgliedern der Körperschaften grundsätzlich das Stimmrecht zu.[1])

Die Frage der Legitimation, d. h. die Frage, wer dabei der Körperschaft gegenüber als Mitglied zu gelten hat, eine Frage, die besonders bei der AG. eine große Rolle spielt, ist hier nicht zu erörtern. Kraft ausdrücklicher Gesetzesvorschrift ist den Mitgliedern von Körperschaften nur in einigen wenigen Fällen das konkrete Stimmrecht (im engeren Sinne) entzogen. In Betracht kommen nur die Ausschlußvorschriften, sodann die Bestimmung des § 327, I HGB. Bei der AG. kann die Bestimmung des § 223, III HGB. unter Umständen zum Ausschluß eines Aktionärs vom konkreten Stimmrecht (im weiteren Sinne) führen. Entsprechendes gilt von der Bestimmung des § 16, I GmbHGes. Ausgeschlossen vom konkreten Stimmrecht (im weiteren Sinne) ist bei der AG. auch unter Umständen derjenige, der seine Teilnahme an der GV. später als am dritten Tage vor der GV. angemeldet hat. Das Stimmrecht im weiteren Sinne ruht ferner bei der AG. und der GmbH. für diejenigen Aktien bzw. Geschäftsanteile, welche im Eigentum der AG. oder GmbH. selbst stehen.

Vgl. Pinner, § 226 Anm. 1; Gierke, GenTheorie 242; Cosack 775; Brodmann, Anm. 2 zu § 33 S. 127; Hermann bei Holdheim 21, 215; Pfeiffer bei Holdheim 20, 177f.; RG. 103, 64. Dagegen Runkel-Langsdorff 17ff.; Staub-Hachenburg Anm. 16 zu § 33; Rehm, Bilanzen, 1. Aufl., 469; Neukamp in ZHR. 57, 1ff., 479ff.; unentschieden Simon, in ZAW. 21, 201ff.

Eine gewisse Beschränkung der Ausübung des Stimmrechts enthält auch § 43a GenGes.

2. Weiterhin ist zu untersuchen, inwieweit durch die Satzung von vornherein, d. h. bei der Errichtung der Körperschaft das Stimmrecht der Körperschaftsmitglieder aufgehoben oder beschränkt werden kann. Bei der AG. und der Gen. hat kraft zwingender Gesetzesvorschrift (§§ 252, I Satz 1 HGB., 43, II GenGes.) jedes Mitglied das Stimmrecht. Daran kann die Satzung nichts ändern. Sie kann auch das konkrete Stimmrecht nicht beschränken, also etwa für einzelne Fälle das Stimmrecht ausschließen. Sie kann nur die Ausübung des Stimmrechts insoweit regeln und auch erschweren, als das mit dem Gesetz vereinbar ist. Bei der AG. kann für den Fall, daß ein Aktionär mehrere Aktien besitzt, die Ausübung des Stimmrechts durch Festsetzung eines Höchstbetrages oder durch Abstufungen beschränkt werden (§ 252, I Satz 3 HGB.). Bei der Genossenschaft hat ohnehin kraft zwingender Gesetzesvorschrift jeder Genosse nur eine Stimme (§ 43, II GenGes.). Beim rechtsfähigen Verein des BGB. und bei der GmbH. liegen die Dinge insofern anders, als das Stimmrecht der Mitglieder hier nur durch dispositive Vorschriften garantiert ist. (Vgl. §§ 32, 40 BGB., 47, 45 GmbHGes.). Das gleiche gilt für den Vers.-Ver. a. G. Für ihn kommen, soweit im VAG. nichts anderes bestimmt ist, die Bestimmungen des BGB. über den rechtsfähigen Verein

[1]) Ausnahmen hievon gelten nach der GoldbilVO. für die GmbH., (vgl. Brodmann 306), ferner nach § 68, IV in Verbindung mit § 70, II GenGes. für die eingetragene Genossenschaft.

§§ 24/53 BGB. zur Anwendung. (Vgl. über Geltung des Vereinsrechts des BGB. auch für Vereine, die nicht nach den Vorschriften des BGB. Rechtsfähigkeit erlangen, die folgenden Ausführungen, ferner aber auch §§ 15, 53 VAG.) Im Gegensatz zu § 252, III HGB. ist § 252, I HGB. im § 36 VAG. für den Versicherungsverein nicht für anwendbar erklärt. Beim rechtsfähigen Verein des BGB., bei der GmbH. und dem VersVer. a. G. können daher durch die Satzung einzelne Mitglieder vom Stimmrecht im abstrakten oder konkreten Sinne, also allgemein oder für einzelne Fälle, im engeren oder weiteren Sinne ausgeschlossen sein.

Vgl. für den Verein des BGB. Dernburg, I § 77 a. E.; Staudinger, Anm. X zu § 32; Gierke, DPrR. I, 502 Anm. 26; für die GmbH. Staub-Hachenburg Anm. 7 zu § 47; Neukamp 208 Anmerkg. 2a; OLG. 3, 66; ZAG. 1919, 276; dagegen Brodmann, Anm. 1 zu § 47 S. 178f., der mit Unrecht behauptet, daß einzelnen Gesellschaftern nicht allgemein das Stimmrecht versagt sein könne, weil das den Grundsätzen des Gesellschaftsrechts widerspräche; dasselbe war aber auch für die AG. bis zur Aktiennovelle von 1884 und auch für die eingetr. Gen. nach dem alten GenGes. von 1868 möglich; für den VersVer. a. Gegens. Haselberger 33; Gierke a. a. O. und Entw. z. VAG. s. Nr. 5 der Reichstagsdr. der 10. Legislaturper., II. Session 1900/01 S. 70.

Dagegen kann beim Verein und der GmbH. nicht allen Mitgliedern das Stimmrecht allgemein entzogen werden; denn bei ihnen ist die Mitgliederversammlung ein notwendiges, unentbehrliches Organ mit Ausnahme des Falles, daß sämtliche Mitglieder dem Vorstand angehören bzw. Geschäftsführer sind.

Vgl. §§ 36 BGB., 26, 53, 60 Z. 2, 66 GmbHGes. Wie hier für den Verein Staudinger, Anm. III zu § 32 und eine große Zahl von Autoren (vgl. die bei Staudinger angeführte Lit.). Gegen die herrschende Lehre für die GmbH. Brodmann Anm. 1 zu § 46 S. 170; vgl. insbesondere auch OLG. 24, 155.

Anders ist es beim VersVer. a. G. (§ 29, II VAG.).

3. Wieder eine andere Frage ist es, inwieweit den Mitgliedern von Körperschaften das durch Gesetz oder Satzung eingeräumte Stimmrecht nachträglich wieder entzogen oder beeinträchtigt werden kann. Das führt zu der heiß umstrittenen Frage der Sonderrechte, die aber hier nur gestreift werden kann. Daß zunächst § 35 BGB. auch für diejenigen Körperschaften gilt, die Rechtsfähigkeit nicht nach dem BGB. erlangen, wird auch von denjenigen nicht bestritten, welche die allgemeine Anwendbarkeit der im BGB. für den rechtsfähigen Verein aufgestellten Normen auf andere reichsrechtliche Körperschaften ablehnen. (Vgl. Denkschr. z. Entw. des HGB. von 1897, Mugdan 309; Brodmann § 1 Anm. 3 und Staudinger, Vorbem. IV, 2 zu § 21 S. 172.) Die Frage, ob das Stimmrecht der Körperschaftsmitglieder, auch insoweit, als es allen Mitgliedern einer Körperschaft zusteht, ein Sonderrecht ist, kann überhaupt nur von denjenigen in Betracht gezogen werden, die, entgegen der herrschenden Lehre, auf dem Standpunkt stehen, daß unter den Begriff der Sonderrechte nicht nur Vorrechte einzelner Körperschaftsmitglieder, sondern auch solche Rechte fallen, die allen Körperschaftsmitgliedern zustehen. (So z. B. Staub, Anm. 9 und 12 zu § 250, Markowitsch, insbesondere S. 165ff., Oertmann, Anm. 4a zu § 35 S. 149, Lehmann, II, 206 und in Arch. f. Bürgerl. Recht 9, 344, Brodmann, 168ff., RG. 104, 256; dagegen u. a. Laband in Hirths Annalen, 1874, 1501ff.,

v. Tuhr I, 553ff., Cosack § 212, III, Biermann 491, Bachmann, Sonderrechte 47f., Staudinger, Anm. II und III zu § 35.) Der ganze Streit über die Sonderrechte hat m. E. letzten Endes nur terminologische Bedeutung. (Vgl. Brodmann a. a. O.)

Sachlich kommt es nur darauf an, welche mitgliedschaftlichen Rechte den Körperschaftsmitgliedern ohne ihre Zustimmung nicht entzogen werden können. Daß aber auch Mitgliedschaftsrechte, welche keine Vorrechte sind, häufig den Mitgliedern ohne ihre Zustimmung nicht entzogen werden können, kann nicht bestritten werden, so z. B. der Anspruch auf die Beteiligung am Jahresgewinn oder der Anspruch auf die Liquidationsquote bei der AG. und der GmbH. und alle diejenigen Rechte, deren Entziehbarkeit oder Beeinträchtigung durch das Gesetz oder in zulässiger Weise durch das Statut nur mit Zustimmung der berechtigten Mitglieder gestattet ist. M. E. ist daher der Begriffsbestimmung Brodmanns (a. a. O.) im großen und ganzen beizutreten, der die Sonderrechte der Gesellschafter einer GmbH. definiert als diejenigen (sc. selbstverständlich: gesellschaftlichen) Rechte der Gesellschafter, die durch den Beschluß der Gesellschafter ohne die Zustimmung der Berechtigten nicht beeinträchtigt werden können. Das Problem und die Schwierigkeit liegt eben darin, feststehende Merkmale für die Entziehbarkeit oder Unentziehbarkeit der Mitgliederrechte zu finden, die Grenze zwischen der Sozial- und Individualrechtsphäre zu ziehen. Diese Grenze kann aber, wenn sie überhaupt gefunden werden kann, nicht für alle Körperschaften die gleiche sein. Zur Lösung der Sonderrechtsfrage werden die Mitgliedschaftsrechte vielfach eingeteilt in die sogenannten „selbstnützigen“ und die sogenannten „gemeinnützigen“ Rechte, zu welch letzteren vor allem die „Individualrechte“, d. h. die Rechte, sich in den Angelegenheiten der Körperschaft als deren Organ zu betätigen, gehören. (Vgl. Oertmann a. a. O., Brodmann a. a. O. und die bei Gadow in Gruchot 66, 514ff. angeführte Literatur.) Solche Individualrechte werden im allgemeinen, soweit Gesetz oder Satzung nicht entgegenstehen, nicht als Sonderrechte betrachtet (so auch RG. 68, 211 gegen RG. 49, 151; 80, 389; 104, 253). Diese Unterscheidung kann zwar nicht allgemein aufrechterhalten werden (RG. 104, 253), sie kann jedoch in vielen Fällen als Richtpunkt dienen. Jedenfalls wird größtenteils in der Literatur m. E. mit Recht angenommen, daß das Stimmrecht, soweit nicht Gesetz oder Satzung entgegenstehen, kein Sonderrecht ist. (So Oertmann a. a. O., Enneccerus 1909, 248, Staub-Hachenburg, Anm. 7 zu § 47. Dagegen Brodmann 179f., Horwitz 53, Gierke, GenTheorie 259, 282.) Zu beachten ist aber hier stets das für alle Körperschaften geltende Prinzip der gleichheitlichen Behandlung der Körperschaftsmitglieder. (Vgl. Gierke, DeutschPrR. 537 und GenTheorie 237; Staub, Anm. 9 zu § 250; v. Tuhr 513, Bachmann, Sonderrechte 51; ROHG. 8, 181, 190; RG. 11, 269; 41, 99; 68, 213.)

Es kann also nicht einem einzelnen Mitglied ohne seine Zustimmung das Stimmrecht entzogen oder geschmälert werden, sofern nicht die Satzung das in zulässiger Weise gestattet.

Im einzelnen ist noch folgendes zu bemerken:

Bei der AG. kann keinem Aktionär das Stimmrecht (im weiteren abstrakten und konkreten Sinne) weder mit noch ohne seine Zustimmung durch Beschluß der GV. entzogen werden. Das ist zwingendes Recht (§ 252, I Satz 1 HGB.). Jedoch kann eine Beschränkung der Höhe des Stimmrechts auch ohne Zustimmung des Aktionärs durch Beschluß der GV. erfolgen (§ 252, I Satz 3 HGB.), sofern nur das Prinzip der gleichheitlichen Behandlung der Aktionäre nicht verletzt ist. Sonderrecht ist also hier nur das Mindeststimmrecht des Aktionärs (vgl. Staub, Anm. 12 zu § 250).

Bei der eingetr. Gen. ist eine Entziehung oder Beeinträchtigung des Stimmrechts der Genossen unmöglich (vgl. § 43, II GenGes. und Parisius-Crüger Anm. 24 zu § 43).

Beim rechtsfähigen Verein des BGB. und der GmbH. ist gleichfalls in erster Linie auf Wahrung des Prinzips der Gleichbehandlung der Mitglieder zu achten. Fernerhin kann, wie wir sahen, das Stimmrecht nicht allen Mitgliedern entzogen werden. Im übrigen ist aber mit Zustimmung des Mitgliedes eine allgemeine Entziehung seines Stimmrechts durch Beschluß der Mitgliederversammlung zulässig; das ist auch ohne seine Zustimmung der Fall, wenn die Satzungsbestimmungen es rechtfertigen. Andernfalls kann ohne Zustimmung eines Mitglieds diesem durch Beschluß der Mitgliederversammlung nur für einzelne Fälle und nur in gleichheitlicher Weise wie den anderen Mitgliedern das Stimmrecht (im engeren oder weiteren Sinne) entzogen oder beeinträchtigt werden.

Ähnlich wie hier Staub-Hachenburg Anm. 7 zu § 47; vgl. dagegen Brodmann 169 f., der bei der GmbH., sofern nicht die Satzung es zuläßt, eine Entziehung oder Beeinträchtigung des Stimmrechts durch Beschluß der Gesellschafterversammlung ohne Zustimmung des betreffenden Mitglieds überhaupt für unmöglich hält.

Im VersVer. a. Gegens. ist das oberste Organ nicht unbedingt notwendig, es kann daher auch allen Mitgliedern das Stimmrecht entzogen werden. Mit dieser Maßgabe gelten für den VersVer. im wesentlichen die für den rechtsfähigen Verein des BGB. geltenden Grundsätze in entsprechender Weise.

Auch die AKG. ist eine Körperschaft; denn sie besitzt juristische Persönlichkeit. (So die herrschende Lehre; vgl. Schreiber 6, 39 und Staub Anm. 2 zu § 320 sowie die dort angeführte Literatur). Dennoch gelten nur für den Kommanditistenverband der AKG. die hier für die AG. vertretenen Grundsätze (§ 320, III und II HGB.).[2])

§ 5.

II. Bei den Personenverbänden ohne Rechtspersönlichkeit.

Wie bei den Körperschaften muß auch bei den Personenverbänden ohne Rechtspersönlichkeit in bezug auf die Frage nach dem Ausschluß vom Stimmrecht zwischen Stimmrecht im engeren und im weiteren Sinne, wie zwischen Stimmrecht im abstrakten und im konkreten Sinne unterschieden werden. Auch hier soll nur vom Stimmrecht bei Beschlußfassungen der Mitglieder als solcher die Rede sein.

Bei der Gesellschaft des bürgerl. Rechts, und der o. HG. sind vor allem zu unterscheiden diejenigen Angelegenheiten, die zur Ge-

---

[2]) Wegen des Komplementare vgl. S. 18.

schäftsführung gehören, und die übrigen gemeinschaftlichen Angelegenheiten. Zur Geschäftsführung gehören alle diejenigen Geschäfte und Handlungen, die sich als Betätigung der gemeinsamen Wirtschaftsorganisation in Richtung auf den Gesellschaftszweck darstellen (vgl. Düringer-Hachenburg Anm. 2 zu § 114). Ferner ist zu beachten, daß auch hier das Prinzip der gleichheitlichen Behandlung der Gesellschafter gilt (vgl. Staudinger Anm. III, e zu § 709) und daß auch hier Sonderrechte eines Gesellschafters in analoger Anwendung des § 35 BGB. ohne Zustimmung des Berechtigten normalerweise weder aufgehoben noch beeinträchtigt werden können (vgl. Düringer-Hachenburg S. 99 Anm. 109). Wie sich der Begriff der Sonderrechte bei den Gesellschaften bestimmt, kann auch hier nicht näher untersucht werden. Bei der Dispositivität der Vorschriften des Gesellschaftsrechts lassen sich im übrigen wenige allgemein gültige Grundsätze aufstellen. Immerhin kommen folgende allgemeine Gesichtspunkte in Betracht: Sofern im Gesellschaftsvertrag nichts Gegenteiliges bestimmt ist, haben alle Gesellschafter das Recht bei der Beschlußfassung in Geschäftsführungsangelegenheiten mitzuwirken. (§§ 709 BGB., 114 HGB.). Doch wird es bei der o. HG. selten zur Beschlußfassung in Geschäftsführungsangelegenheiten kommen, da hier jeder Gesellschafter, sofern nicht der Gesellschaftsvertrag entgegensteht, allein zu handeln berechtigt ist. (§ 115, I HGB.). Aber hier, wie bei der Gesellschaft des bürgerl. Rechts in den Fällen, wo jeder Gesellschafter nach dem Gesellschaftsvertrag in Geschäftsführungsangelegenheiten allein zu handeln berechtigt ist, steht den geschäftsführungsberechtigten Gesellschaftern das Widerspruchsrecht zu, das, wie schon erwähnt, ähnlich wie das Stimmrecht zu behandeln ist (§§ 711 BGB., 115, I HGB.). Inwieweit kraft Gesetzes den Gesellschaftern das Stimmrecht in Fällen der Interessenkollisionsgefahr entzogen ist, ist später zu erörtern. Durch den Gesellschaftsvertrag kann wie die Geschäftsführung so auch das Stimmrecht (im engeren oder weiteren Sinne) in Geschäftsführungsangelegenheiten, das unter Umständen in einem bloßen Widerspruchsrecht bestehen kann, einzelnen Gesellschaftern allgemein oder für bestimmte Fälle entzogen sein. Es kann auch allen Gesellschaftern allgemein in Geschäftsführungsangelegenheiten entzogen sein, aber nur insoweit, als damit nicht allen Gesellschaftern auch die Geschäftsführungsbefugnis vollständig entzogen ist; denn das ist mit dem Wesen der Gesellschaft nicht vereinbar (vgl. Düringer-Hachenburg Anm. 115, S. 102; Wieland 565; im Ergebnis ähnlich Staudinger Anm. I zu § 709 und Knoke 61). In denjenigen Angelegenheiten, welche nicht zur Geschäftsführung gehören, also z. B. Regelung der Beziehungen der Gesellschafter zu den Geschäftsführern, Änderung der Grundlage des gesellschaftlichen Verhältnisses, sind grundsätzlich alle Gesellschafter, soweit eine Beschlußfassung hier überhaupt in Frage kommt, stimmberechtigt (vgl. §§ 116, II HGB. und 712, I BGB.). Auch in solchen Angelegenheiten kann wohl Einzelnen durch den Gesellschaftsvertrag das Stimmrecht allgemein oder für einzelne Fälle versagt sein; zweifellos kann es aber nicht allen Gesellschaftern allgemein entzogen sein, sonst besteht eine Gesellschaft überhaupt nicht mehr.

Auch bei der nachträglichen Entziehung des Stimmrechts sind diese Grundsätze, außerdem aber auch der Grundsatz der gleichheitlichen Behandlung der Gesellschafter und das Prinzip der Unverletzbarkeit der Sonderrechte zu beachten. Weiterhin ist daran zu erinnern, daß die Gesellschaft des bürgerlichen Rechts ebenso wie die o. HG. auf einem Vertrag beruht, daß aber jede Änderung im Stimmrecht der Gesellschafter eine Abänderung des Gesellschaftsvertrags bedeutet. Eine solche findet, soweit im Gesellschaftsvertrag nichts anderes bestimmt ist, nach den Regeln des Vertragsrechts statt. Es steht aber nichts im Wege, daß die Gesellschafter sich im Gesellschaftsvertrag ausdrücklich auch für Abänderung des Gesellschaftsvertrags selbst und sogar für Eingriffe in ihre Sonderrechte einem Mehrheitsbeschluß unterwerfen. (Düringer-Hachenburg 110 Anmerkung 126.) Danach kann also das Stimmrecht eines Gesellschafters unter Umständen auch ohne seine Zustimmung durch Beschluß der übrigen Gesellschafter in allen oder einzelnen Angelegenheiten allgemein oder für einzelne Fälle entzogen oder beeinträchtigt werden. Zu beachten ist dabei, daß, sofern im Gesellschaftsvertrag nichts Entgegenstehendes bestimmt ist, die Geschäftsführungsbefugnis ein Sonderrecht ist. Die §§ 712, I BGB. und 117 HGB. stehen dem nicht entgegen, da sie nur in Fällen ganz bestimmter Art die Entziehung ohne Zustimmung des Berechtigten ermöglichen.

Für den nicht rechtsfähigen Verein des BGB. gelten die Vorschriften über die bürgerlich-rechtliche Gesellschaft; zur Auslegung der Satzung können hier aber auch zum Teil die Grundsätze des Vereinsrecht des BGB. herangezogen werden; das gilt insbesondere auch von den Vorschriften über die Mitgliederversammlung. (Vgl. Gierke, Vereine ohne Rechtsfähigkeit nach dem neuen Recht. Berlin 1902, S. 18 Anm. 27.)

Auf die stille Gesellschaft finden, soweit hier eine Beschlußfassung und ein Stimmrecht überhaupt in Frage kommen, die Regeln der bürgerlich-rechtlichen Gesellschaft entsprechende Anwendung (vgl. Müller-Erzbach 243.)

Für das Stimmrecht in der KG., aber auch für dasjenige der Komplementare der AKG. gelten die für die o. HG. maßgebenden Grundsätze in entsprechender Weise, wobei aber zu beachten ist, daß den Kommanditisten eine Geschäftsführungsbefugnis nach dem Gesetz nicht zusteht (§§ 161, II, 164, 320, II HGB.), andererseits das Stimmrecht der Komplementare der AKG. durch verschiedene gesetzliche Vorschriften nicht unwesentlich eingeschränkt ist (vgl. § 327, II und III HGB.) und ihnen durch den Gesellschaftsvertrag in Geschäftsführungsangelegenheiten u. a. völlig entzogen sein kann. (Vgl. Schreiber III, Düringer-Hachenburg Anm. 4 zu § 114.)

Für die Reederei sind nach dem Gesetze in dispositiver Weise die Mehrheitsbeschlüsse der Mitreeder als für die Angelegenheiten der Reederei maßgebend erklärt. Was den Ausschluß vom Stimmrecht anlangt, so werden hier im allgemeinen die gleichen Grundsätze wie bei der Gesellschaft des bürgerl. Rechts zur Anwendung kommen müssen, da die Reederei eine Unterart der bürgerlich-rechtlichen Gesellschaft darstellt.

Auch bei der Gemeinschaft nach Bruchteilen wird man von „Sonderrechten" sprechen können und auch hier gilt das Prinzip der gleichheitlichen Behandlung aller Teilhaber (vgl. Staudinger, Anmerkung I, 2 b u c zu § 745). Durch vertragliche Vereinbarung der Gemeinschaftsteilhaber kann das Stimmrecht einzelner Teilhaber allgemein oder für einzelne Fälle ausgeschlossen sein, es kann auch wohl das Stimmrecht aller Teilhaber durch vertragliche Abmachung beeinträchtigt werden etwa in der Weise, daß die Geschäftsführung einem Dritten übertragen wird; ganz ausgeschlossen werden kann das Stimmrecht aller Teilhaber aber wohl nicht. Die Beeinträchtigung oder Entziehung des Stimmrechts einzelner Teilhaber durch Beschluß kann ohne ihre Zustimmung höchstens insoweit erfolgen, als nicht das Prinzip der gleichheitlichen Behandlung der Teilhaber verletzt ist und als der Beschluß einer „ordnungsmäßigen Verwaltung" (§ 745, I BGB.) entspricht. Für die Erbengemeinschaft gelten dieselben Grundsätze (vgl. § 2038, II BGB.).

E. Der Ausschluß vom Stimmrecht bei Gefahr der Interessenkollision bei den Körperschaften.

§ 6.

I. Der unmittelbare Geltungsbereich der Ausschlußvorschriften.

Das deutsche Privatrecht stellt in vier ähnlich lautenden Bestimmungen verschiedener Gesetze für verschiedene Körperschaften ausdrückliche Stimmenthaltungsvorschriften für den Fall der Interessenkollisionsgefahr auf, die wir als „Ausschlußvorschriften" bezeichnet haben (vgl. §§ 34 BGB., 252, III HGB., 47, IV GmbHGes., 43, III GenGes.). Zunächst ist nun der Geltungsbereich dieser Vorschriften näher zu untersuchen:

1. Der § 34 BGB. gilt für den rechtsfähigen Verein des BGB. Er gilt nicht für die der landesgesetzlichen Regelung überlassenen Körperschaften des Privatrechts (vgl. oben § 3 C I), kann auf sie aber unter Umständen subsidiär angewendet werden. Bestritten ist die Anwendbarkeit des § 34 BGB. auf die Gewerkschaften des preußischen Bergrechts.

Dafür Isay, 582 f., dagegen die herrschende Meinung, vgl. KGJ. 25 A 129; Staudinger Anm. 6 zu § 34 und Warneyer 65, Anm. zu § 34.

Die primäre Anwendbarkeit des § 34 BGB. kommt allerdings gemäß Art. 67 EG.BGB. nicht in Frage. Nun bestehen aber im preuß. Bergrecht und im preuß. Privatrecht überhaupt keine ausdrücklichen Bestimmungen über den Ausschluß vom Stimmrecht bei Gefahr der Interessenkollision, es ist hier daher m. E. eine subsidiäre Anwendung des § 34 BGB. geboten; denn das Stimmrecht der Gewerken ist im allgem. preuß. Bergges. nicht erschöpfend geregelt; auch allgemeinen hier unter Umständen anwendbaren Grundsätzen des preuß. Landesrechts sind für die Frage des Stimmrechts in Interessenkollisionsfällen keine Richtlinien zu entnehmen. Nicht mehr haltbar ist heute auch der Standpunkt einer RG.-Entscheidung aus dem Jahre 1881 (RG. 4, 296 f.), wo ausgeführt wird, daß die für die AG. geltenden Stimmenthaltungsvorschriften des Art. 239, II des Allg. D. HGB. nicht analog für die Gewerkschaften gelten können, weil hier die Verhältnisse ganz anders lägen als bei der AG., insbesondere der Gewerke ein viel unmittelbareres Interesse an der Gewerkschaft habe, als der Aktionär an der AG.; denn heute bestehen ja die gleichen Stimmenthaltungsvorschriften für die verschiedenartigsten Körperschaften des Privatrechts. Nicht stichhaltig ist schließlich auch der Einwand des KG. (a. a. O.), daß § 34 BGB. hier praktisch überflüssig werde durch die nach § 115 Allg. Preuß. Bergg. zulässige Anfechtung des Beschlusses wegen Unzweckmäßigkeit; denn „es liegt weit mehr im Interesse der Gewerkschaft, daß ein möglicherweise durch eigennützige Beweggründe einzelner Gewerken beeinflußter Beschluß von vornherein gar nicht erst gefaßt werde, als daß er erst nach langwierigem Prozessieren fällt.“ (Isay a. a. O.; vgl. auch die dort angeführte Literatur.) Die gleichen Gesichtspunkte sind auch für die Gewerkschaften bayr. Rechts (vgl. B. Bergg. Art. 133ff.) sowie für die Gewerkschaften der übrigen Landesrechte maßgebend, soweit nicht besondere landesgesetzliche Bestimmungen entgegenstehen. (Vgl. z. B. § 19 des sächs. Bergg., wonach ein Gewerke bei einer Beschlußfassung, welche die Vornahme eines Rechtsgeschäfts mit ihm betrifft, kein Stimmrecht hat.)

Für den nicht rechtsfähigen Verein gilt § 34 BGB. nicht unmittelbar (vgl. § 54 BGB.). Wohl aber kann er zur Auslegung der Vereinssatzung herangezogen werden. Soweit die Vereinssatzung nichts anderes bestimmt, muß § 34 wohl auch hier entsprechende Anwendung finden. (Vgl. Gierke, Vereine ohne Rechtsfähigkeit nach dem neuen Recht, Berlin 1902, S. 18 Anm. 27.)

2. § 252, III HGB. gilt für die AG., sowie für den Kommanditistenverband der AKG., (§ 320, III HGB.). Für die Beschlußfassungen der GV.en der Gründungsgesellschaft der AG. gilt § 252, III entsprechend (§ 197 HGB.); ebenso auch für die Beschlußfassungen des Kommanditistenverbandes vor Erlangung der Rechtsfähigkeit (§ 320, III HGB.). Zu beachten ist aber, daß nach § 196, IV HGB. in der konstituierenden GV. allen Aktionären das Stimmrecht zusteht, auch denjenigen z. B., mit denen Übernahmeverträge abgeschlossen wurden, nicht dagegen den Komplementaren der AKG., denen nur das Recht der Teilnahme an der in § 196 HGB. bezeichneten Verhandlung eingeräumt ist. (§§ 327, I, 323, III Satz 1 HGB.; vgl. Schreiber, 52.)

3. § 47, IV GmbHGes. gilt für die GmbH. sowie für ihre Vorgesellschaft, soweit hier eine Beschlußfassung der Gesellschafter in Frage kommt. An sich bestimmen sich die Verhältnisse der Vorgesellschaft einer GmbH. nach den Regeln des Rechtes der bürgerlichrechtlichen Gesellschaft bzw. des nicht rechtsfähigen Vereins (vgl. RG. 58, 56). Aber im Innenverhältnis der Gesellschafter müssen die Regeln des GmbHGes. ergänzungsweise herangezogen werden, soweit sich nicht aus der körperschaftsrechtlichen Natur der eingetragenen GmbH. etwas anderes ergibt. § 47, IV GmbHGes. wird hier also regelmäßig zur Anwendung kommen (vgl. Brodmann Anm. 2 zu § 11 S. 50; RG. 82, 290; Schreiber 37).

4. Entsprechendes muß auch für die Vorgesellschaft der e. Gen. mit Bezug auf die Anwendbarkeit des § 43, III GenGes. gelten. (Vgl.

Waldecker in Gruchot 59, 963ff.; aber auch Parisius-Crüger Anm. 2 zu § 5.)

5. Für die Beschlußfassungen des obersten Organs des VersVer. a. Gegens. findet gemäß § 36 VAG. die Bestimmung des § 252, III HGB. entsprechende Anwendung. Für „kleine“ Versicherungsvereine, d. h. für solche, „die bestimmungsgemäß einen sachlich, örtlich oder hinsichtlich des Personenkreises eng berenzten Wirkungskreis haben“, ist dagegen (was sachlich keinen Unterschied bedeutet) § 34 BGB. entsprechend anzuwenden (§ 53 VAG.). Vor der Eintragung regeln sich die Verhältnisse des VersVer. a. Gegens., der ja dann als solcher noch nicht besteht, nach den Bestimmungen über Vereine ohne Rechtsfähigkeit.

Die genannten „Vorgesellschaften“ sind im folgenden nur noch da erwähnt, wo wichtige Besonderheiten für sie zur Geltung kommen.

6. Für die Frage, welches Recht auf die zur Zeit des Inkrafttretens des BGB., des HGB. von 1897, und des neuen GenGes. bestehenden Körperschaften gilt, ist auf das jeweils maßgebende Übergangsrecht zu verweisen. Insbesondere sei aber erwähnt, daß für die zur Zeit des Inkrafttretens des BGB. bestehenden Körperschaften, soweit für sie nicht Landesrecht oder besondere Reichsgesetze maßgebend sind, die Vorschriften des § 34 BGB. Anwendung finden (vgl. Art. 163 EG.BGB.).

§ 7.

II. Der Inhalt der Ausschlußvorschriften im allgemeinen.

1. In den von den Ausschlußvorschriften getroffenen Fällen muß es sich stets um eine Beschlußfassung der Mitglieder der betreffenden Körperschaft handeln. Die rechtliche Natur des Körperschaftsbeschlusses ist an dieser Stelle nicht zu erörtern. Bei einer bloßen Beratung kann ein „Stimmrecht“ im engeren Sinne überhaupt nicht in Frage kommen. Daß man auch bei Beteiligung von nur einem Mitgliede von einer „Beschlußfassung“ im Sinne der Ausschlußvorschriften sprechen kann, obwohl in solchen Fällen streng genommen nur der „Entschluß“ einer natürlichen Person vorliegt, ist ziemlich allgemein anerkannt. (Vgl. Horrwitz 197; RG. 34, 116; 75, 239; dagegen Broicher im Arch. f. bürgerl. Recht 24, 198; vgl. auch Staub-Hachenburg, Anm. 24 zu § 60.)

Es ist für die Beschlußfassung wenigstens von Gesetzes wegen keine bestimmte Beteiligungsziffer vorgeschrieben; es muß nur, wenn eine gültige Beschlußfassung zustandekommen soll, allen mit abstraktem Stimmrecht ausgestatteten Mitgliedern Gelegenheit zur Teilnahme gegeben sein. Aber auch, wo das nicht der Fall ist, wird man im allgemeinen von einer Beschlußfassung reden können; ob der Beschluß, der gefaßt wird, gültig ist oder nicht, ist ja eine andere Frage.

Eine Versammlung der beschließenden Mitglieder ist nicht bei allen Körperschaften vorgeschrieben. Bei der AG., der e. Gen. und dem „großen“ VersVer. a. Gegens. können rechtserhebliche Beschlüsse nur in GVen. der Mitglieder gefaßt werden. (§§ 250 HGB., 43, I

GenGes., 36 VAG.) Anders ist es beim rechtsfähigen Verein des BGB., der GmbH. und dem „kleinen" VersVer. a. Gegens. Nach § 32, II BGB., der in entsprechender Weise für den kleinen VersVer. a. Gegens. gilt (§ 53 VAG.), bedarf es zur Beschlußfassung der Mitglieder des rechtsfähigen Vereins des BGB. der Abhaltung einer Versammlung nicht, wenn sämtliche Mitglieder ihre Zustimmung zu dem Beschluß schriftlich erklären. Für die GmbH. gilt gemäß § 48, II GmbHGes. das gleiche, doch genügt hier auch die schriftliche Erklärung eines Gesellschafters, daß er mit der schriftlichen Stimmabgabe einverstanden ist. Handelt es sich in solchen Fällen, wo durch schriftliche Stimmabgabe Beschluß gefaßt werden soll, um einen Beschluß, bei dem ein Mitglied wegen Interessenkollision vom Stimmrecht ausgeschlossen ist, so bedarf es trotzdem seiner Zustimmung zur schriftlichen Abstimmung. Diese Zustimmung muß aber in solchen Fällen auch beim Vereinsbeschluß genügen.

Es muß sich weiterhin um eine Beschlußfassung der Körperschaftsmitglieder in ihrer Eigenschaft als Mitglieder des gesetz- oder satzungsmäßigen Beschlußorgans der Körperschaft, also der General- oder Mitgliederversammlung bzw. einer entsprechenden Mitgliedergesamtheit, handeln. Eine solche kann auch da gegeben sein, wo in rechtmäßiger Weise (z. B. beim Verein des BGB.) Nichtmitglieder sich an der Beschlußfassung beteiligen. Auch für diese müssen dann aber wohl die Ausschlußvorschriften entsprechend anwendbar sein, wenn auch in den Ausschlußvorschriften nur von dem Stimmrecht der Körperschaftsmitglieder die Rede ist. Dagegen gelten die Ausschlußvorschriften nicht ohne weiteres für die Beschlußfassungen innerhalb der „Verwaltungs"organe (Vorstand, Aufsichtsrat usw.) der Körperschaften, auch wenn diese Organe nur aus Mitgliedern der betr. Körperschaft bestehen. Für die Beschlußfassung des Vorstandes des rechtsfähigen Vereins des BGB. ist im § 28, I BGB. in Verbindung mit § 40 BGB. die dispositive entsprechende Geltung der Vorschriften des § 34 BGB. vorgeschrieben.

Die Vorschrift wird in analoger Weise auch auf Beschlußfassungen etwaiger anderer Verwaltungsorgane eines Vereins auszudehnen sein. M. E. muß aber auch bei den anderen hier in Betracht kommenden Körperschaften gemäß der subsidiären Geltung der Normen des Vereinsrechts für die anderen privatrechtlichen Körperschaften für die Beschlußfassung der Mitglieder ihrer Verwaltungsorgane die dispositive Geltung der jeweiligen Ausschlußvorschriften anerkannt werden, und zwar auch insoweit, als für diese Organe im übrigen nicht die für den Vereinsvorstand geltenden gesetzlichen Bestimmungen maßgebend sind, also zum Beispiel auch für den Aufsichtsrat einer AG., GmbH. oder eGen. (ebenso Goldschmit 247; Staub, Anm. 14 zu § 246 für den Aufsichtsrat der AG.; dagegen Staub-Hachenburg, Anm. 42 zu § 52 für den Aufsichtsrat der GmbH.); denn wenn es das Gesetz schon für nötig gehalten hat, die Gesamtheit der Körperschaftsmitglieder gegen die eigenen Mitglieder der Körperschaft, die doch selbst in der Regel unmittelbar an dem Wohlergehen der Körperschaft interessiert sind, zu schützen, um wieviel mehr erscheint es dann angebracht, die Körperschaftsmitglieder vor einer selbstsüchtigen Willensentscheidung solcher

Organsmitglieder sicherzustellen, deren Interesse durchaus nicht mit dem der Körperschaft zu kongruieren braucht, zumal bei der in der Regel geringen Zahl von Mitgliedern dieser Organe jede einzelne ihrer Stimmen von erhöhter Bedeutung ist.

Es ist nicht einzusehen, warum sich die Körperschaftsmitglieder hier mit etwaigen Ersatzansprüchen begnügen müssen sollten.

2. Die Ausschlußvorschriften sprechen davon, daß derjenige, welcher in bestimmter Weise an der Beschlußfassung interessiert ist, dabei „kein Stimmrecht hat" oder „nicht stimmberechtigt" ist. Daß aber durch die Ausschlußvorschriften nicht das Stimmrecht im abstrakten Sinne, sondern nur das konkrete Stimmrecht, das Recht, das Stimmrecht bei einer bestimmten Beschlußfassung auszuüben, entzogen wird, wurde bereits früher ausgeführt. Allgemein anerkannt ist aber auch, daß es sich hier nicht um das Stimmrecht, im weiteren Sinne, sondern um das Stimmrecht im engeren Sinne, nicht um das Teilnahme- und Diskussionsrecht, sondern um das Recht, seine Stimme abzugeben, handelt. (Vgl. Staub Anm. 32 und 33 zu § 252; Steinmetz 54, Schreiber 16f., 28; Lehmann-Ring Nr. 10 zu § 252.) Der Ausschluß auch vom Teilnahme- und Debatterecht bedeutete eine ungerechtfertigte Härte für das von der Abstimmung ausgeschlossene Mitglied, dem es z. B. bei seiner eigenen Entlastung gestattet sein muß, sich selbst zu rechtfertigen und die Verhältnisse klarzustellen. (Vgl. aber z. B. § 23, III RVO., wonach dem betr. Mitglied nicht einmal die Anwesenheit bei der Beratung und Beschlußfassung erlaubt ist; ähnlich rr. bayer. GemO. Art. 103, I, 118, I, 145, IV und preuß. Städteordnung vom 30. Mai 1853 § 44.)

Daß beim rechtsfähigen Verein des BGB., beim VersVer. a. Gegens. und bei der GmbH. aber auch das Teilnahme- und Verhandlungsrecht für einzelne Fälle unter Umständen satzungsgemäß ausgeschlossen werden kann, geht aus dem früher über die Entziehbarkeit des Stimmrechts im allgemeinen Gesagten hervor.

Für die AG. und GmbH. ist im Gesetz eigens bestimmt, daß das vom Stimmrecht ausgeschlossene Mitglied auch nicht für andere das Stimmrecht ausüben darf.

Zulässig ist es darnach aber, daß jemand, der selbst vom Stimmrecht ausgeschlossen ist und bevollmächtigt ist, für einen anderen Nichtausgeschlossenen das Stimmrecht auszuüben, soweit er die Substitutionsbefugnis hat, einen Nichtausgeschlossenen zur Ausübung bevollmächtigt.

Beim Verein des BGB., beim VersVer. a. Gegens. und bei der eGen. ist grundsätzlich Ausübung des Stimmrechts durch Bevollmächtigte untersagt. Dennoch ist eine solche auch hier unter Umständen möglich (vgl. § 38 BGB. in Verbindung mit § 40 BGB., § 36 VAG., der § 252, II HGB. nicht erwähnt, und §§ 43, IV und 43a GenGes.). Außerdem kommt auch bei diesen Körperschaften eine Ausübung des Stimmrechts handlungs- oder geschäftsunfähiger Personen durch ihre gesetzlichen Vertreter in Betracht. Es fragt sich, ob auch hier die Ausübung des Stimmrechts für andere durch einen wegen Interessenkollision vom Stimmrecht Ausgeschlossenen untersagt ist. Das ist zu bejahen (vgl. RGR.-Komm. Anm. zu § 34); es ergibt sich vor allem aus dem gesetzgeberischen Motiv der Ausschlußvorschriften. Auch ist nicht einzusehen, warum gerade in dieser Hinsicht für den Verein, die Gen. und den VersVer. andere Grundsätze maßgebend sein sollten als für die übrigen Körperschaften. Beim Verein des BGB. spricht übrigens auch der Wortlaut der Ausschlußvorschriften für die hier vertretene Ansicht. Es heißt hier: „ . . . ist nicht stimmberechtigt", während die übrigen Ausschlußvorschriften sagen: „. . . . hat kein Stimmrecht". Die beiden Ausdrücke decken sich m. E. nicht ganz. „Ein Mitglied hat kein Stimmrecht", heißt: Es ruht das aus seiner Mitgliedschaft entsprungene Stimmrecht, das Mitglied kann sein eigenes Stimmrecht nicht ausüben. „Ein Mitglied ist nicht stimmberechtigt", bedeutet dagegen: Das Mitglied hat nicht das Recht, mit abzustimmen, sei es für sich, sei es in fremdem Namen.

Umgekehrt kann selbstverständlich ein Mitglied, das vom Stimmrecht ausgeschlossen ist, dieses nicht durch einen Vertreter ausüben lassen, auch wenn in dessen Person an sich kein Ausschlußgrund besteht.

Wenn im Folgenden vom Ruhen des Stimmrechts oder von Stimmenthaltung oder vom Ausschluß des Stimmrechts wegen Interessenkollision ohne nähere Bestimmung die Rede ist, so ist damit immer der Ausschluß von dem Recht im eigenen oder fremden Namen abzustimmen gemeint.

3. Ist ein Mitglied vom Stimmrecht ausgeschlossen, so bedeutet das, daß es zur Abstimmung nicht zugelassen werden darf, und daß, wenn es trotzdem zugelassen wird, die von ihm abgegebenen Stimmen ungültig sind und nicht mitgezählt werden dürfen.

Die Folgen einer unrechtmäßigen Zulassung oder Nichtzulassung oder eines unrechtmäßigen Geltenlassens oder Nichtgeltenlassens der Stimmen eines Mitglieds sollen in anderem Zusammenhang erörtert werden. Für die AG., GmbH. und eGen. ist noch besonders zu erwähnen, daß der Stimmrechtsausschluß einem davon betroffenen Mitgliede einer solchen Körperschaft nicht etwa das Recht nimmt, den Beschluß, bei dem ihm die Mitwirkung versagt war, anzufechten (vgl. Staub-Hachenburg Anm. 27 zu § 47; ebenso RG. in Holdheim 6, 212f.; Hueck 141).

4. Der Wortlaut der Ausschlußvorschriften ist auch nicht einheitlich in bezug auf die einzelnen durch sie bezeichneten Fälle des Stimmrechtsausschlusses.

Gemeinsam ist allen vier Ausschlußvorschriften der Gedanke, daß ein Mitglied bei einer Beschlußfassung kein Stimmrecht haben soll, die ein sich auf das Mitglied beziehendes Rechtsgeschäft betrifft. Dabei spricht aber die Ausschlußvorschrift des BGB. und die des HGB. von der Vornahme eines Rechtsgeschäfts mit einem Mitglied, die des GmbHGes. von der Vornahme gegenüber einem Mitgliede, die des GenGes. endlich von dem Abschluß mit einem Mitgliede. Die Fassung des BGB. und des HGB. einerseits und die des GenGes. andererseits haben auch bei strengster Wortauslegung den gleichen Sinn. Dagegen deckt sich mit ihnen bei strenger Wortauslegung nicht ganz die Fassung des GmbHGes. Denn von der Vornahme eines Rechtsgeschäftes mit einem Rechtssubjekt spricht man nur bei zweiseitigen Rechtsgeschäften, während der Ausdruck „Vornahme eines Rechtsgeschäfts gegenüber einem Rechtssubjekt" auf ein- und zweiseitige Rechtsgeschäfte angewendet werden kann. Dennoch müssen die drei Fassungen inhaltlich übereinstimmen, denn es ist nicht einzusehen, weshalb gerade bei der GmbH. der Stimmrechtsausschluß im Fall der Interessenkollision umfassender sein sollte als bei den anderen Körperschaften; es wäre sicherlich verfehlt, sich hier allzu engherzig an den Wortlaut des Gesetzes zu klammern. Der Sinn der Bestimmung, die in allen vier Gesetzen das gleiche sagen will, ist sicherlich am richtigsten in der Fassung des GmbH.-Ges. zum Ausdruck gekommen; auch die Ausschlußvorschriften der anderen drei Körperschaften müssen daher dahin ausgelegt werden, daß der Stimmrechtsausschluß da stattfindet, wo die Beschlußfassung zweiseitige oder einseitige Rechtsgeschäfte gegenüber einem Mitgliede betrifft; denn dem ganzen Zweck der Vorschriften entspricht es, ihre Geltung auch auf einseitige Rechtsgeschäfte (wie z. B. eine Kündigung) auszudehnen. (Für die AG. ebenso Makower Anmerkg. V b 3 zu § 252; Fischer 188; für den Verein des BGB. Planck Anm. 1 zu § 34; Oertmann, Anm. d α zu § 34; dagegen Staudinger, Anm. 5 zu § 34; für die GmbH. Staub-Hachenburg, Anm. 19 zu § 47.)

Daß es sich immer um ein Rechtsgeschäft der betr. Körperschaft gegenüber dem Mitglied handeln muß, bedarf keiner näheren Begründung.

Die Ausschlußvorschriften des BGB., des HGB. und des GmbH.-Ges. beziehen sich weiterhin auf den Fall, daß die Beschlußfassung die Einleitung oder Erledigung eines Rechtsstreits zwischen der Körperschaft und dem Mitglied betrifft. In der Ausschlußvorschrift des GenGes. fehlt merkwürdigerweise eine derartige Bestimmung; als Grund dafür kann aber wohl nur ein Versehen bei der Neufassung des GenGes. vom 20. Mai 1898 in Frage kommen. (Vgl. Entw. des GenGes., Drucks. des Reichst. 7. Legisl.-Per. IV. Session 1888/89 Nr. 28 S. 82.) Auch für die Gen. muß also eine den Ausschlußvorschriften der übrigen genannten Körperschaften entsprechende Bestimmung analog zur Anwendung gelangen. Es ist wahrhaftig kein Grund ersichtlich, warum bei der Gen. gerade in diesem gefährlichsten Falle des Interessenkonflikts der Stimmrechtsausschluß nicht Platz greifen sollte.

Schließlich ist in den Ausschlußvorschriften des HGB., des GmbHGes., des GenGes. die Stimmenthaltung auch desjenigen Mitglieds bestimmt, das durch die Beschlußfassung entlastet oder von einer Verbindlichkeit befreit werden soll. In der Ausschlußvorschrift des BGB. sind diese beiden Fälle nicht ausdrücklich erwähnt. Dennoch drängt auch hier der ganze Sinn und Zweck der Ausschlußvorschriften auf eine einheitliche Auslegung aller vier Ausschlußvorschriften hin. (Im Ergebnis ebenso in bezug auf die Entlastung Staudinger Anm. 5 zu § 34; Warneyer, Bem. zu § 34 und RGRKmm. Anm. 1 zu § 34; dagegen Isay, 582.) Der Gesetzgeber glaubte auch sicherlich jene beiden Fälle mit dem Begriff der dem Mitglied gegenüber vorzunehmenden Rechtsgeschäfte mit zu umfassen. Inwieweit das zutrifft, muß insofern dahingestellt bleiben, als die Entlastung immer, die Befreiung von einer Verbindlichkeit zwar in aller Regel, jedoch nicht notwendigerweise ein Rechtsgeschäft mit dem betreffenden Mitglied darstellt und als außerdem die Entlastung immer, die Befreiung von einer Verbindlichkeit möglicherweise unter den Begriff der „sozialrechtlichen“ Rechtsgeschäfte gehört, auf die prinzipiell die Ausschlußvorschriften keine Anwendung finden. Das alles kann aber erst im Folgenden eingehender ausgeführt und begründet werden.

§ 8.

III. Grundsätzliche Fragen zur Auslegung der Ausschlußvorschriften und deren Ergänzung durch die Grundsätze von Treu und Glauben.

1. Die Fassung der Ausschlußvorschriften zeichnet sich, wie wir bemerken konnten, nicht gerade durch Schärfe und Genauigkeit des Ausdrucks aus, man muß vielmehr Biberfeld Recht geben, wenn er in seinem viel zitierten Aufsatz in der Zschr. für das ges. Aktienwesen (Jahrg. 1900 S. 189ff.) von einem „ganz allgemeinen und sehr unbestimmt gefaßten Gesetzestext“ spricht, dessen Auslegung denn auch allerlei Zweifel und Streitfragen von erheblicher rechtlicher Bedeutung herbeigeführt hat. Im Folgenden sollen daher einige grundsätzliche Fragen der Auslegung der Ausschlußvorschriften untersucht werden; im Zusammenhang damit ist aber die weitere Frage zu erörtern, ob und inwiefern eine Ergänzung der Ausschlußvorschriften durch andere gesetzliche Bestimmungen in Frage kommt.

2. Was zunächst das Problem der Möglichkeit einer einschränkenden Auslegung der Ausschlußvorschriften anlangt, so ist eine solche grundsätzlich abzulehnen. Es kommt hier an erster Stelle die Frage in Betracht, ob etwa die Ausschlußvorschriften dann nicht anwendbar seien, wenn tatsächlich eine Interessenkollision nicht vorliegt. Diese Frage hat die herrschende Lehre mit Recht verneint. (Vgl. v. Tuhr 510, Oertmann Anm. 2d zu § 34.) Der Grundgedanke des Gesetzes ist allerdings der, die Körperschaft vor einer sie schädigenden egoistischen Ausübung des Stimmrechts durch einzelne ihrer Mitglieder zu schützen; die Gefahr einer Schädigung durch egoistische Ausübung des Stimmrechts liegt aber da, wo keine Interessenkollision besteht, nicht vor. Dennoch ist hier am strengen Wortlaut des Gesetzes festzuhalten, denn ob eine Interessenkollision besteht oder nicht, ist im Zeitpunkt der Abstimmung oft von der Mitgliederversammlung oder von dem sie leitenden Vorsitzenden nur schwer zu erkennen und man kann ihnen eine Prüfung dieser Frage in denjenigen Fällen, in denen die Ausschlußvorschriften einschlägig sind, nicht zumuten. Im Interesse der Verkehrssicherheit liegt es also, auch in den Fällen der genannten Art die Anwendbarkeit der Ausschlußvorschriften zu bejahen.

Die Frage, ob die Ausschlußvorschriften auch dann anwendbar sind, wenn das beteiligte Mitglied gegen sein privates Sonderinteresse stimmt oder wenn der Beschluß zu seinen Ungunsten ausgefallen ist, sowie dann, wenn alle Mitglieder einer Körperschaft an einer Beschlußfassung in einer von den Ausschlußvorschriften getroffenen Weise beteiligt sind, soll später in anderem Zusammenhang erörtert werden.

Eine Ausnahme von dem Grundsatz, daß eine einschränkende Auslegung der Ausschlußvorschriften nicht zulässig ist, gilt nach der herrschenden Lehre nun aber für diejenige Kategorie von Fällen, welche die Ausschlußvorschriften unter dem Begriff der Vornahme eines Rechtsgeschäfts gegenüber dem Mitglied zusammenfassen, und zwar insoferne, als unter Rechtsgeschäften im Sinne der Ausschlußvorschriften nur individualrechtliche Rechtsgeschäfte zu verstehen seien, Rechtsgeschäfte also, die genau so gut einem Dritten gegenüber als einem Mitglied gegenüber vorgenommen werden könnten.

a) Schon in der Zeit der Geltung des Art. 190, III des Allg. D. HGB. in der Fassung der Aktien-Novelle von 1884 wurde vereinzelt eine derartige Ansicht vertreten. Vgl. z. B. für die GmbH. Bauer in „Der Handelsgesellschafter“ 1894, 115, der den Standpunkt vertrat, daß das Stimmrecht nicht ruhe, wenn sich die zu fassenden Beschlüsse auf Rechtsverhältnisse innerhalb der Gesellschaft bezögen, und der zwar das Stimmrecht eines Mitgesellschafters bei seiner eigenen Wahl ausgeschlossen wissen wollte, sich dagegen bei Abberufung von Organen für ihre Zulassung zur Abstimmung aussprach.

Ähnlich in bezug auf § 252, III des neuen HGB. Biberfeld in ZAW. 1900, 189 ff. und Staub, 7. Aufl. 1900 Anm. 15 zu § 252; anders dagegen die damals herrschende Meinung, z. B. Makower, 12. Aufl., I, 561 f., Anm. 5 b, 3; Lehmann-Ring, 1. Aufl., I, S. 500 Nr. 8; Pinner, 185 f., Anm. VI, 1; Parisius-Crüger, GmbHGes. 3. Aufl. 216 Anm. 4; Birkenbihl, GmbHGes. 250 Anm. 5.

Zur Diskussion über die ganze Frage kam es aber erst infolge eines Beschlusses des preuß. Kammergerichts vom 8. Dezemb. 1902 (KGJ. 25 A 253 ff.), wo dem Gesellschafter einer GmbH. das Stimmrecht bei seiner Wahl zum Geschäftsführer abgesprochen wurde mit der Begründung, daß es sich dabei um einen Vertrag der GmbH. mit dem betreffenden Gesellschafter handle. Staub (Holdheim 02, 126) sprach sich in Übereinstimmung mit der von ihm schon früher vertretenen Ansicht dagegen aus mit der Begründung, daß es sich bei der Wahl nicht um ein Rechtsgeschäft im Sinne des § 47, IV GmbHGes., d. h. nicht um ein Rechtsgeschäft mit einem Dritten, vielmehr um einen Akt des gesellschaftlichen Lebens handle, bei dem der Stimmrechtsausschluß nicht gerechtfertigt sei. Ähnlich Keyssner in ZHR. 54, 293; Bondi in DJZ. 03, 269. Die Rechtsprechung wie die Rechtslehre ist ihnen alsbald zum größten Teil gefolgt.

In einer Entscheidung des RG. vom 22. Februar 1905 (RG. 60, 172 ff.) wurde zunächst ausgesprochen, daß ein Aktionär bei seiner Wahl zum Aufsichtsratsmitglied mitstimmen dürfe. In der Entscheidung vom 18. Oktober 1910 (RG. 74, 276 ff.) hat das RG. dann einen entsprechenden Grundsatz auch für die GmbH. anerkannt und weiterhin erklärt, daß der Gesellschafter auch bei der Beschlußfassung über den Abschluß des mit ihm als Geschäftsführer einzugehenden Anstellungsvertrages das Stimmrecht habe, wenn Anstellungsvertrag und Bestellung zum Geschäftsführer einen, wie das die Regel sei, einheitlichen und untrennbaren Akt bildeten. In der Entscheidung vom 29. November 1912 (RG. 81, 37 ff.) entschied das RG. auch die Frage des Stimmrechtsausschlusses des Aktionärs, über dessen Abberufung als Aufsichtsratsmitglied Beschluß gefaßt werden soll, in verneinendem Sinne. Es sprach hier aber weiter allgemein aus, daß der § 252, III HGB. auf den „Verkehr nach außen“, auf „die Geschäfte des Individualverkehrs“ beschränkt werden müsse, daß er dagegen keine Anwendung finde, soweit „innere Angelegenheiten“, „Akte des gesellschaftlichen Lebens", insbesondere „Maßregeln, die die Umgestaltung eines Organs betreffen", in Frage ständen. In Verfolgung der hier ausgesprochenen Grundsätze hat das RG. dann in einer weiteren Entscheidung vom 12. Januar 1915 (JW. 1915, 195 Nr. 7) dem Gesellschafter einer GmbH. das Mitstimmen bei der Beschlußfassung über Einforderung der Einzahlung auf seinen Geschäftsanteil gestattet.

Die herrschende Meinung steht heute in Literatur und Rechtsprechung auf dem Standpunkt des RG., daß die Ausschlußvorschriften grundsätzlich nur auf die „Geschäfte des Individualverkehrs", nicht dagegen auf „innere Angelegenheiten" der Körperschaften Anwendung finden könnten. (Vgl. z. B. Staub Anm. 26 zu § 252 und die dort angeführte Literatur; Staub-Hachenburg Anmerkung 22 zu § 47, Parisius-Crüger Anm. 29 zu § 43). Auf die im Einzelnen bestehenden, zum Teil nicht unwesentlichen Meinungsverschiedenheiten kann erst später bei der folgenden eigenen Stellungnahme zu dieser ganzen Frage, zum Teil auch erst bei Erörterung der einzelnen fraglichen Fälle eingegangen werden. Eine Definition dessen, was unter inneren Angelegenheiten zu verstehen sei, ist nirgends zu finden, meist begnügt man sich mit Ausdrücken wie „Akte des gesellschaftlichen Lebens", „gesellschaftliche Akte", „Akte, welche die innere Ordnung der Gesellschaft betreffen", „sozialrechtliche Angelegenheiten" um das deutlich zu machen, was gemeint ist. Umgekehrt werden diejenigen Rechtsgeschäfte, auf welche die Ausschlußvorschriften anzuwenden seien, im Anschluß an den von Biberfeld (a. a. O.) aufgestellten Grundsatz als solche Rechtsgeschäfte gekennzeichnet, bei denen das Körperschaftsmitglied nicht als solches und nicht als Mitglied eines Organes der Körperschaft, sondern als Dritter der Körperschaft gegenüberstehe.

Gegen die herrschende Lehre hat sich nur wenig grundsätzlicher Widerspruch erhoben. Pinner (JW. 1916, 988 und Beiträge 73) hat zwar Bedenken gegen die Folgen der Stellungnahme des RG. in der ganzen Frage des Stimmrechtsausschlusses bei der AG. geäußert, aber doch anerkannt, daß diese Stellungnahme sich „aus dem Gesetz rechtfertigen läßt". Dagegen haben Sontag (53ff.) mit Bezug auf die AG. und insbesondere Marquardt (JW. 1914, 1031 ff.) die herrschende Lehre mit großer Schärfe bekämpft.

b) Der Wortlaut des Gesetzes gibt nun allerdings keinen Anhaltspunkt für die Einschränkung des Anwendungsgebietes der Ausschlußvorschriften auf eine bestimmte Kategorie von Rechtsgeschäften. Hachenburg (463f.) meint einen solchen gesetzlichen Fingerzeig mit Bezug auf die GmbH. in dem Umstande erblicken zu dürfen, daß das GmbHGes. neben dem „Rechtsgeschäft" eigens noch die Fälle der Entlastung und Befreiung von einer Verbindlichkeit erwähnt. Auch Entlastung und Befreiung von einer Verbindlichkeit seien Rechtsgeschäfte; es hätte keinen Sinn gehabt diese beiden Fälle noch besonders zu erwähnen, wenn eben nicht das Gesetz unter den „Rechtsgeschäften" im Sinne des § 47, IV GmbHGes. nur diejenigen Rechtsgeschäfte, die gegenüber den Gesellschaftern als Dritten vorgenommen werden sollten, wo ihnen die Gesellschaft in der Regel nur durch das Medium der Geschäftsführer gegenübertrete, verstünde, im Gegensatz zu den gesellschaftsrechtlichen Rechtsgeschäften, wo das nicht der Fall sei. Diese Deduktion ist aber unhaltbar. Die Entlastung ist allerdings immer, die Befreiung von einer Verbindlichkeit in aller Regel ein Rechtsgeschäft. Auch im § 252, III HGB. und im § 43, III GenGes. sind jene beiden Fälle neben den Rechtsgeschäften besonders erwähnt und auch für sie würde also das Gleiche gelten. Im § 34 BGB. ist das jedoch nicht der Fall: Nun muß aber, wie wir früher gezeigt haben, auch beim rechtsfähigen Verein des BGB. der Stimmrechtsausschluß sich auf die genannten beiden Fälle beziehen. Es ist also klar, daß das BGB. den Begriff des Rechtsgeschäfts im Sinne des § 34 auch auf sie ausgedehnt wissen will, daß daher der Begriff des Rechtsgeschäftes im Sinne des § 34 dem Wortlaut des Gesetzes nach sich auch auf „sozialrechtliche" Rechtsgeschäfte bezieht; denn bei der Befreiung von einer Verbindlichkeit ist, wie allgemein anerkannt ist, auch an sozialrechtliche Verbindlichkeiten gedacht und die Entlastung betrifft immer die Beziehungen der Körperschaft zu ihren Organen. Andererseits kann aber als sicher angenommen werden, daß der Begriff des Rechtsgeschäftes in den drei anderen Ausschlußvorschriften derselbe ist, wie in § 34 BGB.; daraus muß gefolgert werden, daß aus der besonderen Erwähnung der Entlastung und der Befreiung von einer Verbindlichkeit in jenen 3 Ausschlußvorschriften nicht eine einschränkende Auslegung des Begriffes „Rechtsgeschäft" in den Ausschlußvorschriften abgeleitet werden kann.

Nun fragt es sich weiterhin zunächst, inwieweit wir es bei den von der herrschenden Lehre als Akte des gesellschaftlichen Lebens bezeichneten Angelegenheiten überhaupt mit Rechtsgeschäften zu tun haben. Der Begriff des Rechtsgeschäftes wird in der neueren Literatur im Wesentlichen übereinstimmend definiert als „die juristische Handlung, der der in äußerem Verhalten zur Vollendung gekommene Erfolgswillen wesentlich ist". (Manigk, Willenserklärung und Willensgeschäft, Berlin 1907.) Besonders bestritten ist die rechtsgeschäftliche Natur der Wahl der Organe. Die Wahl als die Bestellung des Organsmitgliedes ist scharf von dem mit demselben abzuschließenden „Anstellungs"vertrag zu unterscheiden. Das ist allgemein anerkannt. (Grundsätzlich gilt das auch für den Aufsichtsrat der AG.; vgl. Horrwitz 9, Goldschmit 95f.; dagegen Bondi DJZ. 14, 449.) Unbestritten ist heute, daß die Wahl nicht, wie das KG. früher angenommen hatte (KGJ. 25, 253), ein Vertrag der Körperschaft mit dem zu Wählenden ist. Dagegen behaupten Manche, die Wahl sei überhaupt kein Rechtsgeschäft (so Horrwitz 9, 137). Andere erkennen an, daß sie ein einseitiges Rechtsgeschäft gegenüber dem zu Wählenden sei (so Staudinger Anm. I, 5d zu § 27), während wieder Andere zwar zugeben, daß die Wahl ein Rechtsgeschäft, aber kein Rechtsgeschäft gegenüber dem zu Wählenden sei. (So Planck Anm. 1 zu § 34; v. Tuhr 521 Anm. 4.) Meist wird die rechtsgeschäftliche Natur der Wahl deshalb nicht weiter geprüft, weil sie als Akt des gesellschaftlichen Lebens bezeichnet wird. (Vgl. Staub Anm. 26 zu § 252; Staub-Hachenburg Anm. 22 zu § 47; RG. 60, 172; 74, 276; LZ. 09, 409). Die Wahl ist eine Willensäußerung der Körperschaft und zwar m. E. eine rechtsgeschäftliche

Willensäußerung; denn die Wahl hat nicht nur die Bedeutung einer unverbindlichen Bestimmung der Persönlichkeit, die für das betreffende Amt in Frage kommt, sodaß die Wahl jederzeit auch nach Annahme durch den Gewählten widerrufen werden könnte (so Horrwitz 9). Wenn jemand z. B. zum Vorstand „gewählt“ ist, so heißt das mehr, als daß er nur zum Vorstand vorgeschlagen ist. Die Wahl begründet vielmehr die Rechte und Pflichten des betr. Organsmitgliedes, soweit sie im Gesetz oder in der Satzung festgelegt sind, soweit sie also nicht einer besonderen Festsetzung durch einen erst noch abzuschließenden Anstellungsvertrag bedürfen. So begründet die Wahl z. B. auch einen Anspruch des Gewählten „auf die Stellung und damit einen Anspruch auf angemessene Vergütung“, wie Brodmann (147) richtig hervorhebt, der aber dennoch die Wahl nicht für ein Rechtsgeschäft gegenüber dem Gewählten zu halten scheint. Die Wahl bedarf zu ihrer Rechtswirksamkeit der Annahme durch den Gewählten, nicht dagegen ist ein Zugehen der Wahl im Rechtssinne erforderlich, es genügt, daß der Gewählte Kenntnis von dem Wahlbeschluß erlangt. (Zur Analogie könnte etwa die Bestellung zum Testamentsvollstrecker herangezogen werden, die — bei aller Verschiedenheit der beiden Akte — nicht einer gewissen Ähnlichkeit mit der Bestellung eines Organsmitgliedes durch Wahl entbehrt. Auch das Amt des TV. beginnt mit der Annahme des Bestellten. § 2202 BGB.). Abzulehnen ist daher auch die Ansicht Plancks (Anm. 5 zu § 27), daß mit dem Zugang der Wahlerklärung an den Gewählten dessen Vertretungsmacht begründet sei, ebenso auch diejenige v. Tuhrs (521), daß ohne Annahme der Wahl im Zeitpunkt ihrer Rechtswirksamkeit die Vertretungsmacht des Gewählten begründet sei. Vielmehr entstehen alle Rechtswirkungen der Wahl — also sowohl die durch sie zu begründeten Rechte als auch Pflichten — erst mit der Annahme durch den Gewählten, aber auch schon mit dieser Annahme und sind nicht etwa noch abhängig von dem abzuschließenden Anstellungsvertrag. Auch wenn man aber, wie das hier geschehen ist, den Zugang der Wahlerklärung im Rechtssinne an den Gewählten nicht für notwendig erachtet, kann man dennoch von einem Rechtsgeschäft gegenüber dem Gewählten sprechen; denn um die Vornahme eines Rechtsgeschäftes gegenüber einem anderen Rechtssubjekt kann es sich auch da handeln, wo der rechtliche Erfolg nicht von einer Kundgebung des Erfolgwillens an den Gegner abhängt, wo es sich also um Willenserklärungen im eigentlichen Sinne nicht handelt, also auch da, wo der rechtliche Erfolgswille dessen, der das Rechtsgeschäft vornimmt, sich nur in irgendeinem äußeren Verhalten dokumentieren muß, also bei den sogenannten Willensgeschäften (vgl. Manigk a. a. O.). Dagegen stellt die Wahl kein zweiseitiges Rechtsgeschäft, keinen Vertrag dar, obwohl die Annahme nach dem oben Gesagten ein notwendiges Tatbestandsmerkmal der rechtsgültigen Wahl ist; denn die „Annahme“ ist nicht die Annahme einer Vertragsofferte, sondern vielmehr die Bedingung der Rechtswirksamkeit der Wahlerklärung. Die Wahl ist also m. E. die unter der aufschiebenden Bedingung der Annahme durch den Gewählten abgegebene Willensäußerung der Körperschaft, daß der Gewählte in die Rechte und Pflichten des betr. Organes eintreten solle, sie ist ein einseitiges Rechtsgeschäft gegenüber dem Gewählten: letzteres gilt auch für die Abberufung eines Organsmitgliedes aus seinem Amte.

Daß es sich beim Abschluß, bei der Abänderung und bei der Aufhebung der Anstellungsverträge der Organsmitglieder um Rechtsgeschäfte der Körperschaften gegenüber den Organsmitgliedern handelt, kann nicht bestritten werden; etwas anderes gilt nur für den Fall, daß das Verhältnis des Organsmitgliedes zur Körperschaft, wie das z. B. bei der GmbH. der Fall sein kann, gesellschaftsrechtlich gemeint ist (vgl. Brodmann 41, Anm. 2 zu § 6). Hier handelt es sich bei jenen Akten zwar auch um Vornahme von Rechtsgeschäften, aber nicht um Rechtsgeschäfte der Körperschaft gegenüber den betr. Mitgliedern. Um Rechtsgeschäfte gegenüber den Organsmitgliedern handelt es sich dagegen auch bei der Auftragserteilung an ein Organsmitglied. Als weitere, im Sinne der herrschenden Lehre „gesellschaftsrechtliche" Rechtsgeschäfte oder auch Rechtshandlungen (auf welch letztere, wie wir sehen werden, die Ausschlußvorschriften grundsätzlich gleichfalls größtenteils anzuwenden sind) gegenüber Mitgliedern kommen z. B. in Betracht die außergerichtliche Geltendmachung von sozialrechtlichen Ansprüchen, die Dividendenverteilung (deren rechtsgeschäftliche Natur allerdings von Brodmann 115 bestritten wird) und bei der AG. sowie bei der GmbH. die Kaduzierung, dann auch die Zustimmung der Gesellschafterversammlung zur Veräußerung von Aktien bzw. von Geschäftsanteilen; denn diese ist eine Zustimmung nach § 182 BGB. und insoferne ein Rechtsgeschäft sowohl gegenüber dem Veräußerer als auch gegenüber dem Erwerber. (Vgl. unten S. 123).

Mit Recht werden diese Rechtsgeschäfte von der herrschenden Lehre als Akte des gesellschaftlichen Lebens, als sozialrechtliche Angelegenheiten bezeichnet. Das wesentliche Begriffsmerkmal, das sie von den anderen Angelegenheiten, von den Angelegenheiten des „Individualverkehrs" unterscheidet, liegt aber nicht darin, daß es Rechtsgeschäfte sind, bei denen die Mitglieder der Körperschaft als solche, also auf Grund ihrer Mitgliedschaft oder aber als Organe gegenüberstehen, denn gerade bei den wichtigsten dieser Geschäfte ist das nicht der Fall, nämlich bei denjenigen Geschäften, welche die Organbildung oder die Regelung der Beziehungen der Körperschaft zu ihren Organen betreffen. Hier brauchen diejenigen Personen, denen gegenüber solche Rechtsgeschäfte abgeschlossen werden, weder Mitglieder der Körperschaft zu sein, noch brauchen sie deren Organen anzugehören, denn bei der Wahl z. B. sollen sie ja erst zu Organen bestellt werden. Entscheidend für das Vorliegen eines sozialrechtlichen Rechtsgeschäftes ist auch nicht der Umstand, daß über seine Vornahme in der Regel durch Beschlußfassung der Mitglieder entschieden wird; denn die Wahl zum Vorstande der AG. z. B. oder der Abschluß von Anstellungsverträgen kann der Verfügungsmacht der Mitgliederversammlung entzogen und einem anderen Organ übertragen sein. Das wesentliche Begriffsmerkmal aller dieser Rechtsgeschäfte ist vielmehr darin zu erblicken, daß sie die Regelung des Innenlebens der Körperschaften betreffen, daß sie durch die besonderen rechtlichen und sachlichen Gegebenheiten der Körperschaften bedingt sind, daß sie also dem Rechte der Körperschaften als privatrechtlicher Personenverbände, dem „Sozialrecht" in diesem Sinne, angehören, wenn sie auch gleichzeitig in das Gebiet des „Individualrechts" hinübergreifen können. Allerdings ist zuzugeben, daß häufig die Körperschaftsmitglieder an solchen sozialrechtlichen Rechtsgeschäften in ihrer Eigenschaft als Mitglieder, also auf Grund ihrer Mitgliedschaft, beteiligt sind.

Was nun die Frage anbelangt, ob auf die sozialrechtlichen Rechtsgeschäfte die Ausschlußvorschriften anwendbar sind oder nicht, so sei zunächst grundsätzlich bemerkt, daß im wesentlichen für die Beurteilung dieser Frage in bezug auf die verschiedenen Körperschaften die gleichen Gesichtspunkte maßgebend sein müssen, da ja auch die Ausschlußvorschriften im wesentlichen übereinstimmen und die Auslegung der Ausschlußvorschriften im allgemeinen daher eine einheitliche sein muß. (Vgl. OLG. Köln in LZ. 09, 409ff.) Fernerhin sei vorausgeschickt, daß diejenigen Rechtsgeschäfte bei unserer Betrachtung ausscheiden, die gegenüber allen Körperschaftsmitgliedern zugleich vorgenommen werden, wie z. B. bei der AG. immer die Dividendenverteilung, häufig auch bei allen Körperschaften die Einforderung von Beträgen, welche auf Grund körperschaftsrechtlicher Verpflichtungen geschuldet sind; denn in diesen Fällen findet, wie später zu zeigen ist, ein Stimmrechtsausschluß wegen Interessenkollision überhaupt nicht statt.

Nach dem Wortlaut des Gesetzes müßten die Ausschlußvorschriften, das ergibt sich aus dem Obengesagten mit voller Klarheit, auch auf die sozialrechtlichen Rechtsgeschäfte angewendet werden. Nun haben wir aber bereits gesehen, daß der Wortlaut der Ausschlußvorschriften in mancher Beziehung ungenau und unzuverlässig ist, so daß wir wohl berechtigt sind, da, wo eine strenge Wortauslegung Sinn- oder Zweckwidrigkeiten im Gefolge hätte, von einer solchen abzugehen. Rein juristisch läßt sich nun allerdings die Suspendierung der Ausschlußvorschriften für die Fälle der sozialrechtlichen Rechtsgeschäfte überhaupt nicht begründen. So ist vor allem mit Bezug auf die Organbestellungsgeschäfte nicht durchschlagend der Hinweis auf § 39 des österr. GmbHGes. (vgl. RG. 74, 276ff.), der für den Fall, der Bestellung oder Abberufung eines Geschäftsführers oder Liquidators ausdrücklich das Ruhen der auch im österr. GmbHGes. enthaltenen Stimmenthaltungsvorschriften festsetzt; denn gerade diese Bestimmung kann, wie Marquardt bemerkt, zum Beweise des Gegenteils, daß nämlich Ausnahmen von dem Grundsatze der Stimmlosigkeit persönlich interessierter Gesellschafter ausdrücklich im Gesetz ausgesprochen sein müssen, herangezogen werden. Andererseits kann aber der einschränkenden Auslegung auch nicht jene Bemerkung in den Motiven zur Aktiennovelle von 1884 (stenogr. Berichte über die Verhandl. des Reichst. V. Legisl.-Per. 4. Session 1884 III. Bd. Nr. 21) entgegengehalten werden, wo betont wurde, daß von einem Selbstbeteiligten nicht erwartet werden könne, daß er seine eigenen Interessen denen der Gesellschaft nachstelle und wo ausdrücklich die entgegengesetzte Ansicht Hechts (zur Reform des Aktienrechts 1882 in Zeitfragen Heft 25 S. 27ff.) zurückgewiesen wurde; denn daraus ergibt sich noch nicht, daß das Gesetz in allen Fällen der Interessenkollisionsgefahr das Stimmrecht ausschließen wollte. Ebensowenig kann auch als Beweis der Unrichtigkeit der einschränkenden Auslegung auf die Kommissionsberatungen zum jetzigen § 252 HGB. verwiesen werden (vgl. Ber. der 18. Komm. vom 1. April 1897, Mugdan 601), wo der Antrag den Ausschluß des Stimmrechts auf den Fall, daß einem Aktionär ein Vorteil eingeräumt werde, auszudehnen abgelehnt wurde, mit der Begründung, ein anderer Weg, einem Aktionär einen Vorteil zu gewähren, als mittels Rechtsgeschäftes, komme für die AG. nicht in Betracht; daraus könnte eher entnommen werden, daß die Gesetzgeber nur an die Geschäfte des Individualverkehrs gedacht haben; denn daß in gesellschaftlichen Angelegenheiten dem Aktionär auch auf andere Weise Vorteile zugewendet werden können, als durch Rechtsgeschäfte der AG. ihm gegenüber, so z. B. durch Einräumung eines Sonderrechts, das wird den Gesetzgebern kaum entgangen sein.

Mit rein juristischen Gründen kommen wir also nicht zum Ziel. Rechtspolitische Gründe sind es vielmehr, das muß von vornherein klargestellt werden, die gegen die grundsätzliche Anwendbarkeit der Ausschlußvorschriften auf die sozialrechtlichen Rechtsgeschäfte sprechen. Nicht haltbar ist nun allerdings diejenige Argumentation, welche die herrschende Lehre des öfteren vorbringt (vgl. RG. 74, 276 und Hachenburg a. a. O.), daß nämlich solche Rechtsgeschäfte, deren Vornahme in der Regel unmittelbar durch Beschlußfassung der Mitgliederversammlung (also ohne das Medium der geschäftsführenden Organe) geschieht, wegen ihrer besonders engen Verknüpfung mit der Ausübung der Mitgliedschaftsrechte von der Anwendung der Ausschlußnormen ausgeschlossen sein sollen. Diese Beweisführung ist schon deshalb hinfällig, weil gerade bei denjenigen Rechtsgeschäften, die fast immer unmittelbar durch die Mitgliederversammlung vollzogen werden, bei der Entlastung und der Befreiung von einer Verbindlichkeit, der Stimmrechtsausschluß ausdrücklich vorgeschrieben ist. Mehr Beweiskraft hat dagegen schon ein anderer vom RG. (74, 276ff.) für seinen Standpunkt angeführter Grund, daß nämlich bei den die Regelung der Beziehungen der Körperschaft zu ihren Organen betreffenden Rechtsgeschäften in der Regel keine Interessenkollission vorliege, allein er trifft eben bloß für diese Art von sozialrechtlichen Geschäften und auch für sie nur mit gewissen Einschränkungen zu; das hat das RG. selbst zugegeben (vgl. RG. 81, 37 und in JW. 1915, 195, Nr. 7), anders ist es dagegen z. B. bei der Einforderung von gesellschaftsrechtlichen Verbindlichkeiten. Dennoch beruht jener Gesichtspunkt des RG. auf einem richtigen Grundgedanken und jedenfalls ist dem RG., wie der herrschenden Lehre überhaupt, darin völlig beizustimmen, daß bei denjenigen Angelegenheiten, welche die Regelung der Beziehungen der Körperschaft zu ihren Organen betreffen, ein Ausschluß vom Stimmrecht wegen Interessenkollission das Gedeihen der Körperschaft eher schädigen als fördern können. (Vgl. RG. 60, 172ff.; 81, 37ff.) Insbesondere könnte bei der Wahl ein solcher Stimmrechtsausschluß vor allem bei kleineren Körperschaften häufig dazu führen, daß, obgleich sich unter ihren Mitgliedern die geeignetsten Persönlichkeiten fänden, ein außerhalb ihres Kreises stehendes Nichtmitglied gewählt würde. (RG. 74, 276ff.) Das ist zweifellos nicht wünschenswert; denn es kann nicht bestritten werden, daß die Körperschaftsmitglieder selbst in aller Regel enger mit dem Schicksal der Körperschaft verbunden sind als Nichtmitglieder, weil im regelmäßigen Verlauf der Dinge ein Mitglied durch Förderung der Interessen der Körperschaft auch seine eigenen Interessen am besten fördert. (Vgl. RG. 74, 276ff.)

Fernerhin könnten bei der GmbH. und der AG. gerade bei der Wahl infolge des Stimmrechtsausschlusses evtl. die durch die Größe ihres Aktienbesitzes bzw. ihrer Geschäftsanteile „in erster Linie zur Verwaltung berufenen Personen“ von der Mitarbeit ausgeschlossen werden und müßten diese den „minder interessierten Aktionären“ bzw. Gesellschaftern den Platz räumen (RG. 81, 37ff). Es ist nun freilich nicht ausgeschlossen, das hat die Erfahrung des Lebens bewiesen, daß auch die Großanteilsbesitzer ihre Stellung als Leiter der Körperschaften dazu mißbrauchen, sich auf Kosten der Körperschaft Vorteile zu verschaffen, wobei insbesondere bei der AG. und der GmbH. die Veräußerlichkeit der Aktien bzw. die Geschäftsanteile jene Gefahr erhöht. Demgegenüber ist aber darauf hinzuweisen, daß gerade hier die Mitglieder der wichtigsten Organe (Vorstand, Aufsichtsrat und Geschäftsführer) jederzeit abberufen werden können, ferner auch darauf, daß die Großanteilsbesitzer, wenn sie ihre eigene Wahl nicht erreichen könnten, häufig die Wahl von Vertrauensmännern durchzusetzen in der Lage wären und daß eine solche in der Regel noch gefährlicher für die Körperschaft wäre, da derartige Vertrauensmänner dann von ihren Auftraggebern selbst wieder entlastet werden könnten. (Vgl. Sontag 16f.) Im übrigen ist daran festzuhalten, daß im gewöhnlichen Verlaufe der Dinge derjenige, der den größten Anteil am Stammkapital der Körperschaft hat, auch am engsten mit dem Geschick der Körperschaft verbunden ist, und daß es den Kleinanteilsbesitzern, insbesondere bei der AG., sehr häufig am nötigen Verständnis sowohl als auch am erforderlichen Interesse fehlt, um über eine so wichtige Angelegenheit der Körperschaft, wie es die Bildung der Organe ist, zu entscheiden. Die Kleinaktionäre insbesondere kümmern sich, wie Passow (329) richtig bemerkt, in der Regel äußerst wenig um die AG., sie wollen meist gar keine Unternehmerfunktionen erfüllen. Soweit die Großaktionäre sich an der AG. nicht nur zu Spekulationszwecken beteiligen, was natürlich auch vorkommt, stehen sie der AG. mit einem ungleich größeren Interesse gegenüber als die Kleinaktionäre (Passow 331) und es ist ihnen daher nicht zu verdenken, wenn sie auch einen maßgebenden Einfluß auf die Verwaltung der AG. verlangen.[1]) Jedenfalls würde daher auch die Erschwerung der eigenen Wahl durch den Stimmrechtsausschluß die Kapitalbeschaffung der AG.en nicht gerade erleichtern.

Wird aber bei der Wahl das Stimmrecht dem zu Wählenden zuerkannt, so muß das Entsprechende auch für den Abschluß und die Abänderungen des Anstellungsvertrages gelten. Der Anstellungsvertrag muß zwar äußerlich nicht mit der Wahl, der Bestellung, verbunden sein und das Ruhen der Stimmenthaltungsvorschriften bei Abschluß oder Änderung des Anstellungsvertrages ist daher auch nicht, wie das RG. (74, 276ff.) ursprünglich annahm, auf diese Fälle

[1]) Vgl. Boudi in DJZ. 03, 269: Der Großaktionär ist das „geborene Verwaltungsmitglied“.

einzuschränken; innerlich aber bildet jedenfalls die Bestellung und der Anstellungsvertrag eine Einheit (vgl. Staub-Hachenburg, Anmerkg. 22 zu § 47). Die herrschende Lehre betont insbesondere, daß die Gewährung des Stimmrechts bei der eigenen Wahl in vielen Fällen durch den Stimmrechtsausschluß beim Anstellungsvertrag wieder hinfällig werden könnte, weil dann evtl. eine kleine Minderheit durch Streichung des Gehalts den Bestellungsbeschluß wieder umstoßen könnte (vgl. Staub-Hachenburg a. a. O.). Das ist aber nur in bedingtem Maße zugegeben; denn, wie schon bemerkt, erhält der Gewählte durch die Wahl kraft Gesellschaftsrechtes einen Anspruch auf angemessene Vergütung. Maßgebend ist vielmehr auch hier der Gesichtspunkt, daß die Großanteilsbesitzer bei Angelegenheiten von solcher Wichtigkeit, wie es unter Umständen die Anstellungsverträge für die Körperschaft sein können, nicht ausgeschlossen werden können, daß solche Angelegenheiten nicht von den Kleinanteilsbesitzern entschieden werden dürfen, zumal die Großanteilsbesitzer in aller Regel kein Interesse an einer übertrieben hohen Tantime haben und zumal andererseits die Kleinanteilsbesitzer häufig nicht das nötige Verständnis für die Bedeutung einer entsprechenden Vergütung der Organe besitzen. (Vgl. dazu vor allem Schreib 64ff.)

Was für die Wahl gilt, muß notwendigerweise auch für die Abberufung Anwendung finden; denn das Stimmrecht bei der Wahl wäre in den meisten Fällen wertlos, wenn man es nicht auch bei der Abberufung gewährte, da dann die mit der Wahl nicht einverstandene Minderheit es in den meisten Fällen in der Hand hätte, den Gewählten jederzeit wieder abzuberufen (vgl. RG. 81, 37ff.). Die Abberufung, der Widerruf der Bestellung, ist zu unterscheiden von der Aufhebung des Anstellungsvertrages. Aber auch für diese gilt, was oben über den Abschluß und die Abänderung des Anstellungsvertrages gesagt wurde.

Außerdem kommt dazu, daß, wenn das Organsmitglied zwar über den Widerruf der Bestellung, aber nicht über die Aufhebung des Anstellungsvertrages mitstimmen dürfte, die nicht mit dem Organmitglied zufriedene Minderheit durch Kündigung des Anstellungsvertrages das Organmitglied unter Umständen zwingen könnten, auch in die Abberufung einzuwilligen.

Schwerwiegende rechtspolitische Überlegungen sprechen also gegen die grundsätzliche Anwendbarkeit der Ausschlußvorschriften bei denjenigen Angelegenheiten, welche die Regelung der Beziehungen der Körperschaften zu ihren Organen betreffen, insbesondere bei der AG. und GmbH. Diese Erwägungen haben zum Teil auch für andere „innere" Angelegenheiten auch bei den anderen Körperschaften Geltung. Der wesentlichste Grund aber, der gegen die grundsätzliche Anwendbarkeit der Ausschlußvorschriften bei den sozialrechtlichen Angelegenheiten überhaupt spricht und der für alle diese Angelegenheiten grundsätzlich in gleicher Weise in Betracht kommt, ist m. E. der, daß das Stimmrecht in inneren Angelegenheiten für das Körperschaftsmitglied von ganz besonders hoher Bedeutung ist, entweder weil diese Angelegenheiten für das Leben der Körperschaft von besonderer Wichtigkeit sind, (wie z. B. die Wahl der Organe), oder aber, weil diese Angelegenheiten die mitgliedschaftliche Rechtsstellung des Mitgliedes zur Körperschaft besonders nahe berühren (wie z. B. die Kaduzierung oder die Geltendmachung sozialrechtlicher Ansprüche gegen das Mitglied). Der Stimmrechtsausschluß auf Grund der Ausschlußvorschriften bei inneren Angelegenheiten würde also für die Körperschaftsmitglieder in den meisten Fällen eine unerträgliche Härte bedeuten, die vom Gesetze nicht gewollt sein kann, zumal ja das Stimmrecht bei vielen Körperschaften überhaupt das einzige gesetzliche Mitgliedschaftsrecht der Mitglieder darstellt, bei den meisten Körperschaften aber das einzige Recht der Mitglieder ist, das ihnen einen Einfluß auf die Verwaltung und Leitung der Körperschaftsangelegenheiten ermöglicht. Insoweit die herrschende Lehre also die grundsätzliche Anwendbarkeit der Ausschlußvorschriften auf sozialrechtliche Angelegenheiten ablehnt, tätigt sie sicherlich ein durchaus zu billigendes Verfahren einer vom Gesetz selbst gewollten, vernünftigen und zweckentsprechenden Auslegung des außerordentlich ungenauen und unzuverlässigen Wortlauts der Ausschlußvorschriften. Insoweit ist daher der herrschenden Lehre beizutreten.

4. Nun kann es aber sein, daß bei einer Beschlußfassung sozialrechtliche und individualrechtliche Rechtsgeschäfte zusammentreffen, und dann fragt es sich, ob trotzdem die Anwendbarkeit der Ausschlußvorschriften suspendiert sein soll. Welche Rechtsgeschäfte unter sozialrechtlichen Rechtsgeschäften zu verstehen seien, wurde bereits früher ausgeführt. Unter individualrechtlichen Rechtsgeschäften müssen, wenn anders dieser Begriff überhaupt einen klaren Sinn bekommen soll, diejenigen Rechtsgeschäfte verstanden werden, welche auch gegenüber Nichtmitgliedern vorgenommen werden könnten.

Man kann diesen Begriff nicht etwa dadurch einschränken, daß man diejenigen Rechtsgeschäfte, die gegenüber Körperschaftsmitgliedern als Mitgliedern von Organen der Körperschaft vorgenommen werden, von ihm ausnimmt; denn dann wären z. B. der Abschluß des Anstellungsvertrages ein sozialrechtliches, die Wahl aber ein individualrechtliches Rechtsgeschäft. Soweit zwischen diesen beiden Geschäften in der Literatur und Rechtsprechung unterschieden wird, wird aber gerade das Gegenteil angenommen.

Aus unserer Definition ergibt sich, daß die sozialrechtlichen und die individualrechtlichen Rechtsgeschäfte sich verhalten nicht wie zwei sich ausschließende, sondern wie zwei sich schneidende Kreise.

a) Ein Zusammentreffen der beiden Arten von Rechtsgeschäften bei einer Beschlußfassung ist nun zunächst in der Weise möglich, daß ein sozialrechtliches Rechtsgeschäft zugleich ein individualrechtliches Rechtsgeschäft ist; das ist z. B. der Fall bei der Wahl, sowie bei allen denjenigen Rechtsgeschäften, welche die Beziehungen der Organe zur Körperschaft betreffen, also beim Abschluß, der Abänderung und Aufhebung des Anstellungsvertrags und dem Widerruf der Bestellung; denn alle diese Geschäfte sind zwar sozialrechtlicher Art, aber sie alle könnten auch Nichtmitgliedern gegenüber vorgenommen werden. Das gleiche gilt von der Zuteilung neuer Aktien, bei Ausschluß des gesamten Bezugsrechts; auch sie ist zweifellos sozialrechtlicher Art, auch sie kann aber gemäß § 282, I HGB. an Nichtmitglieder erfolgen; ebenso gehört hieher die Beschlußfassung über die Fusion gemäß § 305 HGB. sowohl auf Seiten der Übernehmenden als auch auf Seiten der veräußernden Gesellschaft. In solchen Fällen muß nun grundsätzlich m. E. das individualrechtliche Rechtsgeschäft den Vorrang haben, d. h. es muß der Stimmrechtsausschluß nach den Ausschlußvorschriften stattfinden; denn hier handelt es sich um Rechtsgeschäfte, die auch Dritten gegenüber vorgenommen werden könnten, und das ist m. E. entscheidend für die Anwendbarkeit der Ausschlußvorschriften.

Eine außerordentlich wichtige Ausnahme muß nun aber für diejenigen Rechtsgeschäfte gelten, welche die Beziehungen der Körperschaft zu ihren Organen oder die Bildung ihrer Organe betreffen. Hier sprechen, wie wir sahen, die schwerwiegendsten rechtspolitischen Gründe grundsätzlich gegen die Anwendbarkeit der Ausschlußvorschriften. Diese Angelegenheiten sind regelmäßig so bedeutungsvoll für das Leben der Körperschaft, daß das ganz besondere Interesse, welches die Körperschaftsmitglieder hier am Mitstimmen haben, berücksichtigt werden muß. Diese Angelegenheiten sind also wie „rein" sozialrechtliche Angelegenheiten zu behandeln, d. h. wie sozialrechtliche Angelegenheiten, welche nicht in die Individualsphäre eines Mitgliedes eingreifen; hier ist daher die grundsätzliche Anwendbarkeit der Ausschlußvorschriften ausgeschlossen.

Einen dem hier vertretenen ähnlichen Standpunkt vertritt Flechtheim (565) und anscheinend auch das RG., das die Frage allerdings bisher nur kasuistisch behandelt hat, das aber, wie wir sahen, bei denjenigen Rechtsgeschäften, welche die Beziehungen der Körperschaften zu ihren Organen betreffen, die Anwendung der Ausschlußvorschriften ablehnt, andererseits z. B. den Stimmrechtsausschluß bei einer Fusion nach Maßgabe des § 305 HGB. ausdrücklich anerkannt (vgl. RG. 85, 172) und in ständiger Rechtsprechung die Anwendbarkeit der Ausschlußvorschriften auf die Beschlußfassung über Kapitalerhöhung und Zuteilung neuer Aktien an einzelne Aktionäre angenommen hat. (Vgl. RG. 68, 241; 108, 326; 109, 77; aber auch Urteil vom 30. März 1926 u. JW. 26, 1814.)

Gegen die Anwendbarkeit der Ausschlußvorschriften in Fällen der letzteren Art hat sich mit Bezug auf die GmbH. insbesondere Hachenburg (JW. 25, 247) ausgesprochen mit der Begründung, daß es sich hier um gesellschaftsrechtliche Rechtsgeschäfte handle und daß andernfalls die kleinste Minderheit einen Gesellschafter, der fast das ganze Kapital besitze, von dem erhöhten Betrag ausschließen könnte. Die Befürchtungen Hachenburgs sind aber nicht begründet (vgl. Flechtheim a. a. O.); denn wenn die neuen Aktien oder Geschäftsanteile den alten Aktionären oder Gesellschaftern nach dem Verhältnis ihrer alten Anteile zugeteilt werden sollen, so können sie unbedenklich alle mitstimmen, da sie hier alle gleichheitlich interessiert sind (vgl. unten S. 99 f.). Sie sind übrigens dann auch nicht als dritte, sondern auf Grund ihrer Mitgliedschaft beteiligt. Soll aber die Ausgabe der neuen Anteile in anderer Weise geschehen, so ist der Stimmrechtsausschluß derjenigen, welche die neuen Anteile bekommen sollen, wohl gerechtfertigt, wenn es sich dabei auch gleichzeitig um eine sozialrechtliche Angelegenheit handelt. Daß gerade die Kapitalerhöhung häufig dazu benützt wird, den Übernehmern der neuen Anteile in ganz bedenklicher Weise Vorteile einzuräumen, beweisen mehrere Entscheidungen der letzten Jahre. (Vgl. RG. 107, 72 ff.; 108, 322 ff.; Urteil des Obergerichts der freien Stadt Danzig vom 13. Febr. 1925 in JW. 25, 1297.)

Ganz allgemein lehnt Fischer (188) überall da, wo ein sozialrechtliches mit einem individualrechtlichen Rechtsgeschäft zusammentrifft, die Anwendbarkeit der Ausschlußvorschriften ab. (Ebenso Steinmetz 59.)

b) Ein Zusammentreffen von sozialrechtlichen und individualrechtlichen Rechtsgeschäften in einer und derselben Beschlußfassung ist weiterhin auch in der Weise möglich, daß Beschluß gefaßt wird über mehrere Rechtsgeschäfte, von denen die einen sozialrechtlicher, die anderen individualrechtlicher Art sind. Hierher gehören die meisten Beschlüsse, welche die Vornahme von individualrechtlichen Rechtsgeschäften betreffen, denn diese Beschlüsse enthalten meist gleichzeitig einen Auftrag an ein „Exekutivorgan" zur Vornahme des betreffenden Rechtsgeschäftes. Ferner gehört hierher z. B. der Beschluß über Kapitalerhöhung und Zuteilung neuer Aktien, in welchem gleichzeitig über den Abschluß von Übernahmeverträgen (gemäß §§ 186, II HGB. oder 5, IV GmbHGes.) mit den Übernehmern der Aktien oder Geschäftsanteile beschlossen wird. Hier gilt das unter a) Ausgeführte entsprechend. Soweit aber über die verschiedenartigen Rechtsgeschäfte, über welche eine einheitliche Beschlußfassung stattfindet, getrennte Beschlußfassung möglich ist, und soweit bei getrennter Beschlußfassung ein Mitglied, das bei einheitlicher Beschlußfassung vom Stimmrecht ausgeschlossen wäre, über die eine oder andere Angelegenheit mitstimmen darf, hat jedes Mitglied bis zur Abstimmung ein Recht auf getrennte Beschlußfassung. Die Unhaltbarkeit des Fischerschen Standpunktes tritt hier besonders klar zutage, gerade infolge des Umstandes, daß die Beschlußfassung über die Vornahme von individualrechtlichen Rechtsgeschäften in der Regel einen Auftrag an das Vertretungsorgan enthält, das Rechtsgeschäft vorzunehmen. Ein derartiger Auftrag muß nach der von uns vertretenen Auffassung als rein sozialrechtliches Rechtsgeschäft aufgefaßt werden, wird aber auch von der herrschenden Meinung stets als sozialrechtliches Rechtsgeschäft behandelt. (Vgl. Staub-Hachenburg Anm. 24 zu § 47.) Steht man nun auf dem Standpunkt, daß überall da, wo ein individualrechtliches Rechtsgeschäft mit einem sozialrechtlichen zusammentrifft, die Ausschlußvorschriften nicht anwendbar seien, so könnten streng genommen in allen denjenigen Fällen, wo die Beschlußfassung ein individualrechtliches Rechtsgeschäft betrifft, wo aber zugleich ein derartiger Ausführungsauftrag an ein Organ erteilt wird, die Beschlußfassung also zugleich auch ein sozialrechtliches Rechtsgeschäft enthält, die Ausschlußvorschriften nicht angewandt werden. Damit wäre etwa in neun Zehntel aller fraglichen Fälle die Anwendbarkeit der Ausschlußvorschriften so gut wie aufgehoben.

5. Aus unseren bisherigen Untersuchungen ergibt sich also, daß die Ausschlußvorschriften auf Beschlußfassungen über sozialrechtliche Rechtsgeschäfte grundsätzlich nicht anwendbar sind. Daß sie jedoch auf Beschlußfassungen über Entlastung, sowie über Befreiung auch von sozialrechtlichen Verbindlichkeiten der Körperschaftsmitglieder anwendbar sind, ist in bezug auf die AG., GmbH. und e. Gen. unbestritten, nachdem diese Fälle in den für diese Körperschaften geltenden Ausschlußvorschriften ausdrücklich erwähnt sind. Nach dem

oben Gesagten muß das gleiche aber auch mit Bezug auf die Beschlußfassungen der Mitglieder des rechtsfähigen Vereins des BGB. gelten. Das gleiche gilt auch bei allen vier Körperschaften für die Beschlußfassung über Einleitung oder Erledigung eines Rechtsstreites auch in sozialrechtlichen Angelegenheiten.

Nun erhebt sich aber weiterhin die Frage, ob nicht, wie hier einerseits eine einschränkende Auslegung stattfinden muß, andererseits auch in gewissen Beziehungen eine ausdehnende Auslegung der Ausschlußvorschriften Platz zu greifen hat oder etwa eine Ergänzung der Ausschlußvorschriften auf Grund anderer gesetzlicher Bestimmungen geboten erscheint. (Einige selbstverständliche Zugeständnisse in Richtung einer ausdehnenden Auslegung, wie z. B. dasjenige, daß der Begriff der Rechtsgeschäfte auch auf die meisten Rechtshandlungen ausgedehnt werden muß, soll der späteren Besprechung einzelner Gegenstände vorbehalten bleiben.)

a) Wenn nämlich auch prinzipiell die Anwendbarkeit der Ausschlußvorschriften auf sozialrechtliche Rechtsgeschäfte abgelehnt werden muß, so gibt es doch, abgesehen von einem Zusammentreffen eines sozialrechtlichen und eines individualrechtlichen Rechtsgeschäftes bei einer Beschlußfassung auf dem Gebiet der sozialrechtlichen Rechtsgeschäfte der Körperschaft gegenüber ihren Mitgliedern einzelne Fälle, bei denen ein Mitstimmen desjenigen Mitgliedes, dem gegenüber das Rechtsgeschäft vorgenommen werden soll, bei der Beschlußfassung über Vornahme dieses Rechtsgeschäftes als außerordentlich bedenklich und unzweckmäßig, ja zum Teil geradezu undenkbar erscheint. Soll z. B. der Gesellschafter einer GmbH., der die Mehrheit der Stimmen in seiner Hand vereinigt, seine Wahl zum Geschäftsführer durchsetzen können, obwohl er sich wegen Verrats von Geschäftsgeheimnissen der GmbH. offensichtlich nicht zum Geschäftsführer eignet, oder obwohl er sonst irgendwie die GmbH. schwer geschädigt hat? Soll ein Körperschaftsmitglied sein Stimmrecht dazu gebrauchen dürfen, sich als Vorstandsmitglied oder Geschäftsführer oder Aufsichtsratsmitglied einen unverhältnismäßig hohen Gehalt festzusetzen oder aber z. B. dann, wenn ein fester Gehalt für eine bestimmte Zeit vereinbart ist, sich vor Ablauf dieser Zeit seinen Gehalt zu erhöhen? Soll ein Körperschaftsmitglied, das Mitglied eines Organes der Körperschaft ist, mitstimmen dürfen, wenn es aus wichtigen Gründen aus seiner Organstellung abberufen werden oder sein Anstellungsvertrag aus wichtigen Gründen gelöst werden soll?

Daß das z. B. geradezu undenkbar ist in dem Falle, daß ein Gesellschafter einer G. m. b. H. als Geschäftsführer die Kasse bestohlen und Wechsel gefälscht hat und nun durch die in seinen Händen befindliche Stimmenmehrheit seine Entlassung hindern könnte, darauf weist Hachenburg (465) mit Recht hin.

Soll das Mitglied eines Vereins oder einer GmbH., das irgendwelche besondere sozialrechtliche Verpflichtungen übernommen hat, bei der Beschlußfassung über eine (außerprozessuale) Geltendmachung der der Körperschaft aus dieser Verpflichtung erwachsenen Ansprüche das Stimmrecht haben? Soll ein Aktionär oder Gesellschafter einer GmbH. bei der Beschlußfassung über Einleitung des Kaduzierungsverfahrens gegen ihn stimmberechtigt sein? In allen diesen Fällen könnte offenbar unter Umständen das Mitstimmen des betreffenden Mitgliedes zu einer schweren Schädigung der Körperschaft führen. (Vgl. Hachenburg 461ff.; Staub-Hachenburg, Anm. 22ff. zu § 47.)

b) Ähnliche Fälle sind nun aber auch da möglich, wo es sich gar nicht mehr um die Vornahme von Rechtsgeschäften gegenüber dem betreffenden Mitglied handelt. Dabei ist zu unterscheiden zwischen sozialrechtlichen und individualrechtlichen Angelegenheiten. Entsprechend der oben gegebenen Definition von sozialrechtlichen und individualrechtlichen Rechtsgeschäften sind unter sozialrechtlichen Angelegenheiten diejenigen Angelegenheiten zu verstehen, welche die Regelung des inneren Lebens der Körperschaft betreffen; diese Regelung kann sich durch Willensäußerungen der Gesellschafter als Beschlußorgan vollziehen, welche Abänderungen des Gesellschaftsvertrages bzw. der Satzung darstellen oder aber durch solche, die im Vollzuge bestehender Normen erfolgen (Hachenburg 461). Als individualrechtliche Angelegenheiten der Körperschaften sollen dagegen diejenigen bezeichnet werden, bei welchen ein Mitglied unabhängig von seiner Mitgliedschaft, also als Dritter, interessiert ist, also diejenigen Angelegenheiten, welche in die Individualsphäre eines Mitgliedes eingreifen. Ebenso wie die sozial- und individualrechtlichen Rechtsgeschäfte verhalten sich also auch die sozial- und individualrechtlichen Angelegenheiten wie zwei sich schneidende Kreise.

Von sozialrechtlichen Angelegenheiten gehört hieher z. B. der Fall der Zwangsamortisation bei der GmbH. oder AG. Soll bei der Beschlußfassung darüber das betreffende Körperschaftsmitglied das Stimmrecht haben? Ähnlich liegt der Fall des Ausschlusses eines Vereinsmitgliedes aus dem Verein aus einem wichtigen Grund. Ebenso erscheint die Gewährung des Stimmrechts dann z. B. als sehr bedenklich, wenn bei einer GmbH. die Gesellschafter sich verpflichtet haben, nicht unter einem bestimmten Preis zu verkaufen und sich für eventuelle Übertretungen des Preislimits Vertragsstrafen unterworfen haben und wenn nun darüber, ob eine solche Übertretung vorliegt oder nicht, Beschluß gefaßt werden soll. (Vgl. Hachenburg a. a. O.) Diese Fälle lassen sich natürlich leicht vermehren. Beim Zusammentreffen von individualrechtlichen Rechtsgeschäften mit derartigen sozialrechtlichen Angelegenheiten in einer Beschlußfassung gilt das oben über das Zusammentreffen von sozialrechtlichen mit individualrechtlichen Rechtsgeschäften in einer Beschlußfassung Gesagte.

Als eine hieher gehörige individualrechtliche Angelegenheit kann z. B. u. U. der von Oertmann Anm. 2b zu § 34 genannte Fall angeführt werden, daß Beschluß gefaßt werden soll über Bebauung eines einem Verein gehörigen Grundstückes, die vor- oder nachteilig auf ein einem Vereinsmitglied gehöriges Nachbargrundstück einwirkt; weiterhin sei in diesem Zusammenhang erwähnt, der von Sontag (20) geschilderte Fall des Amerikaners Morgan, der sich die Mehrheit der Aktien der zu seinem Schiffahrtstrust noch nicht gehörigen Leyland-Linie verschaffte und dann beschließen ließ, daß die einträglichsten Routen nicht mehr von der Leyland-Linie, sondern von seinem Trust befahren werden sollten.

In diesen Zusammenhang gehören schließlich auch diejenigen Fälle (sozial- oder individualrechtlicher Angelegenheiten), in denen die Beschlußfassung sich nicht auf ein Mitglied selbst bezieht, dieses aber doch so nahe berührt, daß man noch von einem „unmittelbaren" Interesse des Mitglieds an der Beschlußfassung sprechen kann. Das ist z. B. m. E. dann der Fall, wenn in der GV. einer AG. Beschluß gefaßt werden soll über den Abschluß eines Rechtsgeschäftes mit einer GmbH., deren Anteile sämtliche oder zum größten Teile sich in der Hand eines Aktionärs der AG. befinden.

6. a) In allen diesen Fällen bestehen offenbare und meist scharfe Interessenkollisionen, so daß der Stimmrechtsausschluß hier dringend geboten erscheint; dennoch aber versagen hier die Ausschlußvorschriften, denn eine ausdehnende Auslegung der Ausschlußvorschriften wird mit Recht grundsätzlich von der herrschenden Lehre abgelehnt.

Vgl. RG. 68, 242; 81, 37; RG. in Holdheim 06, 246; in JW. 1915, 195 Nr. 7; OLG. 22, 17; KG. in LZ. 25, 1166 ff.; Staub Anm. 25 zu § 252; Warneyer Anm. zu § 34; Staudinger Anm. 3 zu § 34. Oertmann Anm. 2b zu § 34; Broicher in Arch. bürgerl. R. 24, 196; Brodmann 187; dagegen Rehbein I, 48.

Denn das Stimmrecht der Körperschaftsmitglieder ist ein so außerordentlich wichtiges Recht, daß es nur insoweit, als das Gesetz es gestattet, beschränkt werden kann; hätte das Gesetz eine weitere Ausdehnung der Ausschlußvorschriften gewollt, so hätte es ja nur eine andere Ausdrucksweise, etwa die des § 1874, III BGB. zu wählen brauchen.

Nun fragt sich aber, ob nicht außer den Ausschlußvorschriften noch allgemeine gesetzliche Bestimmungen bestehen, aus denen ein Stimmrechtsausschluß in Fällen der Interessenkollisionsgefahr abgeleitet werden kann. In unserem heutigen Recht herrscht ja offenbar die Tendenz eines möglichst weitgehenden Schutzes vor Interessenkollisionen; das beweisen die zahlreichen Interessenkollisionsvorschriften des öffentlichen, wie des privaten Rechts, die wir bereits früher zum größten Teil angeführt haben. Dennoch ist es nicht so, daß die Ausschlußvorschriften nur der Ausdruck eines allgemeinen Rechtssatzes sind, der etwa die Stimmenthaltung der Mitglieder von privatrechtlichen Körperschaften immer schon dann vorschriebe, wenn auch nur die abstrakte Gefahr, d. h. die theoretische Möglichkeit einer Interessenkollision vorläge, oder eines Rechtssatzes, der ein allgemeines Stimmverbot etwa für den Fall aufstellte, daß das Interesse eines Körperschaftsmitgliedes bei einer Beschlußfassung irgendwie berührt werde. Einen solchen allgemeinen Rechtssatz gibt es in unserem heutigen Recht nicht, wie es ihn auch im früheren Rechte nicht gegeben hat. Es ist eine Frage des persönlichen Taktgefühls oder des Anstandes, inwieweit in Fällen, in denen eine tatsächliche Interessenkollision besteht, oder in Fällen, in denen immerhin die Möglichkeit einer Interessenkollision naheliegt, die Enthaltung eines Körperschaftsmitgliedes vom Stimmrecht geboten ist; vom Billigkeitsstandpunkt aus erscheint es als äußerst wünschenswert, daß die Körperschaftsmitglieder, insoweit sie voneinander abhängig und auf das gegenseitige Vertrauen zu einander angewiesen sind, in diesem ihrem Vertrauen geschützt werden, daß sie also gar nicht in die Gefahr kommen, durch egoistische Ausnützung des Stimmrechts von Seiten einzelner Mitglieder geschädigt zu werden. Aber das ist eine Forderung der Sitte oder der Sittlichkeit, kein Imperativ des Rechts, keine juristische, sondern eine sozial-ethische Norm.

Es gibt auch nicht etwa einen Rechtssatz, nach dem die Mitglieder von Körperschaften verpflichtet wären, ihr Stimmrecht nur im Interesse der Körperschaft auszuüben.

So Oertmann 133; Ratjen in Bankarch. 10, 116 f.; Jacobi, Bankarch. 10, 83 f.; Broicher Arch. f. bürg. R. 24, 199; Gierke, Gen.-Theorie 261. Dagegen Staub Anm. 31 b zu § 252; Staub-Hachenburg Anm. 21 ff. zu § 47; Hachenburg 466; Brodmann 181 Anm. 3 zu § 47; Fischer 202; Steinmetz 22; RG. 68, 235, 245, 314; 81, 37; 85, 170; RG. in JW. 1915, 195 Nr. 7, 1919, 313, 1925, 153; in Recht 11, 1218 und in Holdheim 23, 66.

Man mag auch hier füglich von einer „moralischen Pflicht" des Körperschaftsmitgliedes, im Interesse seiner Körperschaft abzustimmen, reden (vgl. RG. 107, 204 ff.), aber eine derartige Rechtspflicht besteht zum mindesten in dieser Allgemeinheit nicht. Es ist m. E. durchaus unrichtig, wenn behauptet wird, das Stimmrecht sei dem Mitgliede nur im Interesse des Personenverbandes, dem es angehöre, gegeben. (So vor allem Gierke a. a. O. und Oertmann a. a. O. Vgl. auch Völderndorff 552, 557 f.) Das Stimmrecht ist dem Mitglied im Gegenteil in erster Linie in seinem allereigensten Interesse gegeben, um seinen eigenen Willen bei der Verwaltung der Angelegenheiten des Personenverbandes zur Geltung bringen zu können. Mit Unrecht beruft man sich zur Begründung der gegenteiligen Ansicht auf die Ausschlußvorschriften; denn der Umstand, daß der Gesetzgeber die Ausschlußvorschriften für erforderlich hielt, kann zum mindesten mit gleichem Recht als Beweis dafür angesehen werden, daß der Gesetzgeber von der Voraussetzung ausgegangen ist, daß das einzelne Mitglied in seiner Abstimmung frei ist.

Freilich gibt es gewisse Schranken für eine mißbräuchliche Stimmrechtsausübung, so vor allem die Vorschrift des § 226 BGB. (vgl. RG. 81, 37), dann aber auch des § 138 BGB., der auf die Stimmabgabe analog anwendbar ist, weil diese zwar kein Rechtsgeschäft, aber doch eine rechtsgeschäftsähnliche Willenserklärung darstellt. (Vgl. Staub Anm. 31 b zu § 252 und unsere Ausführungen unten § 20.) Weiterhin kann unter Umständen auch eine Schadenersatzpflicht eines Abstimmenden nach § 826 BGB. in Frage kommen. Aber alle diese Vorschriften treffen nur die allerschlimmsten Fälle.

b) Der Weg zu einem wirklich befriedigenden Ergebnis führt über ein weiteres, allgemeineres Rechtsprinzip, es ist das Prinzip von Treu und Glauben, das ja unser modernes Recht in hohem Maße beherrscht. Diesen Weg gewiesen zu haben ist das Verdienst Hachenburgs. Sein grundsätzlicher Standpunkt (zuerst vertreten in LZ. 07, 460 ff.; vgl. auch Staub-Hachenburg Anm. 21 ff.) ist in aller Kürze etwa folgender:

Die Ausschlußvorschriften dürfen nicht ausdehnend, sie müssen vielmehr einschränkend in dem Sinne ausgelegt werden, daß sie sich auf innere Angelegenheiten der Körperschaften nicht beziehen. Für die AG. nun mögen die Ausschlußvorschriften ausreichend sein. Für die GmbH. sind sie es jedenfalls nicht. Denn es gibt Fälle, in welchen die Ausschlußvorschriften versagen, in denen ein Stimmrechtsausschluß aber unbedingt geboten erscheint. Hier bedarf es einer Ergänzung durch allgemeine Bestimmungen des bürgerlichen Rechts. Derjenige allgemeine Rechtsgrundsatz, der diese Ergänzung zu bewerkstelligen vermag, ist der § 157 BGB. Man kann allerdings nicht verlangen, daß ein Gesellschafter stes sein Interesse dem der Gesellschaft bei seiner Abstimmung hintansetzt. Dennoch aber ist davon auszugehen, daß das Stimmrecht dem Gesellschafter nicht um seinet-, sondern um der Gesellschaft willen gegeben ist. Er ist also nur insoweit frei in der Ausübung seines Stimmrechts, als er durch seine Stimmabgabe nicht gegen § 157 BGB. verstößt. Gegen § 157 BGB. verstößt er aber dann, wenn er sein Stimmrecht dazu mißbraucht, um ein Recht der Gesellschaft lahmzulegen und undurchführbar zu machen oder um sich auf Kosten der Gesellschaft Vorteile zu verschaffen. Ein solcher Gebrauch des Stimmrechts wäre gegen Treu und Glauben, daher darf es „in solchen Fällen" nicht ausgeübt werden. Auf diesem Grundgedanken beruht auch die Bestimmung des § 47, IV Satz 1 GmbHGes. Sie ist nur der Teil eines allgemeinen Prinzips des Verbotes des Mißbrauchs des zum Zwecke der Gesellschaft gegebenen Rechtes auf Mitwirkung bei ihren Lebensfunktionen. Nur ist das Stimmverbot bei Entlastung, Befreiung von einer Verbindlichkeit und bei Einleitung oder Erledigung eines Rechtsstreites ein absolutes, in allen anderen Fällen ist die Versagung des Stimmrechts eine relative. Es muß in jedem konkreten Fall festgestellt werden, ob die Ausübung des Stimmrechts ein gegen Treu und Glauben verstoßender Mißbrauch ist.

Die herrschende Lehre hat Hachenburgs Grundsatz sowohl für die GmbH. als auch für die übrigen Körperschaften abgelehnt. (Vgl. z. B. RG. in JW. 1915, 195 Nr. 7; RG. 81, 37 und RG. in LZ. 1919, 703 = JW. 1919, 313; OLG. 22, 17; KG. in LZ. 25, 1166ff.; OLG. Köln vom 28. April 26 in JW. 26, 2107; Staub, Anm. 23 zu § 252; Brodmann 146f.) Nur die Anwendbarkeit des § 226 BGB., höchstens noch die der §§ 138 und 826 BGB. wird zugegeben.

Nur einige wenige Stimmen haben sich für Hachenburg erhoben. So mit Bezug auf die AG. Sontag (53ff.), der allerdings nicht scharf genug zwischen dem Anwendungsgebiet des § 157 und dem des § 138 BGB. unterscheidet; ebenso Goldschmit (231); mit Bezug auf die GmbH. Stranz, (DJZ. 08, 800f.; ferner mit Bezug auf AG. und GmbH. das OLG. Köln (in LZ. 09, 410, im Gegensatz zu seiner jetzigen Stellungnahme in der oben angeführten Entscheidg.); vgl. weiterhin aber auch Bondi (in DJZ. 1914, 908ff.), der es den Gerichten nahelegt, dem „beachtenswerten Gedanken" Hachenburgs „zur Ergänzung der Vorschriften über die Stimmenthaltung die allgemeinen Bestimmungen des bürgerlichen Rechts heranzuziehen, näherzutreten"; und Flechtheim (565), der die Anwendbarkeit der Hachenburgischen These wenigstens für die GmbH. nicht für absolut unmöglich hält.

c) Dem außerordentlich glücklichen und verdienstvollen Grundgedanken Hachenburgs, daß § 157 BGB. zur Lösung der Frage des Stimmrechtsausschlusses in Fällen der Interessenkollision herangezogen werden müsse, ist beizustimmen. Im Ergebnis stimmt der im folgenden vertretene Standpunkt denn auch mit demjenigen Hachenburgs im großen und ganzen überein, während allerdings die juristische Begründung m. E. einen wesentlich anderen als den von Hachenburg aufgezeigten Weg einzuschlagen hat.

Was zunächst den Haupteinwand der herrschenden Lehre anbelangt, daß „gerade in der Frage der Stimmenthaltung klare und scharfe Grenzlinien für die Praxis unentbehrlich" seien (vgl. RG. in JW. 1915, 195 Nr. 7; RG. 81, 37 und Flechtheim a. a. O.), so ist zuzugeben, daß vom Standpunkt der Rechtssicherheit aus allerdings möglichst scharf umrissene Grundsätze hier als außerordentlich wünschenswert erscheinen und daß der Grundsatz des § 157 BGB. allerdings eine nicht selten mißbrauchte Elastizität besitzt und dem richterlichen Ermessen weiten Spielraum gibt; dem ist aber entgegenzuhalten, daß unser ganzes modernes Rechtssystem (wie wohl überhaupt jedes entwickelte Rechtssystem) in dem Bestreben, für den jeweiligen Einzelfall ein entsprechendes Ergebnis zu finden, auf möglichste Anpassungsfähigkeit an die Verhältnisse des einzelnen Falles und damit auf möglichste Elastizität und Beweglichkeit hinzielt (vgl. Hachenburg a. a. O.), und daß weiterhin bei einer ausschließlichen Anwendung der streng wörtlich ausgelegten Ausschlußvorschriften (die ja die herrschende Lehre selbst nicht billigt) infolge der Ungenauigkeit des Gesetzestextes so viel Kopfzerbrechen und Zweifel entstünden, daß man nicht sagen kann, daß die Rechtslage durch Verwendung jenes Standardprinzips des modernen Rechts in bezug auf die Klarheit der Grenzlinien verschlechtert werde. Gerade auf dem Gebiet des Gesellschaftsrechts wie der Personenverbände überhaupt ist es besonders schwer, den wirklichen Lebensinhalt in befriedigende gesetzliche Formeln zu fassen (vgl. Moeser 45). Es ist daher auch in bezug auf das Stimmrecht unmöglich, ohne schwere Verletzung wohlberechtigter Interessen allseitig scharfe Grenzlinien zu ziehen; der tiefere Grund dafür ist in der außerordentlichen Kompliziertheit der Rechtsverhältnisse, wie sie dem Gebiet der Personenverbände nun einmal wesentlich ist, zu erblicken.

Daß die Nichtausdehnung der Stimmenthaltungsgrundsätze auf ein außerhalb der Ausschlußvorschriften liegendes Gebiet unter Umständen große Mißlichkeiten im Gefolge hat, hat auch die herrschende Lehre zugegeben. (Vgl. RG. in JW. 1915, 195 Nr. 7 und RG. 81, 37.) Sie setzt sich aber darüber hinweg mit der Begründung, daß solche Mißlichkeiten in der Natur jedes gesellschaftlichen Verhältnisses begründet seien und daß es genügen müsse, wenn den schlimmsten Fällen des Stimmrechtsmißbrauchs durch Anwendung der §§ 226, 138 und 826 BGB. vorgebeugt würde. Nun ist allerdings zuzugeben, daß keineswegs alle Mißlichkeiten, die durch einen „antisozialen" Gebrauch des Stimmrechts durch ein Mitglied entstehen können, zu verhüten sind, weil stets das Individualinteresse des Mitglieds am Stimmrecht dem Sozialinteresse der Körperschaft am Schutz vor egoistischer Ausnützung dieses Stimmrechts gegenüber steht und jenes Individualinteresse ohne ausreichenden rechtlichen Grund nicht verletzt werden darf, aber es ist nicht einzusehen, warum nicht, soweit das rechtlich möglich ist, der den Grundsätzen der Billigkeit entsprechende Ausgleich jener beiden Interessen, der durch bloße Anwendung der §§ 138, 226 und 826 BGB. nicht zu erreichen ist, geschaffen werden sollte. Und einen solchen Ausgleich herbeizuführen, ist, wie sich zeigen wird, das Prinzip des § 157 BGB. außerordentlich geeignet.

Daß § 157 BGB. grundsätzlich auch auf die körperschaftlichen Rechte und Pflichten der Körperschaftsmitglieder anzuwenden ist, bedarf wohl keiner besonderen Begründung. Auch das RG. hat z. B. (in JW. 1925, 154) ausgesprochen, daß auch das Aktienrecht von dem Grundsatze von Treu und Glauben beherrscht wird. Allerdings stellt der „Gesellschaftsvertrag", das Statut einer Körperschaft, keinen Vertrag der Körperschaftsmitglieder, vielmehr eine durch Gesamtakt entstandene autonome „Satzung" der Körperschaft dar (vgl. RG. in LZ. 1911, 219; Lehmann-Ring Nr. 7 zu § 271; Goldschmit 232) und die sozialrechtlichen Rechte und Pflichten der Körperschaftsmitglieder sind nicht gegen die übrigen Mitglieder, sondern gegen die Körperschaft gerichtet, aber materiell bestehen dennoch im Innenverhältnis ganz ähnliche Rechtsbeziehungen und rechtliche Abhängigkeiten zwischen den Mitgliedern einer Körperschaft wie zum Beispiel bei der bürgerlichen rechtlichen Gesellschaft oder bei der o. HG., d. h. materiell liegen die Dinge im Inneren der Körperschaft ähnlich wie bei einem Vertragsverhältnis und es muß daher auch der § 157 BGB. hier analoge Anwendung finden.

d) Die Konstruktion nun freilich, mit deren Hilfe Hachenburg aus der Anwendung des § 157 BGB. auf die Ausübung des Stimmrechts den Ausschluß vom Stimmrecht in gewissen Fällen der Interessenkollision ableitet, erscheint mir nicht glücklich, zum mindesten nicht klar und eindeutig, wenn auch, wie schon betont, das Ergebnis, zu dem er gelangt, zwar ergänzungsbedürftig, aber im großen und ganzen doch annehmbar ist und im wesentlichen mit dem unserigen übereinstimmt.

Hachenburg hält zwei scharf voneinander zu unterscheidende Fragen nicht streng genug auseinander: nämlich die Frage, inwieweit § 157 im Einzelfall die Ausübung des Stimmrechts in dem einen oder anderen Sinn verbietet, von der anderen Frage, inwieweit § 157 im Einzelfall der Ausübung des Stimmrechts überhaupt entgegensteht, also die Frage nach der Einwirkung des § 157 auf die Art und Weise der Ausübung des konkreten Stimmrechts von derjenigen nach der Einwirkung jenes Paragraphen auf das konkrete Stimmrecht selbst.

Handelt es sich, wie hier, darum, die Grenze des Ausschlusses vom Stimmrecht zu ziehen, so ist naturgemäß nur die zweite Frage von Interesse. Auch Hachenburg ist es letzten Endes nur um die Beantwortung dieser Frage zu tun. Nachdem er nämlich festgestellt hat, daß ein bestimmter Gebrauch des Stimmrechts (z. B. der Gebrauch des Stimmrechts dazu ein Recht der Gesellschaft zu vereiteln) einen unzulässigen Mißbrauch darstellt, kommt er zu dem Schluß: In solchen Fällen darf es nicht ausgeübt werden. D. h. eben: In solchen Fällen entbehrt der betreffende Gesellschafter des konkreten Stimmrechts.

Daraus ergibt sich aber, daß Hachenburg die Frage, in welchen Fällen das zu geschehen hat, mit der anderen Frage, wann die Ausübung des Stimmrechts in einem bestimmten Sinn einen unzulässigen Mißbrauch des Stimmrechts darstellt, verknüpft.

Unzutreffend ist nun allerdings der Einwand, den die herrschende Lehre (vgl. RG. 81, 37 und in JW. 1915, 195 Nr. 7) gegen eine derartige Anwendung des § 157 BGB. auf die Ausübung des Stimmrechts erhoben hat, daß nämlich eine Schranke für die Ausübung eines Rechtes grundsätzlich nur in § 226, nicht dagegen auch in § 157 BGB. bestehe; denn aus § 226 BGB. kann, wie das RG. selbst (86, 191 ff.) einmal ausgesprochen hat, nicht gefolgert werden, daß jede andere Art der Rechtsausübung als die dort verbotene zugelassen sei. Vielmehr findet der § 226 eine Ergänzung in der Einrede der Arglist (exceptio doli generalis), welche Platz greift nicht nur, wenn das Vorgehen des Ausübungsberechtigten gegen die guten Sitten verstößt, sondern auch, wenn es den Grundsätzen von Treu und Glauben nach Maßgabe des § 157 BGB. widerspricht. (Vgl. Warneyer Anm. V zu § 226.) Grundsätzlich kann daher § 157 auch zur Beantwortung der Frage herangezogen werden, ob die Ausübung des Stimmrechts in dem oder jenem Sinne zulässig ist oder nicht, wie auch der anderen Frage, ob die Ausübung des Stimmrechts überhaupt rechtlich zulässig ist, während umgekehrt § 226 BGB. zur Lösung der letzteren Frage kaum jemals dienen wird, da ja auch in den Fällen der Interessenkollision immer die Möglichkeit besteht, das Stimmrecht in einem der Körperschaft günstigen Sinne auszuüben.

Fraglich ist eben nur, in welcher Art und Weise § 157 BGB. hier zur Anwendung kommen soll. Nach Hachenburg darf der Gesellschafter einer GmbH. sein Stimmrecht nicht dazu mißbrauchen, „um hiedurch ein Recht der Gesellschaft lahmzulegen und undurchführbar zu machen oder, um sich auf Kosten der Gesellschaft Vorteile zu verschaffen“. Dieser Gebrauch verstößt nach Hachenburg gegen Treu und Glauben. „In solchen Fällen“ darf es nach seiner Ansicht nicht ausgeübt werden. Nach Hachenburg richtet sich also der auf Grund von § 157 BGB. beruhende Ausschluß vom Stimmrecht letzten Endes darnach, ob im Einzelfall der Gebrauch des Stimmrechts durch einen Gesellschafter in einem bestimmten Sinn einen gegen § 157 verstoßenden Mißbrauch des Stimmrechts darstellt oder nicht.

Dagegen ist folgendes einzuwenden: Eine Verletzung des § 157 BGB. ist an sich zwar durchaus ohne subjektives Verschulden des Handelnden denkbar, wie auch im späteren römischen Recht die Gewährung der exceptio doli generalis oft nicht etwa vom Bewußtsein der Rechtswidrigkeit beim Kläger abhängig gemacht, sondern einfach auf einen gewissen objektiven Tatbestand gestützt wurde. (Vgl. Wendt 59ff.; ferner l. 2, 3 und 5 D 44, 4; l. 36, D 45, I.) Dennoch kann man m. E. einen Verstoß gegen Treu und Glauben, der in der Art und Weise der Ausübung des Stimmrechts liegen soll, nur in solchen Fällen annehmen, in denen der Abstimmende bewußt oder wenigstens fahrlässig in einem die Körperschaft schädigenden Sinne stimmt, nicht aber etwa dann, wenn er in bester Absicht durch die Art seiner Abstimmung die Körperschaft schädigt oder gefährdet. Darnach wird es also zunächst in vielen Fällen schon sehr schwer festzustellen sein, ob ein Verstoß gegen Treu und Glauben in der einen oder anderen Richtung der Stimmabgabe liegt oder nicht. Außerdem aber sind Fälle schärfster Interessenkollision denkbar, in denen ein Ausschluß vom Stimmrecht nach Treu und Glauben unbedingt geboten erscheint und in denen doch der Abstimmende durch seine die Körperschaft schädigende Stimmabgabe eben mangels jenes subjektiven Tatbestandselements nicht gegen Treu und Glauben verstoßen würde.

Weiterhin ist es aber nicht ganz klar, in welcher Weise Hachenburg den Begriff des „Mißbrauchs" des Stimmrechts aufgefaßt wissen will, ob er nämlich etwa nur eine Pflicht des Gesellschafters in einer dem § 157 entsprechenden Weise sein Stimmrecht auszuüben im Auge hat, oder ob seine Meinung dahin geht, der Gesellschafter habe gemäß § 157 nicht das Recht, sein Stimmrecht in bestimmter Weise auszuüben. Da er von einem „Verbot des Mißbrauchs" des Stimmrechts spricht und es für „unzulässig" erklärt, daß ein Gesellschafter sein Stimmrecht in bestimmter Weise mißbrauche, dürfte wohl die letztere Auslegung die richtige sein. Aus rechtspolitischen Gründen ist es aber m. E. nicht angängig, das Recht der freien Stimmrechtsausübung durch die Anwendung des § 157 BGB. in dieser von Hachenburg angegebenen Weise einzuschränken. Denn auch nach der Theorie Hachenburgs sind Fälle denkbar, wo zwar keine Interessenkollision vorliegt, wo aber der Abstimmende durch seine Stimmabgabe die Körperschaft erheblich zu schädigen oder zu gefährden vermag. Dann kann es sein, daß seine Stimmabgabe auf Grund von § 138 oder aber nach § 226 in Verbindung mit § 134 BGB. ungültig ist. (Vgl. unten § 18.) Denkbar wäre es in solchen Fällen aber auch, daß weder § 138 noch § 226 zur Anwendung kommen könnte, daß man aber auf Grund von § 157 dem Abstimmenden das Recht, sein Stimmrecht in dem oder jenem Sinne auszuüben, absprechen könnte. Würde dann der Abstimmende dennoch in diesem „verbotenen" Sinne stimmen, so wäre seine Stimmabgabe „unzulässig", ebenso wie wenn sie gegen § 226 verstieße und daher gleichfalls gemäß § 134 BGB. nichtig. Während aber die Fälle, in denen die Anwendung der §§ 138 oder 226 BGB. in Betracht kommt, meist verhältnismäßig klar liegen und leicht zu erkennen sind, würde die Frage der Anwendung des § 157 BGB. hier, hauptsächlich aus dem schon angedeuteten Grunde, große Schwierigkeiten bereiten. Im Interesse der Körperschaftsmitglieder, die ein großes Interesse daran haben, daß die Gültigkeit oder Ungültigkeit der abgegebenen Stimmen leicht festgestellt werden kann, sowie im Interesse der Einfachhheit und Klarheit des Beschluß- und Abstimmungsverfahrens überhaupt muß also eine derartige Anwendung des § 157 abgelehnt werden.

Sollte aber Hachenburg nur eine Pflicht der Gesellschafter der GmbH. im Auge haben, das Stimmrecht nicht in einem gegen Treu und Glauben verstoßenden Sinne zu gebrauchen, so ist dazu zu bemerken, daß eine derartige Pflicht — welche übrigens nicht gleichzusetzen ist mit einer etwaigen Pflicht, das Stimmrecht nur im Interesse der Gesellschaft auszuüben (vgl. oben S. 42) — zwar, wie wir später sehen werden, für die Gesellschafter einer bürgerlichrechtlichen oder einer o. HG. tatsächlich besteht, weil hier die Gesellschafter durch den Gesellschaftsvertrag verpflichtet sind, den gemeinsamen Zweck zu fördern. Das ist aber im allgemeinen bei den Körperschaften nicht der Fall, bei der AG. und der e. Gen. kann durch die Satzung eine solche Pflicht der Mitglieder gegenüber ihrer Körperschaft nicht begründet werden. Bei den Körperschaften ist daher im allgemeinen eine Rechtspflicht der Mitglieder, bei ihrer Abstimmung nach den Grundsätzen von Treu und Glauben zu verfahren, abzulehnen.

Eine Ausnahme gilt für die AKG. mit Bezug auf die Komplementare, da hier zwischen Kommanditistengesamtheit und Komplementaren einerseits und zwischen den Komplementaren untereinander andererseits (gemäß § 320, II HGB.) die Pflicht zur Förderung des gemeinsamen Zweckes besteht. (Vgl. Schreiber 197.) Für die einzelnen Kommanditisten besteht aber eine solche Verpflichtung nicht, sondern nur für den Kommanditistenverband als solchen. Die Beschlüsse der GV. des Kommanditistenverbandes dürfen daher nicht in einer gegen Treu und Glauben verstoßenden Weise den Gesellschaftszweck verletzen. Eine Verpflichtung von Körperschaftsmitgliedern bei Ausübung ihres Stimmrechts nach Treu und Glauben die Körperschaftsinteressen zu fördern, kann weiterhin u. U. auch bei der GmbH. in Frage kommen, die ja ganz individualistisch nach Art der o. HG. oder der bürgerlichrechtlichen Gesellschaft organisiert sein kann, (vgl. LZ. 11, 219), sowie beim rechtsfähigen Verein des BGB. und dem VersVer. a. Gegens. Ob eine solche Pflicht der Mitglieder hier besteht oder nicht, muß sich aus dem Gesellschaftsvertrag bzw. der Satzung ergeben. Die Grenzen werden im einzelnen schwer zu ziehen sein.

Da es sich für uns jedoch darum handelt, ein für alle Körperschaften gültiges Prinzip des Stimmrechtsausschlusses zu finden, kann uns das Bestehen oder Nichtbestehen einer solchen Pflicht also keinesfalls zur Lösung unserer Frage dienen.

Übrigens ist es auch nicht ganz klar, inwieweit das Vorliegen oder die Möglichkeit eines „Mißbrauchs" des Stimmrechts nach der Theorie Hachenburgs für die Frage des Stimmrechtsausschlusses maßgebend sein soll. Wann ein „Mißbrauch" des Stimmrechts vorliegt, bestimmt ja Hachenburg selbst; das soll nämlich, wie schon erwähnt, dann der Fall sein, wenn ein Gesellschafter sein Stimmrecht mißbraucht, um hiedurch ein Recht der Gesellschaft lahmzulegen und undurchführbar zu machen oder um sich auf Kosten der Gesellschaft Vorteile zu verschaffen. Dabei denkt Hachenburg offenbar nur an Fälle der Interessenkollision; denn eine mißbräuchliche Ausübung des Stimmrechts ist zweifellos auch noch auf eine andere als die von ihm bezeichnete Weise denkbar; er hätte allerdings dann auch den Fall der Undurchführbarmachung eines Rechts auf diejenigen Rechte, die sich gegen den betreffenden Gesellschafter selbst richten, beschränken müssen. Jedenfalls aber ist die Formel Hachenburgs zu weit, da man sicherlich nicht in jedem Fall, wo ein Gesellschafter in einem seine Interessen auf Kosten der Körperschaftsinteressen fördernden Sinne abstimmt, den Gesellschafter nach Treu und Glauben vom Stimmrecht ausschließen kann, insbesondere dann nicht, wenn der eventuelle Schaden, welcher der Körperschaft droht, nur gering oder sein Eintritt ungewiß ist. Sodann ist es auch nicht ganz eindeutig, wenn Hachenburg, nachdem er festgestellt hat, in welchen Fällen ein unzulässiger Mißbrauch des Stimmrechts vorliegt, fortfährt: „In solchen Fällen darf es nicht ausgeübt werden." Offenbar muß das dahin ausgelegt werden, daß schon dann, wenn die Möglichkeit eines derartigen Mißbrauchs besteht, der betreffende Gesellschafter vom Stimmrecht ausgeschlossen sein soll; denn davon, wie der Gesellschafter sein Stimmrecht wirklich ausübt, kann man die Frage des Stimmrechtsausschlusses doch unmöglich abhängig machen.

e) Nach alledem erscheint es uns notwendig, einen anderen Weg als den von Hachenburg aufgezeigten einzuschlagen, um die Frage, in welchen Fällen das Mitglied einer Körperschaft nach § 157 BGB. vom Stimmrecht ausgeschlossen ist, in befriedigender Weise zu lösen.

Auszugehen ist davon, daß das Stimmrecht den Körperschaftsmitgliedern in erster Linie in ihrem eigenen Interesse gegeben ist und sie daher in der Ausübung ihres Stimmrechts grundsätzlich frei sind. Will man wirklich, wie Hachenburg es tut, ein allgemeines Prinzip finden, auf dem die Ausschlußvorschriften beruhen, so kann dieses m. E. nicht dahin lauten, daß die Körperschaftsmitglieder ihr Stimmrecht nicht in einer gegen Treu und Glauben verstoßenden Weise mißbrauchen sollen, sondern vielmehr nur darin, daß eben deshalb, weil die Mitglieder grundsätzlich in der Ausübung des Stimmrechts frei sind, die Körperschaft in gewissen Fällen der Interessenkollision vor einer „mißbräuchlichen" Ausübung des Stimmrechts durch einzelne Mitglieder, die an sich nicht rechtswidrig zu sein braucht, aus Gründen der Billigkeit geschützt werden muß. Die Ausschlußvorschriften dienen, wie schon früher betont (vgl. S. 11), der Verkehrssicherheit; sie sollen, letzten Endes im Interesse der Körperschaftsmitglieder selbst, die ja die eigentlichen Träger der Interessen der Körperschaft sind und die gerade in denjenigen Angelegenheiten, die durch Beschlußfassung der Mitglieder erledigt werden, in erster Linie auf das gegenseitige Vertrauen angewiesen sind, eine die Körperschaft schädigende Ausübung des Stimmrechts durch einzelne Mitglieder verhüten. Von diesem Standpunkt aus ist auch die Frage, wann der Ausschluß vom Stimmrecht nach Treu und Glauben nach Maßgabe des § 157 BGB. gerechtfertigt und geboten ist, zu beurteilen.

Aus dem Grundsatz des § 157 ist nun aber nicht etwa ein allgemeiner Rechtssatz abzuleiten des Inhalts, daß ein Mitglied schon dann vom Stimmrecht ausgeschlossen ist, wenn nur die Möglichkeit besteht, daß es in einem die Körperschaft schädigenden Sinne abstimmen wird. Ein solcher Rechtssatz wäre viel zu weit, da eine solche Möglichkeit ja in der Mehrzahl der Fälle besteht. Er würde das Stimmrecht der Mitglieder zum größten Teil illusorisch machen. Nur da kann ein Stimmrechtsausschluß überhaupt in Frage kommen, wo bestimmte Anhaltspunkte bestehen, daß das Mitglied von jener Möglichkeit Gebrauch machen wird. Wenn das Gesetz in den Ausschlußvorschriften für einige bestimmte Fälle das Stimmrecht ausschließt, so geschieht das, wie schon bemerkt, deshalb, weil in diesen Fällen in aller Regel offenbar Interessenkollisionen bestehen und bei solchen stets die Gefahr nahe liegt, daß das Mitglied sein Interesse dem der Körperschaft voranstellt. Deshalb kann aber auf Grund des § 157 BGB. auch nicht ein Rechtsprinzip aufgestellt werden, wonach etwa der Stimmrechtsausschluß immer schon dann stattzufinden hätte, wenn eine Interessenkollision bestände. Auch ein solcher Rechtssatz ginge noch viel zu weit. Eine Überspannung des Ausschlußprinzips ist aber auch schon deshalb zu vermeiden, weil sie nur die auf die Ausnützung der ohnehin nicht geringen Umgehungsmöglichkeiten gerichteten Bestrebungen noch mehr anspornen würde.

Man muß vielmehr immer im Auge behalten, daß einerseits das Stimmrecht eines der wichtigsten Rechte der Körperschaftsmitglieder überhaupt darstellt, das nicht ohne dringenden Grund eingeschränkt werden darf, daß aber anderseits freilich auch das Sozialinteresse der Körperschaft an einem ausreichenden Schutz vor Mißbräuchen des Stimmrechts zu egoistischen Zwecken des Ausübenden genügende Berücksichtigung erfahren muß. M. E. kann daher nach dem Grundsatze von Treu und Glauben, der ja in erster Linie immer einen der Billigkeit entsprechenden Ausgleich zwischen entgegenstehenden Interessen schaffen soll, ein Stimmrechtsausschluß nur da in Frage kommen, muß andererseits aber auch da stattfinden, wo eine offenbare und unmittelbare Gefahr besteht, daß ein Mitglied durch seine Abstimmung die Körperschaft erheblich schädigen oder gefährden wird. Dabei kann es freilich nicht darauf ankommen, ob zu erwarten ist oder nicht, daß der Beschluß in dem der Abstimmung des Mitgliedes entsprechenden Sinne ausfallen wird. Es muß vielmehr genügen, daß er, wenn er so ausfällt, die Interessen der Körperschaft erheblich zu schädigen oder gefährden geeignet ist. Dann ist grundsätzlich der Ausschluß vom Stimmrecht nach Treu und Glauben gerechtfertigt. Nun fragt sich allerdings, wann diese Voraussetzung des Stimmrechtsausschlusses nach Treu und Glauben gegeben ist.

Das ist zunächst dann der Fall, wenn mit unbedingter Sicherheit feststeht, daß das Körperschaftsmitglied in einem auf die Schädigung der Körperschaftsinteressen gerichteten und daher gegen §§ 138, 826 oder 226 BGB. verstoßenden Sinne abstimmen wird. Hier muß nicht notwendig eine Interessenkollision vorliegen, im übrigen ist dieser Fall fast ohne praktische Bedeutung, da es so gut wie nie mit Sicherheit feststehen wird, in welchem Sinne ein Mitglied stimmen wird. Bloße Verdachtsgründe können aber selbstverständlich zum Ausschluß nicht genügen. (Ähnlich Schreib 72; Jacobi, Bankarch. X, 85; Ratjen, Bankarch. X, 116.)

Das Hauptanwendungsgebiet des Stimmrechtsausschlusses nach Treu und Glauben ist daher das Gebiet der Interessenkollision und hier ist m. E. jene Voraussetzung des Stimmrechtsausschlusses nach Treu und Glauben dann gegeben, wenn einerseits das private Interesse des Mitgliedes unmittelbar und erheblich berührt ist, und wenn andererseits diejenige Beschlußfassung, die im Sinne des Mitgliedes liegt, d. h. die seinem Privatinteresse entspricht, die Interessen der Körperschaft ernstlich zu gefährden oder zu schädigen geeignet ist.

f) Wir kommen also zu folgendem Ergebnis:

Nach den Regeln über Treu und Glauben ist ein Körperschaftsmitglied im allgemeinen dann vom Stimmrecht ausgeschlossen, wenn bei einer Beschlußfassung das Interesse des Mitgliedes unmittelbar und erheblich berührt ist und die Beschlußfassung dann, wenn sie im Sinne des Mitgliedes ausfällt, eine ernstliche Gefährdung der Interessen der Körperschaft bedeutet.

Dazu kommt noch der oben erwähnte Fall, daß mit Sicherheit feststeht, daß ein Körperschaftsmitglied in einem auf die Schädigung der Körperschaft gerichteten und damit gegen §§ 138, 826 oder 226 BGB. verstoßenden Sinne stimmen wird, der aber im Folgenden außer Acht gelassen werden kann, zumal unsere Betrachtungen sich ja auf den Stimmrechtsausschluß wegen Interessenkollision beschränken.

g) Die Auslegung des von uns aufgestellten Grundsatzes ist nun allerdings theoretisch nicht ganz einfach; dennoch sind die durch ihn bestimmten Grenzlinien, wie sich zeigen wird, in der Praxis unschwer zu finden. Hier bedarf es nur einiger Erläuterungen allgemeiner Art:

aa) Das Interesse des Mitglieds, das hier in Frage kommt, ist nur sein privates Sonderinteresse. Auf Grund seiner Mitgliedschaft ist ja das Mitglied an allen Angelegenheiten der Körperschaft insoferne interessiert, als diese Angelegenheiten notwendigerweise die Interessen der Körperschaft und damit die gemeinsamen Interessen der Körperschaftsmitglieder berühren. Diesen gemeinsamen Interessen steht das private Sonderinteresse einzelner Mitglieder gegenüber, das seinerseits unabhängig von der Mitgliedschaft sein kann, so daß Dritte in derselben Weise interessiert sein können, das aber auch auf der Mitgliedschaft beruhen kann und dennoch ein privates Sonderinteresse ist.

Das Interesse des Mitglieds, welches unmittelbar berührt sein muß, muß weiterhin ein rechtliches oder ein wirtschaftliches Interesse sein; ein bloß moralisches Interesse, auf das z. B. in RG. 75, 236 hingewiesen wird, genügt nicht. Ein solches könnte ja auch dann vorliegen, wenn irgend ein Freund oder Verwandter des Mitgliedes an der Beschlußfassung interessiert wäre, und auf solche Fälle den Stimmrechtsausschluß allgemein auszudehnen, ginge entschieden zu weit.

bb) Das Interesse des Mitglieds muß berührt sein. D. h., durch die Beschlußfassung selbst oder durch deren Ausführung durch ein Organ der Körperschaft oder aber durch die Stimmabgabe in einem bestimmten Sinne selbst muß auf die rechtliche oder wirtschaftliche Lage des Mitgliedes vor- oder nachteilig eingewirkt werden. Unter „Beschlußfassung“ ist hier aber die Annahme des Beschlußantrages zu verstehen. Soll z. B. über Abberufung eines Geschäftsführers und Lösung seines Anstellungsvertrages aus wichtigem Grunde Beschluß gefaßt werden, so wird dadurch, daß die Abberufung und Kündigung beschlossen wird, auf die Rechts- und Vermögenslage des Geschäftsführers eingewirkt; wird der Antrag auf Abberufung und Kündigung dagegen abgelehnt, so ist das nicht der Fall, dennoch ist das Interesse des Geschäftsführers „bei der Beschlußfassung“ — und zwar „erheblich“ — „berührt“. Durch die Stimmabgabe selbst ist das Interesse des Mitgliedes z. B. dann berührt, wenn es durch Abstimmung in gewissem Sinne eine Verpflichtung erfüllt. Was die „Einwirkung“ auf das Interesse des Mitgliedes anlangt, so muß es genügen, daß die Einwirkung bestimmt zu erwarten ist. (Näheres darüber unten S. 72.)

cc) Das Interesse des Mitgliedes muß unmittelbar berührt sein. D. h. sein eigenes Interesse, nicht irgend ein fremdes Interesse muß berührt sein. Es genügt also z. B. nicht, daß das Interesse eines nahen Verwandten oder eines Freundes berührt ist. Es genügt auch nicht, daß etwa erst durch die der Beschlußfassung bzw. ihrer Ausführung nachfolgende Tätigkeit einer dritten Person auf die Rechts- oder Wirtschaftslage des Mitgliedes eingewirkt wird, selbst wenn das mit Bestimmtheit zu erwarten sein sollte. Es ist aber nicht ausgeschlossen, daß durch die Beschlußfassung bzw. deren Ausführung das Interesse einer dritten Person und gleichzeitig dadurch das Interesse des Mitgliedes berührt ist; so z. B., wenn das Mitglied der Körperschaft gleichzeitig Mitglied einer AG. ist, deren Interessen durch die Beschlußfassung unmittelbar berührt werden; denn jede Veränderung der Vermögenslage der AG. wirkt auch auf die Vermögenslage des einzelnen Aktionärs ein, da dadurch auch sein Anspruch auf die Liquidationsquote sowie eventuell der auf den Gewinnanteil verändert wird. Daraus folgt aber selbstverständlich noch nicht, daß immer in solchen Fällen der Stimmrechtsausschluß des betreffenden Mitgliedes stattzufinden hat; dazu bedarf es vielmehr noch anderer Erfordernisse, so vor allem desjenigen der Erheblichkeit des Interesses und desjenigen der zu erwartenden Gefährdung der Körperschaftsinteressen. Unmittelbar berührt ist ferner z. B. das Interesse eines Körperschaftsmitgliedes, das für ein Verwaltungsorgan eine Garantie übernommen hat, wenn über die Entlastung dieses Organs Beschluß gefaßt werden soll.

dd) Das Interesse des Mitgliedes muß erheblich berührt sein. Dieses Erfordernis hat besondere Bedeutung, es ist z. B. wichtig in dem vorher erwähnten Fall, daß das Mitglied einer Körperschaft zugleich Aktionär einer AG. ist, deren Interesse durch die Beschlußfassung unmittelbar berührt ist. Besitzt das Mitglied als Aktionär dieser AG. etwa nur eine Aktie, so wird sein Interesse an der AG. in aller Regel nicht als „erheblich" bezeichnet werden können, anders dagegen, wenn es die meisten, oder vielleicht alle Aktien in seiner Hand hat.

ee) Die Beschlußfassung im Sinne des Mitgliedes, d. h. entweder die Annahme oder die Ablehnung des Beschlußantrages, an der das Mitglied in der früher (s. oben S. 51) präzisierten Weise positiv erheblich interessiert ist, muß eine ernstliche Gefährdung der Interessen der Körperschaft bedeuten. Wann eine ernstliche Gefährdung vorliegt, muß der Entscheidung des einzelnen Falles vorbehalten bleiben. Es muß sich um eine Gefährdung der Interessen der Körperschaft, nicht etwa derjenigen einzelner oder aller übrigen Mitglieder handeln. Hachenburg will offenbar auch in solchen Fällen, z. B. wenn derjenige Gesellschafter, der die Mehrheit der Stimmen hat, zum Geschäftsführer gewählt werden und sein Gehalt 80% des Reingewinns betragen soll, so daß der ganze Anspruch der übrigen Gesellschafter auf den Gewinnanteil so gut wie ausgeschaltet würde, das Stimmrecht des betr. Gesellschafters nach Treu und Glauben ausschließen. Das ist aber m. E. verfehlt. Der Stimmrechtsausschluß nach Treu und Glauben kommt nur da in Frage, wo die Interessen des Mitgliedes mit denjenigen der Gesamtheit (der er selbst angehört) kollidieren, nur eine solche Interessenkollision kommt für die Frage des Stimmrechtsausschlusses überhaupt in Betracht. Man kann unmöglich einem Mitglied das Stimmrecht entziehen deswegen, weil seine Interessen mit denjenigen anderer Mitglieder kollidieren; denn in solchen Fällen braucht das Interesse des betr. Mitgliedes durchaus nicht denen der Gesamtheit zu widerstreiten. Es kann dann im Einzelfall sehr fraglich sein, welche Gruppen von Mitgliedern des Schutzes bedürfen. Liegt im Einzelfall eine Vergewaltigung der Minderheit durch die Mehrheit vor, so hat die Minderheit nach der herrschenden Rechtsprechung genug Mittel und Wege, sich dagegen zu schützen. Im übrigen muß verlangt werden, daß die Gefährdung für einen objektiven Beobachter mit Bestimmtheit voraussehbar ist.

ff) Nach dem Gesagten ist Voraussetzung des Ausschlusses vom Stimmrecht nach Treu und Glauben das Vorliegen einer Interessenkollision (es genügt nicht die Möglichkeit einer solchen). Nicht dagegen ist erforderlich, daß sich das betr. Mitglied dieser Interessenkollision bewußt ist; nicht erforderlich ist also, daß das Mitglied sich der Gefährdung oder des Umstandes bewußt ist, daß sein eigenes Interesse bei der Beschlußfassung berührt ist. Das letztere mag paradox erscheinen, findet aber in dem Umstande seine Rechtfertigung, daß ein solcher Nachweis im einzelnen Falle meist außerordentlich schwer zu führen wäre.

gg) Immer muß der Ausschluß nach Treu und Glauben stattfinden, wenn eine Beschlußfassung im Interesse des Mitgliedes ein Recht der Körperschaft gegen das Mitglied vereiteln oder undurchführbar machen könnte; denn hier ist immer ein erhebliches unmittelbares Interesse des Mitgliedes und eine ernstliche Gefährdung der Interessen der Körperschaft anzunehmen. Daraus ergibt sich, daß, wenn der Ausschluß vom Stimmrecht bei Entlastung und Befreiung von einer Verbindlichkeit beim rechtsfähigen Verein des BGB. nicht schon nach den Ausschlußvorschriften geboten wäre, er doch immer auf Grund des Grundsatzes von Treu und Glauben Platz greifen müßte. Meist wird der Ausschluß vom Stimmrecht nach Treu und Glauben auch da stattfinden müssen, wo die Beschlußfassung dem Mitgliede auf Kosten der Gesellschaft einen erheblichen Vorteil verschaffen soll. (Vgl. Hachenburg 466ff.) Soweit Unklarheiten bestehen, ist immer auf einen billigen Ausgleich zwischen dem Sozialinteresse der Körperschaft und dem Individualinteresse des Mitgliedes abzustellen, es ist im Einzelfalle eben dann stets die Frage zu prüfen, ob das Sozialinteresse so sehr dem Individualinteresse überzuordnen ist, daß der Stimmrechtsausschluß nicht nur nicht unbillig erscheint, sondern sogar nach Treu und Glauben geboten ist. In dubio ist zugunsten des Individualinteresses, also des Stimmrechts zu entscheiden.

h) Im übrigen muß auch für die Stimmenthaltungsgrundsätze nach Treu und Glauben das unter § 7 Ziff. 1 mit 3 Gesagte in entsprechender Weise gelten. Insbesondere also kommen diese Stimmenthaltungsgrundsätze auch für denjenigen, der als offener oder verdeckter Vertreter sich an der Abstimmung beteiligen will, zur Anwendung, wenn in seiner eigenen Person die Voraussetzungen des Stimmrechtsausschlusses nach Treu und Glauben bestehen.

7. Nach den früher über das Anwendungsgebiet und die einschränkende Auslegung der Ausschlußvorschriften Gesagten ergibt sich nun für das Anwendungsgebiet des Grundsatzes der Stimmenthaltung

nach Treu und Glauben folgendes: Bei der Beschlußfassung, welche die Entlastung oder die Befreiung von einer Verbindlichkeit eines Mitgliedes oder die Einleitung oder Erledigung eines Rechtsstreites gegenüber einem Mitgliede betrifft, gelten die Ausschlußvorschriften, gleichgültig, ob es sich um sozialrechtliche oder individualrechtliche Angelegenheiten handelt. Jedoch kann in all diesen Fällen der Grundsatz über den Stimmrechtsausschluß nach Treu und Glauben in subsidiärer Weise zur Anwendung kommen, so zum Beispiel u. U., wenn die Beschlußfassung ein Rechtsgeschäft oder einen Rechtsstreit der Körperschaft mit einer AG. betrifft, deren sämtliche Aktien im Besitze eines Körperschaftsmitgliedes sind.

Bei den übrigen Angelegenheiten sind zu unterscheiden:

a) „Rein" sozialrechtliche Angelegenheiten, d. h. solche sozialrechtliche Angelegenheiten, bei denen das private Sonderinteresse des betr. Mitgliedes nur auf Grund seiner Mitgliedschaft berührt wird, zu denen aber ausnahmsweise auch diejenigen Angelegenheiten zu rechnen sind, welche die Bildung der Körperschaftsorgane und die Regelung der Beziehungen der Körperschaft zu ihnen betreffen. Auch bei denjenigen Angelegenheiten, welche ein individualrechtliches Rechtsgeschäft mit einem Mitgliede oder einem Dritten betreffen, handelt es sich mit Bezug auf diejenigen Mitglieder um rein sozialrechtliche Angelegenheiten, welche an der Angelegenheit nur auf Grund ihrer Mitgliedschaft interessiert sind; so z. B. handelt es sich bei der Beschlußfassung über den Verkauf eines kaduzierten Anteils gemäß § 220, III HGB. oder § 23 GmbHGes. in bezug auf den Rechtsvorgänger des ausgeschlossenen Mitgliedes um eine sozialrechtliche Angelegenheit; ebenso ist es bei der Beschlußfassung über Genehmigung einer Anteilsveräußerung (§ 15, V GmbHGes.) mit Bezug auf den Veräußerer.

b) „Rein" individualrechtliche Angelegenheiten, worunter individualrechtliche Rechtsgeschäfte gegenüber dem Mitgliede fallen, sowie solche Angelegenheiten, bei denen das private Sonderinteresse des Mitgliedes unabhängig von seiner Mitgliedschaft berührt ist, welche aber keine Rechtsgeschäfte gegenüber dem Mitgliede darstellen.

c) „Gemischte" Angelegenheiten, bei denen sozialrechtliche und individualrechtliche Angelegenheiten zusammentreffen.

Bei diesen drei Gruppen von Angelegenheiten gestaltet sich der Stimmrechtsausschluß wegen Interessenkollisionsgefahr folgendermaßen:

a) Bei den rein sozialrechtlichen Angelegenheiten kommt nur der Ausschluß auf Grund des Grundsatzes von Treu und Glauben in Frage.

b) Rein individualrechtliche Angelegenheiten sind äußerst selten, weil gerade bei den individualrechtlichen Angelegenheiten der Beschluß meist auch eine Beauftragung oder Ermächtigung an ein Organ zur Ausführung des Beschlusses enthält. Soweit es sich hier um individualrechtliche Rechtsgeschäfte handelt, finden die Ausschlußvorschriften Anwendung, in subsidiärer Weise die Grundsätze über den Stimmrechtsausschluß nach Treu und Glauben.

Bei den sonstigen individualrechtlichen Angelegenheiten bestimmt sich dagegen der Ausschluß vom Stimmrecht ausschließlich nach den Grundsätzen von Treu und Glauben.

c) Bei den gemischten Angelegenheiten, die wohl die häufigsten sind, ist zu unterscheiden:

aa) Die Beschlußfassung über eine sozialrechtliche Angelegenheit betrifft zugleich ein individualrechtliches Rechtsgeschäft gegenüber dem Mitglied, sei es, daß es sich um eine Angelegenheit handelt, die zugleich eine sozialrechtliche Angelegenheit und ein individualrechtliches Rechtsgeschäft gegenüber dem Mitglied ist, oder aber. daß in der Beschlußfassung über mehrere Angelegenheiten, die zum Teil sozialrechtliche Angelegenheiten, zum Teil individualrechtliche Rechtsgeschäfte gegenüber einzelnen Mitgliedern sind, entschieden werden soll. Hier finden grundsätzlich die Ausschlußvorschriften Anwendung; subsidiär gelten auch hier die Bestimmungen über den Stimmrechtsausschluß nach Treu und Glauben. (Diejenigen Angelegenheiten, welche die Bildung der Organe oder die Regelung der Beziehungen der Körperschaft zu ihnen betreffen, sind ja zu den rein sozialrechtlichen Angelegenheiten zu rechnen.) Kann über die verschiedenen Angelegenheiten getrennt Beschluß gefaßt werden und hat bei getrennter Beschlußfassung ein Mitglied bei der einen oder anderen Angelegenheit das Stimmrecht, bei der es bei einheitlicher Beschlußfassung ausgeschlossen wäre, so hat es bis zur Abstimmung einen Anspruch auf getrennte Beschlußfassung.

bb) Die Beschlußfassung über eine sozialrechtliche Angelegenheit greift gleichzeitig in die Individualsphäre eines Mitglieds ein, betrifft also gleichzeitig eine individualrechtliche Angelegenheit, welche aber kein Rechtsgeschäft gegenüber dem Mitglied darstellt. Das Zusammentreffen der beiden Angelegenheiten ist auch hier in den beiden unter aa) erwähnten Arten möglich. Ein Beispiel für diesen Fall ist eine Beschlußfassung über Umstellung des Unternehmens einer Körperschaft, an welcher Umstellung ein Mitglied etwa aus Konkurrenzgründen erheblich interessiert ist. In solchen Fällen kann nur ein Stimmrechtsausschluß nach Treu und Glauben in Betracht kommen. Dabei wird aber eine vorsichtige Interessenabwägung meist nicht zum Stimmrechtsausschluß führen, da das Stimmrecht in sozialrechtlichen Angelegenheiten so wichtig ist, daß nur ganz besondere Gründe seinen Ausschluß nach Treu und Glauben rechtfertigen können. Wie in dem angeführten Beispiel zu entscheiden ist, kann nur von Fall zu Fall beantwortet werden. Für den Fall, daß getrennte Beschlußfassung möglich ist, gilt auch hier das unter aa) Gesagte.

cc) Eine Besonderheit muß nun hier für diejenigen Personen gelten, welche als Vertreter eines Mitgliedes sich an der Abstimmung beteiligen wollen. Sind diese nicht selbst Mitglieder, so sind sie normalerweise nicht an dem Geschick des Personenverbandes, bei dessen Beschlußfassung sie mitwirken wollen, interessiert. Sie haben also auch bei sozialrechtlichen Angelegenheiten kein rechtlich besonders berücksichtigenswertes Interesse an der Ausübung des Stimmrechts, das ja nicht ihr eigenes Stimmrecht ist. Es besteht daher kein Grund, die Frage ihres Stimmrechtsausschlusses wegen Interessenkollision, sofern sie selbst an der Beschlußfassung interessiert sind, darnach, ob es sich um eine sozialrechtliche Angelegenheit handelt oder nicht, zu beurteilen. Zu beachten ist dabei, daß auch „rein" sozialrechtliche Angelegenheiten, also nach unserer Definition, Angelegenheiten, welche nicht in die Individualsphäre eines Mitgliedes eingreifen und die ihnen gleichstehenden Angelegenheiten der Organbildung in die Individualsphäre eines Nichtmitglieds sehr wohl eingreifen können. Betrifft also die Beschlußfassung die Vornahme eines Rechtsgeschäfts gegenüber einem Nichtmitglied, mag es sich gleichzeitig um sozialrechtliche Angelegenheiten handeln oder nicht, soll z. B. ein Nichtmitglied zum Organ ernannt oder soll ein Anstellungsvertrag mit ihm als Organ abgeschlossen werden, so ist das Nichtmitglied vom Stimmrecht ausgeschlossen. Berührt die Beschlußfassung, ohne daß sie ein Rechtsgeschäft gegenüber dem Nichtmitglied betrifft, sonst irgendwie unmittelbar das Interesse des Nichtmitgliedes, so ist es bei der Beurteilung der Frage, ob sein Stimmrechtsausschluß nach Treu und Glauben geboten ist, gleichfalls nicht maßgebend, ob es sich um eine sozialrechtliche Angelegenheit handelt oder nicht; so ist z. B. ein Nichtmitglied in dem oben erwähnten Falle, wenn es sich um Umstellung des Unternehmens einer Körperschaft handelt, immer vom Stimmrecht ausgeschlossen, wenn es an dieser Umstellung aus Konkurrenzgründen erheblich und unmittelbar interessiert ist, die Umstellung aber eine ernstliche Gefährdung der Körperschaftsinteressen bedeutet.

Das gleiche gilt auch aus denselben Gründen für diejenigen Personen, welche, obwohl sie nicht Mitglieder des betreffenden Personenverbandes sind, in der Mitgliederversammlung ein eigenes Stimmrecht haben (vgl. oben S. 22), sowie für diejenigen Personen, welche zwar formell in eigenem Namen, materiell aber doch als Strohmänner für andere das Stimmrecht ausüben (vgl. unten S. 84ff., 88ff.), weil auch sie in der Regel selbst nicht an dem Geschick des betreffenden Personenverbandes interessiert sind, also für den Legitimationszessionar sowie für denjenigen, der durch fiduziarische Übereignung oder durch Reportgeschäft eine Aktie oder einen Geschäftsanteil einer GmbH. erworben hat, ebenso auch für denjenigen, welcher seine Anteile verkauft, aber noch nicht zu Eigentum auf den Käufer übertragen hat, sowie für denjenigen, welcher einen Anteil in eigenem Namen, aber für fremde Rechnung erworben hat, nicht dagegen für den Nießbraucher oder den Ehemann, der kraft seines ehemännlichen Verwaltungsrechtes ein Stimmrecht seiner Ehefrau ausübt; denn diese letzteren sind in aller Regel selbst an dem Gedeihen der betreffenden Körperschaft interessiert.

§ 9.

IV. Der Stimmrechtsausschluß der Komplementare der AKG. in der Generalversammlung des Kommanditistenverbandes.

Eine besondere Vorschrift für den Ausschluß vom Stimmrecht wegen Interessenkollision besteht für die Komplementare der AKG. bei der Beschlußfassung in der GV. des Kommanditistenverbandes. (Von dem Stimmrechtsausschluß der Komplementare wegen Interessenkollision im übrigen soll in anderem Zusammenhang gehandelt werden.) Im § 327, I HGB. ist bestimmt: „In der GV. haben die persönlich haftenden Gesellschafter, auch wenn sie Aktien besitzen, kein Stimmrecht.“ Diese Vorschrift beruht zweifellos auf dem Gedanken, daß die Interessen der Komplementare wenigstens in den Angelegenheiten, über die die Kommanditisten zu beschließen haben, mit den Interessen des Kommanditistenverbandes in der Regel kollidieren; die Vorschrift ist also eine Interessenkollisionsvorschrift. (Vgl. Schreiber 44f.; Denkschr. HGB., Mugdan 338.) Sie unterscheidet sich dadurch von den Ausschlußvorschriften, daß sie sich nicht auf einzelne Fälle, sondern auf eine bestimmte Gruppe von Personen beschränkt, dafür aber sich nicht etwa ausdrücklich nur auf bestimmte Beschlußgegenstände bezieht.

Da sie im übrigen den Ausschlußvorschriften eng verwandt ist, müssen auf sie die oben in § 7 Ziff. 1—3 dargelegten Grundsätze entsprechende Anwendung finden, ebenso aber auch in bezug auf die Frage, ob unter Umständen auch ein Nichtkomplementar nach § 327, I HGB. ausgeschlossen werden kann, die später zu erörternden Grundsätze über die Identität. In dieser letzteren Hinsicht können daher auch zum Teil die Grundsätze des Stimmrechtsausschlusses nach Treu und Glauben in Betracht kommen, wonach dann z. B. ein Kommanditist, der einem Komplementar gegenüber verpflichtet ist, in dessen Interesse zu stimmen, u. U. vom Stimmrecht ausgeschlossen sein kann. (Vgl. Staub, Anm. 3 zu § 327; Pinner 351; Horrwitz 483). Außerdem ist zu beachten, daß auch in der GV., in welcher der erste Aufsichtsrat gewählt wird, sowie in der konstituierenden GV. der Kommanditisten die Komplementare kein Stimmrecht haben. (Vgl. Schreiber 44, 52.) Sind jedoch alle Aktien des Kommanditistenverbandes in den Händen von Komplementaren, so haben diese das Stimmrecht in der GV. des Kommanditistenverbandes, da sonst Beschlüsse des Kommanditistenverbandes überhaupt nicht zustandekommen könnten. (Vgl. Schreiber 45; aber auch Ritter Anm. 1 zu § 327.)

Bestritten ist die Frage, ob sich das Stimmverbot des § 327, I auch auf die Ausübung des Stimmrechts für Kommanditisten, die nicht Komplementare sind, erstreckt. Im allgemeinen wird die Frage bejaht.

So von Makower Anm. IIa zu § 327; Staub Anm. 2 zu § 327; Goldmann Anm. 1 zu § 327; Pinner Anm. IV zu § 327; Brand Anm. 1 zu § 327; Horrwitz 484. Dagegen einige ältere Schriftsteller; Ritter Anm. 1 zu § 327; Lehmann-Ring Nr. 1 zu § 327. Die Frage wird natürlich nur insoweit verneint, als nicht ein Stimmrechtsausschluß nach § 252, III HGB. in Betracht kommt.

Die Frage ist mit der herrschenden Lehre zu bejahen. Makower weist zunächst mit Recht darauf hin, daß der Gesetzgeber, wie aus den Motiven zum Aktienges. von 1884 (Heymanns Entw. 206) hervorgeht, mit der entsprechenden Bestimmung des Art. 190, IV Allg. D. HGB. in der Fassung des RGes. von 1884 ausdrücklich diesen Sinn verbunden wissen wollte. (Daß nämlich die Komplementare das Stimmrecht auch nicht für andere ausüben können sollten.) Bei der Neufassung des HGB. sollte aber an dem Sinn dieser Bestimmung nichts geändert werden. (Vgl. Denkschr. HGB. Mugdan 338.) Wenn auch die gesetzgeberischen Motive nicht für die Auslegung maßgebend sind, so entsprechen sie hier doch zweifellos dem aus der Bedeutung und dem Zweck der Vorschrift sich ergebenden Sinn der auszulegenden Bestimmung. Es muß auch hier auf die Wesensverwandtschaft mit den Ausschlußvorschriften hingewiesen werden, insbesondere aber darauf, daß auch da, wo der Interessierte auf Grund einer fremden Mitgliedschaft sich an der Abstimmung beteiligt, die durch seine Befangenheit bedingte Interessenkollisionsgefahr bestehen kann. Dem Unterschied im Wortlaut zwischen § 327, I und § 252, III HGB., daß nämlich im § 327, I der Passus „und darf ein solches auch nicht für Andere ausüben" fehlt, darf eine Bedeutung nicht beigemessen werden, da das Gesetz es mit dem Gebrauch des Wortes „Stimmrecht", wie schon bemerkt, keineswegs genau nimmt; ebensowenig freilich können irgendwelche Schlüsse aus dem Wort „besitzt" gezogen werden, da das HGB. dieses Wort oft im Sinne von „zur Verfügung berechtigt sein" gebraucht (vgl. Makower a. a. O.), außerdem stünde dem Fall, daß Komplementare Aktien besitzen, bei Namensaktien der Fall gleich, daß sie im Aktienbuch eingetragen wären, und dieser Fall müßte natürlich ebenso behandelt werden, hätte also dann auch der Erwähnung im Gesetz bedurft. Schließlich kann auch das Wort „auch" nicht für die Auslegung des § 327, I maßgebend sein (vgl. dagegen Staub a. a. O.); denn dieses Wort ist wohl nur eingefügt um nicht das Mißverständnis aufkommen zu lassen, daß die Komplementare etwa dann, wenn sie nicht zugleich Aktionäre des Kommanditistenverbandes wären, in der GV. mitstimmen könnten. Daß das nicht der Fall ist, versteht sich freilich von selbst. Denn für die GV. des Kommanditistenverbandes gelten im Allgemeinen die Vorschriften über die GV. der AG.; daß bei diesen aber Nichtaktionäre, abgesehen von denjenigen Personen, welche an der Stelle von Aktionären an der GV. teilnehmen, kein Stimmrecht haben, bedarf keiner weiteren Erörterung.

§ 10.

F. Der Ausschluß vom Stimmrecht wegen Interessenkollision bei den Personenverbänden ohne Rechtspersönlichkeit.

Für privatrechtliche Personenverbände ohne Rechtspersönlichkeit bestehen, abgesehen von einigen Einzelvorschriften (vgl. §§ 712 BGB., 117, 140, I HGB.) keine den Ausschlußvorschriften entsprechenden allgemeinen Stimmenthaltungsvorschriften in den Fällen der Interessenkollisionsgefahr. Es fragt sich nun, inwieweit die für die Körperschaften geltenden Grundsätze des Stimmrechtsausschlusses wegen Interessenkollision etwa analog auf die Personenverbände ohne Rechtspersönlichkeit anzuwenden sind.

Eine solche analoge Anwendung kann zunächst nur bei denjenigen privatrechtlichen Personenverbänden stattfinden, welche dem jetzigen Reichsrecht unterstehen. Die Frage, inwieweit das bei privatrechtlichen Personenverbänden ohne Rechtspersönlichkeit nicht der Fall ist, beantwortet sich nach den Grundsätzen des jeweils maßgebenden Übergangsrechts, sowie nach den in EG. BGB. aufgestellten Grundsätzen über das Verhältnis des Reichsrechts zum Landesrecht. (Vgl. oben S. 7ff.)

1. Das RG. hat schon vor der Geltung des Art. 190, III Allg. Deutsch. HGB. in der Fassung der Aktiennovelle von 1884 in dem Urteil vom 18. Oktober 1881 (RG. 9, 140ff.) ausgesprochen, daß bei Beschlußfassung der Mitreeder über Abschluß eines Rechtsgeschäftes der Reederei mit einem Mitreeder als Drittem sowie bei Beschluß-

fassung über die Erfüllung von Verpflichtungen des Mitreeders als Korrespondentreeders der betreffende Mitreeder kein Stimmrecht habe. Auch die Entscheidung des RG. vom 23. Nov. 1893 (RG. 32, 256ff.) muß wohl dahin ausgelegt werden, daß ein Gesellschafter einer oHG., wenn es sich um Vornahme eines Rechtsgeschäftes mit ihm als Drittem handelt, kein Stimmrecht hat, obwohl das RG. hier nur von der „Vertretung" der Gesellschaft spricht; denn die Ausführungen des RG. beziehen sich zweifellos auch auf die „Geschäftsführung". Eine spätere Entscheidung des RG. (vom 6. Juli 1907 in LZ. 1907, 738) betrifft den Fall, daß die Gesellschafter einer oHG. über Einräumung eines besonderen Vorteils an einen Gesellschafter (Vergütung von 5 % aller eingehenden Zahlungen) Beschluß gefaßt haben; im Gesellschaftsvertrag waren Mehrheitsbeschlüsse (anscheinend auch für Abänderungen des Gesellschaftsvertrages) für bindend erklärt. Das RG. hat hier dem betr. Gesellschafter das Stimmrecht abgesprochen, da dieser Beschluß „in eigener Sache des Gesellschafters" ergangen sei. (Zustimmend mit Bezug auf das Recht der Zustimmung nach § 709 BGB. Staudinger Anm. IIIf zu § 709.) Besonders bemerkenswert ist diese Entscheidung auch deswegen, weil hier eine „rein sozialrechtliche" Angelegenheit in Frage steht. Dagegen hat das RG. in einem anderen Falle (RG. 81, 92ff.), wo ein Gesellschafter einer aus zwei Gesellschaftern bestehenden oHG. einer Firma gegenüber, deren Alleininhaber der andere Gesellschafter war, eine Kündigung erklärt hat, den Widerspruch dieses letzteren Gesellschafters gegen die Kündigung für gültig erklärt und ausgesprochen, daß in solchen Fällen kein Ausschluß des Widerspruchsrechtes stattzufinden habe; die Natur der Sache spreche nicht dafür, sondern dagegen; ein solcher Ausschluß käme höchstens dann in Frage, wenn es sich um Ansprüche handle, die gegen den anderen Gesellschafter zu verfolgen seien. In einer anderen oberstgerichtlichen Entscheidung hinwiederum, einem Urteil des Bayer. Obersten LG. aus dem Jahr 1905 (Sammlg. der Entsch. des Bay. ObLG. n. F. Bd. 6, 332) wurde ausgesprochen, daß die Miterben einer anderen Miterbin, die Nachlaßschuldnerin ist, ohne deren Zustimmung eine Forderung kündigen können, mit der Begründung: „widerstreitende Interessen gleichzeitig wahrzunehmen ist unmöglich, zahlreiche Rechtsvorschriften geben diesem Gedanken Ausdruck". Im Übrigen gehen die Meinungen über die Frage, ob und inwieweit ein Stimmrechtsausschluß wegen Interessenkollision bei den Personenverbänden ohne Rechtspersönlichkeit stattzufinden habe, auseinander. Gierke (Gen. Theorie 568 Anm. 2) hält den Stimmrechtsausschluß der Gesellschafter einer bürgerl. rechtlichen Gesellschaft und einer oHG. für gegeben, wenn eine Handlung sich gegen den Gesellschafter selbst richtet. Nach Knoke (100f.) soll der Gesellschafter einer bürgerl. rechtlichen Gesellschaft kein Stimmrecht haben, wenn es sich um Abschluß eines Rechtsgeschäftes der Gesellschaft mit ihm oder um gerichtliche oder außergerichtliche Geltendmachung von Forderungen der Gesellschaft gegen ihn handelt. (Vgl. dazu Staudinger Anm. II, 4 zu § 709). Thalmessinger (63) hält anscheinend die analoge Anwendbarkeit des § 252, III HGB. auf „Gemeinschaftsverhältnisse" für gegeben, erwähnt aber als Fälle des Stimmrechtsausschlusses wegen Interessenkollision nur den Fall der Entlastung und der Vornahme eines Rechtsgeschäftes. Nach Müller-Erzbach (Kap. 37) sind für die Frage des Stimmrechtsausschlusses der Gesellschafter einer oHG. wegen Interessenkollision die Vorschriften des § 252, III HGB. oder des § 34 BGB. entsprechend heranzuziehen. Doch kommt nach ihm ein solcher Stimmrechtsausschluß bei der oHG. nur insoweit in Frage, als der Gesellschaftsvertrag das Mehrheitsprinzip für maßgebend für die Beschlüsse der Gesellschafter erklärt hat. Nach Wieland (578 Anm. 4) muß der Stimmrechtsausschluß bei der oHG. immer dann stattfinden, wenn das Interesse der Gesellschaft mit dem der Gesellschafter kollidiert. Ludewig (Grenzen des Stimmrechts des geschäftsführenden Gesellschafters einer oHG. in JW. 25, 2586) sieht auf Grund der §§ 157, 242 BGB. die Anwendbarkeit des § 226 BGB. und die „rechtsähnliche“ Anwendbarkeit des § 252, III HGB. auf das Stimmrecht, insbesondere auch das Widerspruchsrecht und das Recht der Zustimmung bei der oHG. als gegeben an, bekämpft dagegen „die weitverbreitete Ansicht“, wonach die Ausübung des Stimmrechts davon abhängig ist, ob sie im Einklange mit der Gesellschaftstreue steht oder nicht. Nach Flechtheim und Geiler (bei Düringer-Hachenburg 97 f, 404 Anm. 5 zu § 115, 424 f. Anm. II und III zu § 119; vgl. auch S. 81 f.) bilden die Schranken für die Ausübung des Stimmrechts, insbesondere auch des Rechts der Zustimmung und des Widerspruchsrechts bei der bürgerl. rechtlichen Gesellschaft und bei der oHG. der § 226 BGB. sowie die Rechtsgrundsätze über Treu und Glauben (§§ 157, 242 BGB.); danach ist ein Gesellschafter vom Stimmrecht ausgeschlossen in Angelegenheiten, „bei denen sein eigenes Interesse mit dem Gesellschaftsinteresse derart kollidiert, daß die Ausübung des Stimmrechts einen gegen die Gesellschaftstreue verstoßenden Mißbrauch darstellen würde“. (Anm. III zu § 119.) Dabei ist allerdings, wie aus dem Zusammenhang mit anderen Stellen (vgl. Anm. II zu § 119 und Anm. 5 zu § 115) zu entnehmen ist, nur daran gedacht, daß die Ausübung in dem der Gesellschaft ungünstigen Sinne, nicht etwa die Ausübung überhaupt, einen gegen die Gesellschaftstreue verstoßenden Mißbrauch darstellen würde, sodaß also der hier aufgestellte Grundsatz mit dem früher erwähnten von Hachenburg für die GmbH. verfochtenen Prinzip identisch ist. Auf ähnlichem Standpunkt stehen auch eine Entscheidung des OLG. Hamburg (Seuff. Arch. 41, Nr. 120), eine Entsch. des OLG. Köln Rhein. Arch. 110, 222) und Lehmann (Handelsrecht 245); gegen Ausschluß vom Stimmrecht bei der oHG. nach den Grundsätzen über Treu und Glauben haben sich ausgesprochen das RG. (109, 56), Ritter (Anm. 1 zu § 119), Brand (Anm. 1 zu § 119) und Staub (Anm. 4a zu § 115), welch letzterer ausdrücklich auch eine analoge Anwendbarkeit der Ausschlußvorschriften auf die oHG. ablehnt, andererseits aber einen Stimmrechtsausschluß hier „der Natur der Sache nach“ für gegeben hält, wenn sein Anspruch, der sich gegen den betr. Gesellschafter selbst richtet, verfolgt werden soll.

2. M. E. müssen für die Personenverbände ohne Rechtspersönlichkeit mit Bezug auf den Stimmrechtsausschluß wegen Interessenkollision die für die Körperschaften geltenden allg. Grundsätze auf Grund der Analogie entsprechende Anwendung finden.

a) Was zunächst die analoge Anwendbarkeit der Ausschlußvorschriften anlangt, so ergibt sich freilich der Stimmrechtsausschluß in Fällen der Interessenkollision bei den Personenverbänden ohne Rechtspersönlichkeit keineswegs so „selbstverständlich" aus der „Natur der Sache", wie das verschiedene Schriftsteller anzunehmen scheinen. (Vgl. z. B. Staudinger Anm. II, 4 zu § 709; Knoke a. a. O.) Es kann auch ein solcher Stimmrechtsausschluß z. B. für die bürgerl. rechtliche Gesellschaft und die oHG. nicht etwa aus den §§ 712 BGB., 117, 112, I, 140 HGB. abgeleitet werden, wo die Entscheidung über bestimmte Angelegenheiten, an denen ein Gesellschafter besonders interessiert ist, den „übrigen" Gesellschaftern übertragen ist; denn ein allg. Rechtsprinzip über den Stimmrechtsausschluß wegen Interessenkollision (wie es z. B. anscheinend in der oben zit. Entsch. des Bay. ObLG. vorausgesetzt wird), als dessen Ableitung jene Vorschriften erscheinen könnten, gibt es, wie bereits früher ausgeführt, nicht.

Der Grund der analogen Anwendung der Ausschlußvorschriften auf Personenverbände ohne Rechtspersönlichkeit liegt vielmehr darin, daß vom rechtspolitischen Standpunkt aus die Anwendbarkeit der Ausschlußvorschriften ihrem Zweck und Grundgedanken nach keineswegs durch das Vorhandensein einer juristischen Persönlichkeit des Personenverbandes, auf den sie angewendet werden sollen, bedingt ist, da eine solche nur für die Beziehungen des Personenverbandes nach außen von Bedeutung ist, die Ausschlußvorschriften aber nur die innere Organisation eines Personenverbandes und die Beziehungen der Mitglieder zum Personenverband oder untereinander betreffen. Sieht man von der rechtlichen Persönlichkeit ab, so bestehen, wie schon bemerkt, zwischen einer GmbH. und einem rechtsfähigen Verein des BGB. einerseits und einer oHG. oder einer bürgerlichrechtlichen Gesellschaft andererseits oft weniger Unterschiede als zwischen einer GmbH. und einer AG. Die Ausschlußvorschriften gelten aber in gleicher Weise für die AG., für die GmbH. und den rechtsfähigen Verein des BGB. Warum sollten sie also nicht auch in analoger Weise für die „Gesellschaft" im weiteren Sinn, d. h. auf die Gesellschaften ohne Rechtspersönlichkeit (Gesellschaft des bürgerlichen Rechts, oHG., KG. und Reederei) angewandt werden? Abgesehen von der rechtlichen Stellung eines Personenverbandes gegenüber Dritten hat der Umstand, ob ein Personenverband juristische Person ist oder nicht, letzten Endes überhaupt mehr formale Bedeutung. (Vgl. Wieland 396f.) Die Personenverbände, welche unter der verschiedenartigsten äußeren Rechtsform auftreten, können materiell in vieler Beziehung in ganz gleichartiger Weise organisiert sein. (Vgl. auch Kisch Jur. Lit. Bl. 1909, 197ff., der auf die Verwandtschaft zwischen Gesellschaft und Verein hinweist, sowie Wieland 427ff.). Was für die Gesellschaften (im weiteren Sinne) gilt, muß aber auch für die Gemeinschaften gelten, deren innere Organisation ja derjenigen der Gesellschaften oft nahe verwandt ist. Denn es kann in diesem Zusammenhang auch nicht etwa darauf ankommen, ob ein Personenverband auf rechtsgeschäftlicher Grundlage beruht oder nicht; der Grundgedanke der Ausschlußvorschriften ist ja der der Rechtssicherheit; die Teilhaber einer auf Gesetz beruhenden Gemeinschaft sind aber mindestens ebenso auf das gegenseitige Vertrauen angewiesen als die Mitglieder einer Gesellschaft; sie verdienen vielleicht noch mehr in diesem Vertrauen geschützt zu werden als jene, die freiwillig die Verbindung miteinander eingegangen sind. Die Frage der Geltung der Stimmenthaltungsvorschriften für die Gemeinschaften ist nicht etwa deshalb bedeutungslos, weil für die Gemeinschaft nach Bruchteilen sowohl als für die Erbengemeinschaft im Gesetz ausdrücklich besondere Bestimmungen zum Schutze der Teilhaber gegen ein die Gemeinschaftsinteressen schädigendes Verhalten von Teilhabern getroffen sind. (Vgl. §§ 744, 745, 2038 BGB.) Ein darüber hinausgehender Schutz durch Interessenkollisionsvorschriften erscheint als durchaus erforderlich, wenn auch der Begriff der Verwaltung in den §§ 744, 745, 2038 BGB. sehr weit auszulegen ist. (Vgl. Staudinger Anm. I zu § 744; Anm. 2 b zu § 1978 und Anm. 1 zu § 2038.) Im übrigen mag hier nochmals darauf hingewiesen werden, daß der Begriff des Stimmrechts für alle Personenverbände im wesentlichen ein einheitlicher ist und die Gefahr der egoistischen Ausnützung der durch das Stimmrecht gewährten Macht von Seiten seiner Träger bei den Personenverbänden ohne Rechtspersönlichkeit grundsätzlich ebenso wie bei denjenigen mit Rechtspersönlichkeit besteht, wenn freilich auch die Bedeutung des Stimmrechts bei jenen großenteils geringer ist als bei den letzteren, und wenn auch die Gefahren von Interessenkollisionen bei den Personenverbänden ohne Rechtspersönlichkeit im Allgemeinen keine solche Rolle spielen als bei den Körperschaften, weil bei jenen meist zwischen den Mitgliedern ein vertrauteres Verhältnis besteht und außerdem auch großenteils die Mitgliedschaft nicht rechtsgeschäftlich übertragbar ist.

Zur Begründung unserer Ansicht mag auch noch darauf hingewiesen werden, daß im älteren Recht in Bezug auf die Frage des Stimmrechtsausschlusses wegen Interessenkollision schon deswegen nicht zwischen Körperschaften und Personenverbänden ohne Rechtspersönlichkeit unterschieden wurde, weil über den Begriff der juristischen Person und daher auch über das jeweilige Vorhandensein einer solchen bis in die neuere Zeit herein wenig Klarheit herrschte. Was insbesondere die Reederei anlangt, so spricht gegen die analoge Anwendbarkeit der Ausschlußvorschriften auf sie nicht etwa § 499 HGB., wo ausgesprochen ist, daß die Entlastung des Korrespondentreeders durch die Mehrheit der Mitreeder die Minderheit nicht hindert, ihre Rechte geltend zu machen. Offenbar setzt diese Vorschrift allerdings voraus, daß der Korrespondentreeder als Mitreeder über seine eigene Entlastung mit abstimmen kann. (Vgl. Makower Anmerkung 2 zu § 499 und die dort zit. Prot. zum Allg. Deutsch. HGB.) Dem ist aber entgegenzuhalten, daß die Vorschrift des § 499 aus dem alten allg. deutsch. HGB. übernommen wurde, daß diese Vorschrift also zu einer Zeit entstand, als die Ausschlußvorschriften für die Körperschaften noch nicht galten und als auch die Rechtsgrundsätze über Treu und Glauben im Rechtsverkehr noch nicht so klar formuliert und ausgebildet waren, als dies später durch das BGB. geschah. Im Übrigen steht die Vorschrift, die ja dieselbe Berechtigung z. B. auch bei der oHG. oder bürgerl. rechtlichen Gesellschaft mit Bezug auf die Entlastung der Geschäftsführer hätte, ganz vereinzelt da und es ist aus ihr zunächst nicht mehr zu entnehmen, als daß für den Entlastungsbeschluß im Gegensatz zu den anderen Beschlüssen der Mitreeder Einstimmigkeit erforderlich ist. Wenn nur die Mehrheit die Entlastung erteilt, so ist eben keine rechtswirksame Entlastung vorhanden, anderenfalls wäre eine nunmehrige Geltendmachung von Ansprüchen aus der Geschäftsführung des Korr. Reeders undenkbar. Dagegen kann aus jener Vorschrift nicht geschlossen werden, daß bei der Reederei in allen übrigen Fällen der Interessenkollision ein Stimmrechtsausschluß des interessierten Mitreeders vom Gesetz überhaupt nicht gewollt sei. Daß das auch schon zur Zt. der Geltung des Allg. Deutsch. HGB. nicht angenommen wurde, beweist die oben cit. Entsch. des RG. aus dem Jahre 1881.

Die Ausschlußvorschriften sind also auf Personenverbände ohne Rechtspersönlichkeit entsprechend anzuwenden; das ergibt sich aber nicht aus § 157 BGB., sondern auf Grund der Analogie. Die Frage, welche der Ausschlußvorschriften hier heranzuziehen ist, ist belanglos, da die Ausschlußvorschriften inhaltlich übereinstimmen und aus ihnen selbst für ihre Geltungsart nichts zu entnehmen ist. Andernfalls käme an erster Stelle § 47, IV GmbHGes. in Betracht, da die GmbH. den Pers.-Verb. ohne Rechtspersönlichkeit am verwandtesten ist, da die Fassung dieser Ausschlußvorschrift die genaueste ist und da der § 47, IV GmbHGes. nur dispositive Geltung besitzt.

b) Aus dem Umstand, daß hier die entsprechende Anwendung der Ausschlußvorschriften stattzufinden hat, ergibt sich schon, daß auch hier die Ausschlußvorschriften in derselben Weise wie bei den Körperschaften einschränkend ausgelegt werden müssen, daß sie also auch hier auf die sozialrechtlichen Angelegenheiten grundsätzlich nicht anwendbar sind, wobei sich die Definition des Begriffes der sozialrechtlichen und der individualrechtlichen Rechtsgeschäfte und Angelegenheiten aus einer entsprechenden Anwendung der für die Körperschaften aufgestellten Begriffsbestimmungen ergibt. Die wesentlichen Gründe, die bei der Körperschaft für die einschränkende Auslegung der Ausschlußvorschriften sprechen, rechtfertigen diese auch bei den Personenverbänden ohne Rechtspersönlichkeit.

Weiterhin gelten hier aber auch die Grundsätze des Stimmrechtsausschlusses nach Treu und Glauben in entsprechender Weise. Daß für die Gesellschaften (im weiteren Sinne), die ja auf vertraglicher Grundlage beruhen, die Grundsätze von Treu und Glauben nach Maßgabe der §§ 157, 242 BGB. gelten, bedarf keiner weiteren Ausführung. Aber auch auf die Gemeinschaften wird § 157 Anwendung finden müssen. (Soweit ein Verpflichtungsverhältnis besteht, gilt hier auch § 242 BGB.) Das RG. hat ausdrücklich die Anwendbarkeit des § 157 auf die Erbengemeinschaft anerkannt. (RG. 65, 10; vgl. auch Staudinger Anm. 1 zu § 2038.) Im übrigen sind für die Anwendung der von uns früher dargelegten Grundsätze des Stimmrechtsausschlusses nach Treu und Glauben auf die Personenverbände ohne Rechtspersönlichkeit dieselben Gründe maßgebend wie bei den Körperschaften.

Was die Frage anlangt, ob bei den Personenverbänden ohne Rechtspersönlichkeit für die Teilhaber eine Verpflichtung besteht, nur im Interesse des Personenverbandes zu stimmen, so ist zunächst auf das oben S. 42 Gesagte zu verweisen; eine solche Verpflichtung ist auch hier in dieser Allgemeinheit schon deshalb abzulehnen, weil zum Mindesten im Zeitpunkt der Ausübung des Stimmrechts oft schwer zu beurteilen ist, wie das Interesse des Personenverbandes am besten gefördert wird. (Vgl. auch Düringer-Hachenburg 404 Anm. 5 zu § 115; 98 Anm. 108; Staub Anm. 5, 9 zu § 115; RG. Gruchot 49, 630.)

Bei den Gemeinschaften besteht überhaupt keine Verpflichtung, den gemeinschaftlichen Zweck zu fördern. Hier kommt also auch nach Treu und Glauben eine Verpflichtung der Teilhaber bei der Abstimmung die Grenze der Grundsätze über Treu und Glauben zu wahren, nicht in Betracht.

Anders ist es dagegen bei den Gesellschaften, deren Wesen ja darin besteht, daß mehrere Personen sich zur Förderung eines gemeinsamen Zweckes verpflichten. Hier ist m. E. der einzelne Gesellschafter nach §§ 157, 242 BGB. dazu verpflichtet, bei Ausübung seines Stimmrechts (also auch seines Widerspruchsrechts) in einer den Grundsätzen über Treu und Glauben entsprechenden Weise zu verfahren oder, negativ ausgedrückt, (vgl. Düringer-Hachenburg Anm. II und III zu § 119; Anm. 4, 10 zu § 115; Anm. 108 S. 98) nicht „illoyal" zu verfahren, nicht offenbar gegen die Gesellschaftstreue zu verstoßen. (Gegen jegliche Einschränkung der freien Ausübung des Stimm- und Widerspruchsrechts Staub Anm. 4a zu § 115; Ludewig in JW. 25, 2586.)

Im einzelnen ist noch Folgendes zu bemerken.

Die Stimmenthaltungsgrundsätze finden hier Anwendung, gleichgültig, ob es sich um eine wirkliche Beschlußfassung oder nur um die Zustimmung einzelner Mitglieder oder um die Ausübung des Widerspruchsrechts gem. §§ 711 BGB., 115, I HGB. handelt. Gleichgültig ist es, ob die Beschlußfassung in Geschäftsführungsangelegenheiten oder in sonstigen gemeinschaftlichen Angelegenheiten ergeht. Bei der oHG. wird jedoch gemäß § 115, I HGB. eine Beschlußfassung in Geschäftsführungsangelegenheiten selten vorkommen (vgl. aber § 116, II HGB.), kann aber natürlich durch den Gesellschaftsvertrag festgsetzt werden. Bei der Reederei sind durch das Gesetz in dispositiver Weise (vgl. § 490 HGB.) für die Besorgung der gewöhnlichen Reedereiangelegenheiten die Mehrheitsbeschlüsse der Mitreeder für maßgebend erklärt (§ 491 HGB.). Streng zu unterscheiden ist bei den Personenverbänden ohne Rechtspersönlichkeit immer zwischen Geschäftsführung und Vertretung. Eine besondere Form der Beschlußfassung ist im Gesetz für Personenverbände ohne Rechtspersönlichkeit nicht bestimmt. Auch eine Versammlung der Teilhaber ist daher nicht erforderlich. Im übrigen gilt das oben unter §§ 7 und 8 Ausgeführte in entsprechender Weise.

In bezug auf das Stimmrecht der Komplementare der AKG. finden grundsätzlich die für die Komplementare der KG., somit also die für die Gesellschafter der oHG. geltenden Grundsätze entsprechende Anwendung. (Vgl. §§ 320, II, 161, II HGB.) Insbesondere gilt das auch für das nach § 327, II den Komplementaren zustehende Recht der Zustimmung zu Beschlüssen der Kommanditisten. Eine besondere Stimmenthaltungsvorschrift enthält § 327, III HGB., wo bestimmt ist, daß es „zur Ausübung der Befugnisse, welche in Ansehung der Bestellung von Revisoren und der Geltendmachung von Ansprüchen der Gesellschaft aus der Gründung oder der Geschäftsführung nach den §§ 266—269 der GenVers. oder einer Minderheit von Aktionären zustehen", der Zustimmung der Komplementare nicht bedarf. Auch diese Vorschrift stellt, wie leicht zu erkennen, eine Interessenkollisionsnorm dar.

Die Gesamtheit der Konkursgläubiger ist, wie schon früher bemerkt, kein Personenverband. Auch hier sind Interessenkollisionsfälle bei Ausübung des Stimmrechts der Gläubiger in der Gläubigerversammlung oder im Gläubigerausschuß denkbar.

Einen gewissen Schutz gegen solche Interessenkollisionen bietet aber einmal die Verantwortlichkeit des Konkursverwalters gegenüber allen Beteiligten (vgl. § 82 KO.), sodann § 99 KO. Im übrigen wird ein Gläubiger wohl wenigstens da vom Stimmrecht auszuschließen sein, wo es sich um Beschlußfassung über Geltendmachung eines Anspruchs gegen ihn handelt. (Vgl. Jaeger KO., 3.—4. Aufl. Anm. 6 zu § 95 und Anm. 3 zu § 90; aber auch JW. 02, 324 und LZ. 1911, 796.) Entsprechendes muß auch für die Gläubiger eines unter Geschäftsaufsicht stehenden Schuldners bei Beschlußfassungen des Gläubigerbeirates gelten. (Vgl. §§ 30ff. GeschAufsVO.). Eine besondere Interessenkollisionsvorschrift, die aber keine Stimmenthaltungsvorschrift darstellt, enthält § 183 KO., eine analoge Bestimmung § 40 GeschAufsVO., der in entsprechender Weise auch auf die Beschlußfassungen der Gläubigerversammlung nach Maßgabe des § 66, III Nr. 1 GeschAufsVO. anzuwenden ist. (Vgl. Cahn, Gesch.-Aufsicht und Zwangsvergl., Nachtr. 1924, 62 Bem. zu § 66.)

(Einzelne Personenverbände sind im Folgenden im allgemeinen nur da ausdrücklich erwähnt, wo Besonderheiten oder Abweichungen von den für alle Verbände geltenden Grundsätzen für sie in Betracht kommen.)

§ 11.

G. Allgemeine Grundsätze über den Stimmrechtsausschluß wegen Interessenkollision.

I. Die Geltungsart der Stimmenthaltungsvorschriften.

1. Die Ausschlußvorschriften der §§ 34 BGB., 252, III HGB., 43, III GenGes. sind zwingenden Rechts. (Auch für den VersVer. a. Gegens. ist die Anwendbarkeit der Ausschlußvorschriften des § 252, III HGB. bzw. des § 34 BGB. in zwingender Weise vorgeschrieben.) Die zwingende Geltung des § 34 BGB. ist nicht unbestritten. (Dafür Staudinger, Anm. 1 zu § 34; Planck, Anm. 3 zu § 34; Rehbein 48; Enneccerus I, § 204, IIIc.; Broicher ArchBürgR. 24, 199; Oertmann Anm. 4 zu § 34; dagegen Dernburg I, § 77 Anm. 9.) Für die Beschlußfassung innerhalb des Vereinsvorstandes gilt nämlich die Vorschrift des § 34 BGB. nur in dispositiver Weise. (Vgl. §§ 28, 40 BGB.) Das ist zwar eine Sinnwidrigkeit, wenn auch eine gewisse Rechtfertigung dafür vielleicht in dem Umstande gefunden werden kann, daß die Vorstandsmitglieder eher für eine als pflichtwidrig

anzusehende Abstimmung zur Verantwortlichkeit gezogen werden können als die Vereinsmitglieder als solche, jedenfalls aber geht es nicht an, aus der dispositiven Geltung der Ausschlußvorschriften des § 34 für die Beschlüsse des Vorstands auch auf die Dispositivität dieser Vorschriften für die Beschlüsse der Mitgliederversammlung zu schließen, da das Gesetz keinerlei Handhabe dafür bietet. Um einen juristischen oder logischen Widerspruch handelt es sich bei der verschiedenartigen Behandlung der beiden Vereinsorgane in bezug auf die Geltungsart des § 34 nicht. (Vgl. Staudinger a. a. O.) Übrigens käme das, was für den Verein gilt, auch für die AG. und die Gen. in Betracht, da auch für deren Vorstand die §§ 28, 34, 40 BGB. entsprechend anwendbar sind.

Dispositiv dagegen sind gemäß § 45 GmbHGes. die Ausschlußvorschriften des § 47, IV GmbHGes.

Ebenso Staub-Hachenburg Anm. 26 zu § 47; Hachenburg 470 f.; Weinhagen in Holdheim 13, 93 ff.; Parisius-Crüger GmbHGes. Nr. 4 zu § 47; Schiller 39; Merzbacher Anm. 5 zu § 47; RG. 89, 383 und in LZ. 1917, 459; OLG. 3, 68. Dagegen Foertsch Anm. 3, II zu § 47; Liebmann Anm. 2 zu § 45; Neukamp Anm. 2c zu § 47.

Es ist freilich bestritten, ob alle in §§ 46—51 GmbHGes. enthaltenen Normen gemäß § 45 GmbHGes. wirklich durch den Gesellschaftsvertrag abgeändert werden können oder ob vielmehr nicht die Fassung des § 45 als ungenau in mancherlei Hinsicht korrigiert werden muß. Gegen die Dispositivität des § 47, IV sprechen aber keinerlei stichhaltige Gründe. Man kann nicht etwa sagen, daß die Bestimmung eines Gesellschaftsvertrages, die diese Vorschrift aufhebt, gegen die guten Sitten verstoße. Es hat im Gegenteil seinen guten Grund, wenn für die GmbH. im Gegensatz zu den anderen drei genannten Körperschaften die Ausschlußvorschriften für abänderlich erklärt sind; das entspricht der allgemeinen Tendenz des GmbHGes., die Persönlichkeit der Gesellschafter zur Geltung kommen zu lassen und ihnen daher die möglichste Freiheit in der Regelung der Geschäftsführung zu gewähren. Insbesondere kann die Dispositivität des § 47, IV bei Gesellschaften mit nur wenigen Mitgliedern von praktischer Bedeutung sein; hier kann u. U. derjenige Gesellschafter, welcher die Mehrheit der Anteile besitzt, ein großes Interesse daran haben, nicht bei seiner Entlastung oder bei Rechtsgeschäften mit ihm als Drittem auf Schwierigkeiten zu stoßen, ohne daß deswegen die Gesellschaft notwendigerweise durch die Aufhebung des § 47, IV einer besonderen Gefährdung ausgesetzt würde. (Vgl. Hachenburg a. a. O.)

2. Nur in dispositiver Weise können aber die Ausschlußvorschriften auch bei den Personenverbänden ohne Rechtspersönlichkeit zur Anwendung kommen; das ergibt sich für die „Gesellschaften“ daraus, daß ihre Organisation durch grundsätzlich freie Vereinbarung geregelt werden kann. (Vgl. insbesondere auch § 490 HGB. Das gleiche gilt auch für den rechtsfähigen Verein und die Vorgesellschaften mit Ausnahme der Gründungsgesellschaft der AG., ebenso aber auch für die Gemeinschaften, da auch hier die Teilhaber grundsätzlich über die Art der Verwaltung der gemeinschaftlichen Gegenstände durch vertragliche Abmachung frei entscheiden können. (Vgl. § 746 BGB.) Das gleiche gilt ferner aber auch aus ähnlichen

Gründen für die AKG. mit Bezug auf die Komplementare. Jedoch sind die Vorschriften des § 327, I und III HGB. zwingenden Rechts.

3. Wie steht es aber nun mit denjenigen Normen über den Stimmrechtsausschluß wegen Interessenkollision, welche nur auf dem Grundsatz des § 157 BGB. beruhen? Diese sind m. E. zwingenden Rechts und können daher nicht durch den Gesellschaftsvertrag oder die Satzung abgeändert werden. (Ebenso für die GmbH. Hachenburg 466 und Staub-Hachenburg Anm. 26 zu § 47.) § 157 BGB. ist allerdings nur eine Ergänzungsnorm, gilt also nur insoweit, als nicht ein erkennbarer Wille der Parteien entgegensteht. Aber einmal verstieße m. E. eine Bestimmung der Satzung oder des Gesellschaftsvertrages, die dahin lautete, daß in allen Fällen der Interessenkollision, welche nicht unter die Ausschlußvorschriften fallen, oder daß in einzelnen solcher Fälle der Stimmrechtsausschluß nicht stattfinden solle, gegen die guten Sitten und weiterhin wäre es doch außerordentlich bedenklich, wenn Mitglieder eines Personenverbandes, welche die zu einer Änderung der Satzung oder des Gesellschaftsvertrages erforderliche Stimmenmehrheit besäßen, derartige Änderungen der Satzung oder des Gesellschaftsvertrages gegen die Stimmen der Minorität beschließen könnten. Freilich wird durch die Annahme der zwingenden Geltung der auf Grund von § 157 BGB. beruhenden Stimmenthaltungsnormen die Dispositivität der Ausschlußvorschriften bei der GmbH. und den Personenverbänden ohne Rechtspersönlichkeit praktisch stark eingeschränkt.

II. Die Anwendbarkeit des § 181 BGB. in den Fällen der Stimmenthaltungsnormen.

In manchen Fällen der Interessenkollision könnte neben den Stimmenthaltungsnormen auch die Anwendbarkeit des § 181 BGB. in Frage kommen. In der Literatur wird die Anwendbarkeit dieser Vorschrift auf Beschlüsse der Mitgliederversammlung von Personenverbänden im allgemeinen abgelehnt mit der Begründung, daß ein Kontrahieren mit sich selbst nicht vorliegt, wenn ein Mitglied an einer seine eigenen Angelegenheiten betreffenden Beschlußfassung der Mitgliederversammlung sich beteiligt. (Vgl. Staudinger Anm. 2 zu § 34; Oertmann Anm. 1 zu § 34; v. Tuhr 510: § 181 ist auf Kollisionsfälle des § 34 nicht direkt anwendbar, weil die Mitglieder bei der Abstimmung nicht als Vertreter handeln, sondern die Beschlüsse erst durch den Vorstand auszuführen sind; Planck Anm. 1 zu § 34: „Die Mitglieder sind nicht Vertreter des Vereins.“) Nun war der gesetzgeberische Grund der Ausschlußvorschriften zweifellos der, daß die Mitgliederversammlung eines Personenverbandes in der Regel nicht als Vertreterin des Verbandes auftritt. Es steht aber fest, daß, wenn auch die Mitgliederversammlung im allgemeinen nicht Vertretungsorgan der Personenverbände (insbesondere der Körperschaften) ist, es doch Fälle gibt, wo sie den Personenverband vertritt. (Vgl. Marcuse in LZ. 1913, 111ff.; Horrwitz 9; Staub Anm. 3 zu § 231 und 5 zu § 250.) Denn wenn auch für die Körperschaften bestimmt ist, daß sie durch den Vorstand oder durch die Geschäftsführer gerichtlich und außergerichtlich vertreten werden und wenn auch bei den Personenverbänden ohne Rechtspersönlichkeit die Vertretung scharf von der Geschäftsführung zu unterscheiden ist und durchaus nicht immer den Geschäftsführern oder gar der Gesamtheit der Teilhaber zuzustehen braucht, so ist damit doch die Vertretungsbefugnis der Mitgliederversammlung nicht völlig ausgeschlossen. So muß die Mitgliederversammlung als Vertreterin des Personenverbandes gedacht werden bei der Wahl von Organen, soweit sie der Mitgliederversammlung zusteht; denn die Wahl stellt ein Rechtsgeschäft gegenüber dem zu Wählenden, wenn auch ein Rechtsgeschäft besonderer Art, dar. (Marcuse a. a. O.) Ebenso kann die Mitgliederversammlung als Vertreterin auftreten beim Abschluß von Anstellungsverträgen mit Organen, wozu sie zweifellos befugt ist, soweit andere Organe fehlen. Wenn in diesen Fällen eine Rechtsbindung zustandekommen soll, so muß die Mitgliederversammlung als Vertreterin des Personenverbandes gedacht werden. Ebenso liegt es auch beim Entlastungsbeschluß, beim Beschluß über Befreiung von einer Verbindlichkeit, beim Dividendenverteilungsbeschluß (soferne man ihn als Rechtsgeschäft gegenüber den Mitgliedern auffaßt), bei der Entlassung oder Abberufung von Organsmitgliedern, dann auch z. B. bei Auftragserteilung an ein Organ zur Ausführung eines Rechtsgeschäftes. (Vgl. Staub Anm. 5 zu § 250; Anm. 15 zu § 321; Brodmann 140f. Anm. 2 zu § 36; Staub-Hachenburg Anm. 6, 8 zu § 45; Anm. 21 zu § 46; ZAG. 30, 9f.; RG. 43, 286; 63, 208; aber auch OLG. 2, 462.) Diese letzteren Fälle sind sehr häufig, da ja die meisten Beschlüsse über Vornahme individualrechtlicher Rechtsgeschäfte einen Auftrag oder wenigstens eine Ermächtigung an ein Organ zur Ausführung des Rechtsgeschäfts enthalten. Freilich ist der Beschluß der Mitgliederversammlung zunächst nur ein Akt der Willensbildung im Inneren des Personenverbandes, entspricht als solcher also dem „Entschluß" einer natürlichen Person und bedarf als solcher noch der rechtsgeschäftlichen Erklärung, zu der in den meisten Fällen die Mitgliederversammlung nicht befugt ist. Soweit sie es aber ist, kann in einem Beschluß gleichzeitig auch diese rechtsgeschäftliche Erklärung liegen. In den oben erwähnten Fällen wird das in aller Regel der Fall sein. Die Mitteilung des Beschlußergebnisses an den Geschäftsgegner wird in solchen Fällen allerdings meist durch eine natürliche Person, also meist den Vorsitzenden der Versammlung erfolgen; er ist aber dann nur ihr Bote und nicht Vertreter des Personenverbandes; seine Erklärung ist eben eine bloße Mitteilung, keine rechtsgeschäftliche Willenserklärung. (Vgl. dazu RG. 66, 374; unrichtig wohl RG. 68, 368f.)

In den genannten Fällen ist freilich Vertreterin des Personenverbandes die Mitgliederversammlung als solche, nicht das einzelne Mitglied; aber die Willenserklärung, die in diesen Fällen in dem Beschluß selbst liegt, entsteht doch aus dem Zusammenwirken der versammelten Mitglieder, jede einzelne Stimmabgabe oder u. U. auch Stimmenthaltung ist gewissermaßen ein Bestandteil dieser Willenserklärung und an sich wäre also die Anwendbarkeit des § 181 BGB. wohl nicht ausgeschlossen, insbesondere nicht in dem Fall, daß bloß ein einziges Mitglied sich an der Beschlußfassung beteiligt.

Nun würde aber die Anwendbarkeit des § 181 auf die Stimmabgabe des Mitgliedes eines Personenverbandes zu großen Unzuträglichkeiten führen; denn praktische Bedeutung hätte eine Anwendung des § 181 hier nur in denjenigen Fällen, in welchen ein Stimmrechtsausschluß nicht stattfindet, sei es, daß es sich um eine sozialrechtliche Angelegenheit handelt, sei es, daß eine zulässige Außerkraftsetzung einer nur dispositiv geltenden Ausschlußvorschrift vorliegt. In solchen Fällen wäre aber die Anwendung des § 181 untragbar. (Man kann sich hier wohl auch nicht dadurch helfen, daß man das Selbstkontrahieren in diesen Fällen als den Umständen nach „gestattet" ansieht; das wäre zum mindesten eine sehr gewagte Konstruktion.) Dazu kommt, daß bei der AG., GmbH. und e. Gen. Beschlüsse, welche unter Verletzung der Stimmenthaltungsvorschriften zustandekommen, nur anfechtbar, nicht nichtig sind, daß aber ein Beschluß, welcher unter Verletzung des § 181 BGB. zustande käme, wenigstens insoweit, als er eine rechtsgeschäftliche Erklärung enthielte, nichtig wäre; denn ein Rechtsgeschäft, das unter Verletzung des § 181 vorgenommen wird, ist unwirksam, soferne nicht der Vertretene es genehmigt. Wer sollte aber hier die Genehmigung erteilen? Etwa die Mitgliederversammlung selbst? Das ist undenkbar.

Daraus muß gefolgert werden, daß § 181 BGB. auf die Abstimmungserklärungen der Mitglieder von Personenverbänden nicht anwendbar ist. Das Gesetz hat hier eine Spezialnorm geschaffen; die freilich zum Teil über die allgemeine Norm des § 181 BGB. hinausgeht, teilweise wiederum hinter ihr zurückbleibt, jedenfalls aber die allgemeine Norm ausschließt. Auch das RG. hat die Nichtanwendbarkeit des § 181 hier zwar nicht ausdrücklich, aber doch implicite bestätigt, dadurch, daß es für Fälle, wo es sich zweifellos um Rechtsgeschäfte einer Körperschaft mit einem ihrer Mitglieder handelte und wo die Mitgliederversammlung als Vertreterin der Körperschaft auftrat, also z. B. beim Abschluß eines Anstellungsvertrages mit einem Organsmitglied, der in zulässiger Weise durch die Mitgliederversammlung erfolgte, dem betr. Mitgliede das Stimmrecht gewährte.

III. Mehrheitsprinzip und Einstimmigkeit.

Die Ausschlußvorschriften unterscheiden nicht zwischen denjenigen Beschlüssen, die nach dem Majoritätsprinzip zustandekommen und denjenigen, welche einstimmig gefaßt werden müssen. Die Stimmenthaltungsnormen sind daher grundsätzlich ohne Rücksicht auf diese Unterschiede in der Art der Beschlußfassung anzuwenden. Fraglich sein könnte die Anwendbarkeit der Stimmenthaltungsvorschriften ja nur bei solchen Beschlüssen, welche von allen mit abstraktem Stimmrecht ausgestatteten Mitgliedern einstimmig gefaßt werden müssen, oder bei denjenigen, bei welchen die Zustimmung einzelner bestimmter Mitglieder vom Gesetz oder Gesellschaftsvertrag vorgeschrieben ist.

Zweifellos sind die Stimmenthaltungsvorschriften anzuwenden bei einstimmig zu fassenden Beschlüssen, welche für ein Mitglied nachteilig sind; denn hier könnte ja das Mitglied durch Verweigerung seiner Zustimmung das Zustandekommen des Beschlusses verhindern. Die Stimmenthaltungsvorschriften müssen aber auch da gelten, wo der zu fassende Beschluß im Interesse des Mitglieds liegt, obwohl hier dasjenige Mitglied, welches nicht mit dem Beschluß einverstanden ist, ja bloß seine Zustimmung zu versagen braucht; denn es ist immerhin der Fall denkbar, daß auch dieses Mitglied gerade unter dem Einfluß der Stimmabgabe des interessierten Mitglieds dem Beschluß zustimmt.

Praktisch hat der Stimmrechtsausschluß in solchen Fällen bei der AG., GmbH. und e. Gen. freilich geringe Bedeutung, weil hier in aller Regel die Möglichkeit der Anfechtung nicht besteht; denn anfechten kann ja nur derjenige, der gegen den Beschluß gestimmt hat, es sei denn, daß er unter Aufrechterhaltung seines Widerspruches und nur für den Fall, daß sein Widerspruch nicht durchdringt, zugestimmt hat. (Hueck 140; Staub Anm. 10 zu § 271.) Anders ist es beim rechtsfähigen Verein des BGB. und den Verbänden ohne Rechtspersönlichkeit, wo die Verletzung der Stimmenthaltungsvorschriften Nichtigkeit des Beschlusses bewirkt. Diese kann aber auch von denjenigen, welche für den Beschluß gestimmt haben, geltend gemacht werden. (Vgl. Hueck 233f.)

Ist etwa für einen Beschluß nur Einstimmigkeit aller erschienenen Mitglieder vorgeschrieben, so unterliegt die grundsätzliche Anwendbarkeit der Ausschlußvorschriften wie der Stimmenthaltungsvorschriften überhaupt keinem Zweifel. Daß übrigens unter „erschienenen" Mitgliedern, wo von diesen die Rede ist, nur die erschienenen stimmberechtigten Mitglieder gemeint sind, ist allgemein anerkannt. In Fällen des Stimmrechtsausschlusses könnten sonst u. U. überhaupt keine gültigen Beschlüsse zustandekommen.

Auch wenn es nach dem Gesetz oder Gesellschaftsvertrag zum Zustandekommen eines Beschlusses der „Zustimmung" bestimmter Mitglieder bedarf, so ist ein Stimmrechtsausschluß dieser Mitglieder nicht unmöglich. (So z. B. in den Fällen der §§ 709, I BGB., 115, II, 119, I HGB.) Im allgemeinen bedeutet eine derartige Bestimmung nur die Festsetzung der Einstimmigkeit aller Erschienenen oder aller Mitglieder. Anders ist aber zu entscheiden da, wo es sich um Entziehung eines Sonderrechtes oder um Verletzung des Grundsatzes der gleichheitlichen Behandlung aller Mitglieder handelt. Auch hier ist, wie wir sahen, sowohl für Körperschaften als auch für Personenverbände ohne Rechtspersönlichkeit die Zustimmung der berechtigten Mitglieder erforderlich. (Vgl. insbesondere § 35 BGB.) Dabei ist zu beachten, daß die „Zustimmung" in diesem Sinn nicht etwa eine rechtsgeschäftliche Willenserklärung nach §§ 182ff. BGB. darstellt, da es sich in solchen Fällen ja in aller Regel nicht um Rechtsgeschäfte gegenüber dem betreffenden Mitgliede handelt, da aber vor allem dieses Mitglied in solchen Fällen nicht als „Dritter" angesehen werden kann. Es ist also nicht etwa so, daß dem berechtigten Mitglied u. U. bei der Beschlußfassung das Stimmrecht entzogen werden könnte, und daß es dann nur das Recht der Zustimmungsverweigerung hätte, denn es ist immerhin denkbar, daß das Mitglied selbst zum Beispiel mit der Entziehung des Sonderrechts einverstanden ist und daher auch ein Interesse daran hat, bei der Beschlußfassung selbst mitzuwirken. Das Mitglied kann vielmehr also in solchen Fällen vom Stimmrecht nicht wegen Interessenkollision ausgeschlossen werden; denn die Rechtsordnung stellt hier das Individualinteresse des Mitglieds, dessen Zustimmung erforderlich ist, über das Sozialinteresse der Gemeinschaft; ein Ausschluß vom Stimmrecht jenes Mitgliedes wegen Interessenkollision wäre daher sinnwidrig und würde nicht nur den Grundsätzen von Treu und Glauben nicht entsprechen, sondern geradezu gegen sie verstoßen.

Denkbar ist hier auch der Fall, daß ein anderes als das berechtigte Mitglied „erheblich und unmittelbar" an der Nichtentziehung des Sonderrechts oder an der Nichtverletzung des Prinzips der Gleichbehandlung interessiert ist, so z. B. wenn das Sonderrecht einer AG. zusteht oder in bezug auf sie das Prinzip der Gleichbehandlung verletzt werden soll und ein Mitglied des beschließenden Personenverbandes einen großen Teil der Aktien dieser AG. besitzt; auch ein solches Mitglied kann dann nicht etwa nach Treu und Glauben vom Stimmrecht ausgeschlossen sein, da auch für dieses Mitglied wohl der oben dargestellte Gesichtspunkt maßgebend sein muß.

Bei den Gesellschaften ohne Rechtspersönlichkeit kommt ein Stimmrechtsausschluß wegen Interessenkollision in der Regel auch da nicht in Frage, wo es sich um Abänderung des Gesellschaftsvertrages handelt, es sei denn, daß eine solche nach dem Gesellschaftsvertrag durch Mehrheitsbeschluß zu erfolgen hat. Denn bei diesen Personenverbänden ist der Gesellschaftsvertrag ein echter Vertrag, der gemäß § 305 BGB., soweit nichts anderes unter den Vertragsschließenden vereinbart ist, nur unter Mitwirkung aller Beteiligten abgeändert werden kann.

IV. Die Kausalität der Beschlußfassung.

Zur Anwendbarkeit der Stimmenthaltungsnormen ist erforderlich, daß die fragliche Beschlußfassung (welcher mit Bezug auf die Ausübung des Widerspruchsrechts bei Gesellschaften ohne Rechtspersönlichkeit die fragliche Handlung des geschäftsführenden Gesellschafters gleichsteht) in einem gewissen Kausalzusammenhang mit der Einwirkung auf das Interesse des betreffenden Mitglieds steht.

Von den selteneren Fällen, in denen ein Mitglied ein besonderes Privatinteresse an der Stimmabgabe in einem bestimmten Sinn als solcher hat (vgl. oben S. 51), kann hier abgesehen werden, da für sie die Frage der Kausalität nicht in Betracht kommt.

Es fragt sich nun, welcher Art jener Kausalzusammenhang sein muß. Bei der Beschlußfassung, durch welche ein Mitglied entlastet oder von einer Verbindlichkeit befreit werden „soll", ist in erster Linie an Beschlußfassungen gedacht, die ohne Vermittlung eines weiteren Organs die Wirkung der Entlastung oder Befreiung von einer Verbindlichkeit herbeiführen, ohne daß auf sonstige Weise (etwa durch andere Organe) diese Wirkungen herbeigeführt werden könnten. Wenn andererseits der Stimmrechtsausschluß vorgeschrieben ist bei Beschlußfassungen, welche die Vornahme eines Rechtsgeschäftes oder die Einleitung oder Erledigung eines Rechtsstreits gegenüber einem Mitgliede „betreffen", so ist dabei zunächst an diejenigen Fälle gedacht, wo zum Eintritt des betreffenden Erfolgs (Vornahme des Rechtsgeschäfts, Einleitung oder Erledigung des Rechtsstreits) das Tätigwerden eines anderen Organs erforderlich ist. Hier steht also der Eintritt des Erfolges der Beschlußfassung nicht unbedingt fest, er kann nur in der Regel mit Bestimmtheit erwartet werden. Weiterhin ist zu beachten, daß allgemein z. B. auch da der Stimmrechtsausschluß angenommen wird, wo über Vertagung eines Entlastungsbeschlusses Beschluß gefaßt werden soll. (Vgl. Horrwitz 392.) Gerade dieser Fall zeigt aber deutlich, auf welche Art die Beschlußfassung das Interesse des Mitgliedes berühren muß, damit ein Stimmrechtsausschluß überhaupt in Frage kommt. Wird nämlich die Vertagung eines Entlastungsbeschlusses beschlossen, so ist die Folge davon, welche von vorneherein feststeht, die, daß erst in der nächsten Beschlußfassung über die Entlastung entschieden werden kann, daß also für diesmal dem betreffenden Mitglied die Entlastung noch nicht erteilt ist, es wird aber in aller Regel nicht mit Sicherheit feststehen, ob bei Ablehnung des Vertagungsantrages dem zu Entlastenden Entlastung erteilt wird, sowie ob bei der nächsten Beschlußfassung der Entlastungsantrag angenommen wird. Sonach kann man die Beziehungen, welche zwischen der Beschlußfassung und dem Interesse des Mitgliedes an derselben bestehen müssen, damit ein Stimmrechtsausschluß stattfinden kann, etwa folgendermaßen formulieren: Der Stimmrechtsausschluß nach den Ausschlußvorschriften kann nur da stattfinden, wo die Beschlußfassung die Entlastung oder Befreiung von einer Verbindlichkeit eines Mitgliedes oder die Vornahme eines Rechtsgeschäfts oder die Einleitung oder Erledigung eines Rechtsstreits gegenüber dem Mitgliede betrifft. Das ist aber dann der Fall, wenn von einem objektiven Beobachter mit Bestimmtheit vorausgesehen werden kann, daß auf Grund der Annahme des Beschlußantrages eine jener vier Wirkungen eintreten werde. Gleichgültig ist, ob diese Wirkung etwa auch ohne die Beschlußfassung eingetreten wäre, was sich ja in den meisten Fällen nicht mit Sicherheit feststellen läßt; nur darf jene Wirkung nicht schon vor der Beschlußfassung eingetreten sein. Die gleichen Gesichtspunkte müssen aber auch für den Stimmrechtsausschluß nach Treu und Glauben maßgebend sein; hier darf infolgedessen der Stimmrechtsausschluß nur da stattfinden, wo eine Einwirkung auf das Interesse des Mitglieds durch die Annahme des Beschlußantrags von einem objektiven Beobachter mit Bestimmtheit vorausgesehen werden kann. (Vgl. dazu oben S. 51.) Daraus folgt aber z. B., daß nicht nur bei der Beschlußfassung über die Vertagung eines Entlastungsantrages derjenige, welcher bei der Beschlußfassung über die Entlastung selbst vom Stimmrecht ausgeschlossen wäre, nicht stimmberechtigt ist, daß vielmehr auch bei der Beschlußfassung über die Vertagung einer anderen Angelegenheit derjenige vom Stimmrecht ausgeschlossen ist, der bei der Beschlußfassung über die Angelegenheit selbst ausgeschlossen wäre. (Vgl. Staub Anm. 24a zu § 252.)

Besondere Bedeutung hat die ganze Frage deswegen, weil in den meisten Angelegenheiten, bei denen der Stimmrechtsausschluß in Betracht kommt, der Beschluß, wie schon erwähnt, noch der Ausführung eines anderen Organs als der Mitgliederversammlung bedarf. Das ist sowohl bei den meisten individualrechtlichen Angelegenheiten als auch bei vielen sozialrechtlichen Angelegenheiten der Fall, so z. B. auch bei der Ausgabe neuer Aktien, sofern das gesetzliche Bezugsrecht ausgeschlossen wird. (Vgl. RG. 107, 72; 108, 322ff.; 109, 77.) Unrichtig ist daher die Begründung der Entscheidung in RG. 108, 326, der Zuteilungsbeschluß bedeute eine unmittelbare „Abgabe der Aktien" an die Mitglieder der Verwaltung.

Sehr bestritten ist nun die Frage, ob der Stimmrechtsausschluß auch da stattfinden kann, wo das Ausführungsorgan nicht beauftragt, sondern nur ermächtigt wird, den Beschluß auszuführen.

Wird das Ausführungsorgan (regelmäßig also Vorstand oder Geschäftsführer) beauftragt, den Beschluß auszuführen, und ein solcher Auftrag liegt im Zweifel schon in dem Beschluß, daß ein Rechtsgeschäft vorgenommen werden „soll" [1]), so besteht kein Zweifel, daß hier die Voraussetzung, für den Stimmrechtsausschluß gegeben ist; denn hier ist das Ausführungsorgan zur Ausführung verpflichtet; bezieht sich z. B. also der Beschluß auf die Vornahme eines Rechtsgeschäfts oder die Einleitung oder Erledigung eines Rechtsstreits gegenüber einem Mitglied und soll die Beschlußfassung zugleich den Auftrag an den Vorstand enthalten, den Beschluß auszuführen, so „betrifft" zweifellos der Beschluß die Vornahme des Rechtsgeschäfts oder die Einleitung oder Erledigung des Rechtsstreits. Solche Fälle sind es ja gerade, an die der Gesetzgeber bei Aufstellung der Ausschlußvorschriften in erster Linie gedacht hat.

Nicht ganz so liegt es aber nun, wenn das Ausführungsorgan zur Ausführung des Beschlusses nicht beauftragt, sondern nur ermächtigt wird, wenn also die Ausführung selbst oder wenigstens die Art und Weise der Ausführung z. B. die Bestimmung der Personen, mit welchen das Rechtsgeschäft vorgenommen werden soll, seinem freien Ermessen überlassen bleibt. Es handelt sich dabei immer um eine Art der Einwilligung, die aber keine Einwilligung nach Maßgabe der §§ 182ff. BGB. darstellt, da die Zustimmungserklärung eines Organes eines Personenverbandes an ein anderes Organ nicht die Zustimmung eines „Dritten" ist. Nach der herrschenden Meinung kann in Fällen der bloßen Ermächtigung ein Stimmrechtsausschluß wegen Interessenkollision überhaupt nicht in Frage kommen.

Vgl. Rehm, DJZ. 04, 1029; Pinner, DZ. 06, 129ff.; Staub Anm. 25 zu § 252 und 11b zu § 278; Fischer 188; Lehmann-Ring Nr. 8c zu § 252; Makower Anm. Vb zu § 252; Flechtheim 567; Staub-Hachenburg Anm. 19 zu § 47; Isay Anm. 10 zu § 111; RG. in Holdheim 15, 244; RG. 68, 241; 108, 326; 109, 80 und neuerdings im Urteil im Prozesse der Ilse-Bergbau-A.-G., mitgeteilt im Berl. Tgbl. vom 16. Mai 1926 Nr. 228. Dagegen stellt Sontag 57f. die Fälle der Beauftragung denen der bloßen Ermächtigung des Ausführungsorgans hinsichtlich der Frage des Stimmrechtsausschlusses gleich; ebenso Steinmetz 58 und RG. 104, 131; letzteres in offenbarem Gegensatz zu seiner früheren und späteren Stellungnahme.

Es sind hier verschiedene Fälle zu unterscheiden. Bezieht sich die Beschlußfassung nicht auf bestimmte einzelne Mitglieder, also betrifft z. B. die Beschlußfassung den Ankauf irgendwelcher Gegenstände, ohne daß in der Beschlußfassung die Personen oder diejenige Firma bestimmt werden, von denen die Gegenstände erworben werden sollen, so kann von einem Stimmrechtsausschluß im Allgemeinen keine Rede sein; es kann ja dann an sich zunächst kein bestimmtes Mitglied als an der Beschlußfassung besonders interessiert angesehen werden. Anders ist es aber nun dann, wenn einzelne bestimmte Mitglieder in dem Beschluß bezeichnet werden, auf die sich die Beschlußfassung bezieht, oder aber wenn aus anderen Gründen mit Bestimmtheit zu erwarten ist, daß das Ausführungsorgan die fragliche Handlung ge-

[1]) Mit Unrecht hat das RG. in der Entsch. vom 30. März 1926 (in JW. 26, 1814) in dem Beschluß der GV. einer AG., daß von den zu begebenden Genußscheinen auf jede Stammaktie über 1000 Mk. Nennwert ein Genußschein mit gleichem Nennwert bezogen werden könne, eine bloße Ermächtigung des Vorstandes zur Ausgabe der Genußscheine erblickt.

genüber einzelnen bestimmten Mitgliedern vornehmen wird. Hier müssen grundsätzlich die Stimmenthaltungsvorschriften zur Anwendung kommen; andernfalls wäre der Umgehung dieser Vorschriften Tür und Tor geöffnet. (Vgl. Bondi DJZ. 1913, 1006.) Es ist Flechtheim allerdings zuzugeben, daß zwischen dem Fall der bloßen Ermächtigung und dem der Beauftragung des Ausführungsorganes durch die Mitgliedervers. ein Unterschied insoferne besteht, als das Organ, wenn es der Beauftragung entsprechend handelt und auch vorher die Mitgliedervers. richtig aufgeklärt hat, von jeglicher Verantwortlichkeit frei ist, während es im Falle der bloßen Ermächtigung „für die Ausübung des ihm überlassenen Ermessens nach wie vor verantwortlich" bleibt. Darin liegt sicherlich ein gewisser Schutz für den Personenverband. Es ist aber nicht einzusehen, warum ihm deshalb in solchen Fällen nicht die viel wirksamere „prophylaktische" Sicherung durch den Stimmrechtsausschluß gewährt werden soll.

Wann ist aber nun mit Bestimmtheit zu erwarten, daß das Ausführungsorgan bei bloßer Ermächtigung die fragliche Handlung gegenüber einzelnen bestimmten Mitgliedern vornimmt? Das ist z. B. dann der Fall, wenn das Ausführungsorgan zum Ankauf bestimmter Gegenstände ermächtigt wird, dieser Ankauf aber nach dem Beschluß bei Mitgliedern erfolgen muß und nur ein Mitglied oder einzelne Mitglieder für die Lieferung der betr. Gegenstände in Betracht kommt. Es ist aber weiterhin auch dann anzunehmen, wenn das Ausführungsorgan ermächtigt wird, bestimmte Handlungen vorzunehmen, ohne daß bestimmte Personen, gegenüber denen sie vorzunehmen sind, in dem Beschluß bezeichnet werden, wenn aber auf Grund vorheriger Vereinbarungen zwischen dem Ausführungsorgan und einzelnen Mitgliedern bestimmt damit gerechnet werden kann, daß die Handlungen gegenüber diesen Mitgliedern vorgenommen werden. Dabei kann z. B. der Fall so liegen, daß das Verwaltungsorgan einzelnen Mitgliedern gegenüber sich vor der Beschlußfassung zum Abschluß eines Rechtsgeschäftes unter der aufschiebenden Bedingung der Zustimmung der Mitgliedervers. verpflichtet haben. Daß in einem solchen Falle der Stimmrechtsausschluß stattzufinden hat, ist wohl unbestritten, denn die Beschlußfassung „betrifft" hier zweifellos die Vornahme des Rechtsgeschäfts gegenüber den betr. Mitgliedern; der Fall liegt im Grunde ganz ähnlich wie der später zu behandelnde Fall der Genehmigung eines ohne die Zustimmung der Mitgliedervers. dem Gegenkontrahenten gegenüber nur schwebend wirksamen Rechtsgeschäfts. (Vgl. Flechtheim 568.)

Sehr bestritten ist dagegen, ob dann, wenn in einer AG. eine Kapitalerhöhung beschlossen und in der Beschlußfassung dem Vorstande die Ermächtigung erteilt werden soll die neuen Aktien nach seinem freien Ermessen zu begeben, wenn aber vor der Beschlußfassung zwischen Vorstand und einzelnen Aktionären bzw. Aktionärgruppen Vereinbarungen wegen der Begebung der neuen Aktien an sie getroffen worden sind, diese Aktionäre deswegen, weil die Beschlußfassung die Vornahme eines Rechtsgeschäfts ihnen gegenüber betrifft, vom Stimmrecht ausgeschlossen sind.

Das RG. hat in dem seinerzeit aufsehenerregenden Hibernia-Streit (vgl. RG. 68, 241 und in Holdheim 15, 244) im Einklang mit dem in derselben Sache ergangenen Urteil des LG. Bochum (in Holdheim 14, 12; vgl. aber auch die dieses Urteil aufhebende Entscheidung des OLG. Hamm in Holdheim 14, 301 f.) den Aktionären, welchen die Begebung der neuen Aktien vor der Beschlußfassung über die Kapitalerhöhung vom Vorstande zugesichert worden war, das Stimmrecht zugesprochen, weil es in das Ermessen des Vorstandes gestellt war, mit wem und unter welchen Bedingungen er das Geschäft abschließen wollte, und weil es sich deshalb nach Ansicht des RG. bei der Beschlußfassung nicht um Vornahme eines Rechtsgeschäftes gegenüber Aktionären handelte. Die Frage, ob vor dem Kapitalerhöhungsbeschluß zwischen einzelnen Aktionären und dem Vorstand wegen der Begebung der neuen Aktien Verhandlungen stattgefunden hätten, erklärt das RG. für unerheblich, da derartige Zusicherungen, die vor dem Kapitalerhöhungsbeschluß erfolgten, der Gesellschaft gegenüber unwirksam seien und die GV. in der Freiheit der Entschließung, ob das Bezugsrecht der Aktionäre zu beschränken sei und wie die neuen Aktien vergeben werden sollten, nicht hätten beschränken können.

Den grundsätzlichen Standpunkt des RG. billigt die oben angeführte herrschende Meinung. (Vgl. außerdem insbesondere Heilbrunn in Holdheim 15, 129ff.)

Dagegen haben sich ausgesprochen Sontag (57ff.), Werner (LZ. 1923, 722) und Steinmetz (58). Auch Brodmann (187) hält den Stimmrechtsausschluß in Fällen, „wo nur erst allgemein das betr. Rechtsgeschäft vorzunehmen beantragt wird, dem Gesellschafter aber bereits fest (sc. rechtsverbindlich) zugesagt ist, daß ihm das Geschäft zugeführt werde“, für gegeben, anscheinend aber auch dann, wenn es sich um Zusagen handelt, welche zwar nicht rechtsverbindlich sind, auf welche man sich aber mit voller Sicherheit verlassen kann. De lege ferenda äußerten Bondi (DJZ. 1908, 1007 und 1913, 1006) und Pinner (Beiträge 73 = JW. 1916, 990) ernsthafte Bedenken gegen die Stellungnahme des RG.

Nach dem oben über den Kausalzusammenhang zwischen der Beschlußfassung und der Einwirkung auf das Interesse einzelner Personenverbandsmitglieder Gesagten kommen hier m. E. folgende Gesichtspunkte in Betracht: Wird der Vorstand ermächtigt, die neuen Aktien an bestimmte einzelne Aktionäre nach seinem freien Ermessen zu begeben, so sind diese Aktionäre jedenfalls vom Stimmrecht ausgeschlossen, gleichgültig, ob mit ihnen Vorverhandlungen gepflogen worden sind oder nicht. Bleibt es aber nach der Beschlußfassung dem Ermessen des Vorstandes anheimgestellt, welchen Personen er die Aktien verschaffen will, und liegen keine solchen Vorbesprechungen vor, so ist es unmöglich, einzelne Aktionäre vom Stimmrecht auszuschließen. Ein solcher Beschluß ist zwar gem. § 282, I HGB. die Bedingung für die Begebung der neuen Aktien an einzelne Aktionäre, aber man kann deshalb noch nicht sagen, daß der Beschluß die Vornahme eines Rechtsgeschäfts mit denjenigen Aktionären „betrifft“, an welche die Aktien dann tatsächlich begeben werden. Sontag (58) geht jedenfalls zu weit, wenn er behauptet, daß, wenn Vorstand und Majorität Mitglieder einer und derselben Gruppe seien, die letzteren sich bei Erteilung der Ermächtigung unbedingt darauf verlassen könnten, selbst die neuen Aktien zu erhalten. Denn das widerspricht, wie Flechtheim (568) richtig bemerkt, den Tatsachen der modernen Verkehrsentwicklung.

Anders ist es aber nun, wenn der Vorstand vor der Beschlußfassung über die Kapitalerhöhung mit einzelnen Aktionären Abmachungen über die Begebung der neuen Aktien an sie getroffen hat. Solche Vereinbarungen sind gem. § 283, II HGB. der Gesellschaft gegenüber unwirksam, erzeugen also zwischen der AG. und den betr. Aktionären keinerlei Rechtswirkung. Sie erlangen auch durch eine Genehmigung der GV. keine Rechtswirksamkeit (unrichtig in dieser Beziehung das oben angeführte Urteil des OLG. Hamm); geheilt werden kann die Nichtigkeit solcher Abmachungen vielmehr nur durch eine dem Kapitalerhöhungsbeschluß nachfolgende Bestätigung der Verträge durch die AG. selbst, d. h. durch ihr gesetzliches Vertretungsorgan, dem Vorstand. Ermächtigt also die GV. den Vorstand, die Begebungsverträge abzuschließen, und läßt sie ihm dabei die Wahl der Personen, an die die Aktien begeben werden sollen, offen, so liegt in dieser Ermächtigung keinesfalls eine Genehmigung der von dem Vorstand vor dem Kapitalerhöhungsbeschluß hinsichtlich der Begebung gemachten Zusicherungen und die Gesellschaft ist damit noch keineswegs an diese Zusicherungen gebunden. (Vgl. dazu Heilbrunn a. a. O.) Dennoch liegen in der Praxis die Dinge so, daß in aller Regel diejenigen Aktionäre, denen solche Zusicherungen vom Vorstande gemacht wurden, dann, wenn dem Vorstande von der GV. freie Hand in der Begebung der neuen Aktien gelassen wird, die neuen Aktien auch wirklich bekommen. Wenn es sich also um ernsthafte Zusicherungen handelt, mögen diese nun der AG. gegenüber rechtswirksam sein oder nicht, insbesondere auch dann, wenn der Vorstand sich einzelnen Aktionären gegenüber verpflichtet, womöglich mit ihnen die Begebungsverträge abzuschließen, kann mit Bestimmtheit damit gerechnet werden, daß bei Ermächtigung des Vorstandes durch die GV. zur Aktienbegebung nach freiem Ermessen die neuen Aktien an jene Aktionäre begeben werden. Die Rechtslage ist dann also materiell ganz ähnlich, wie wenn der Vorstand durch die GV. beauftragt wird, die Begebungsverträge mit jenen Aktionären abzuschließen. Auch in solchen Fällen „betrifft" daher die Beschlußfassung die Vornahme eines Rechtsgeschäfts gegenüber den betr. Aktionären und diese sind daher gem. § 252, III HGB. vom Stimmrecht ausgeschlossen. Freilich wird in der Praxis das Bezugsrecht fast immer ausgeschlossen, weil die Unterbringung der neuen Aktien andernfalls meist unmöglich ist. In der Regel werden die Aktien von einer Bank übernommen. Diese handelt aber dann gewöhnlich bei der Begebung der Aktien nach den Weisungen des Vorstandes, sodaß auch in solchen Fällen bestimmt damit zu rechnen ist, daß die neuen Aktien an diejenigen Aktionäre, denen sie vor dem Kapitalerhöhungsbeschluß zugesichert wurden, begeben werden.

Diese Auffassung stellt m. E. nicht, wie das RG. (68, 241) annimmt, eine ausdehnende Auslegung des § 252, III dar; aber auch wenn das der Fall wäre, so wäre eine solche hier ausnahmsweise im Hinblick auf die Unbestimmtheit des Gesetzestextes wohl zu rechtfertigen; in solchen Fällen eine ausdehnende Auslegung zu betätigen, heißt wahrlich nur, wie Sontag (a. a. O.) bemerkt, „ein Gesetz dem Sinn und Zweck nach zu interpretieren und einer durchsichtigen Umgehung des Gesetzes den Weg abzuschneiden"; denn „die Bestimmung des § 252, III HGB. wird mehr verletzt, wenn dieser § in der Weise umgangen wird, wie ihn die Hibernia-Mehrheit umgangen hat, als wenn er zur Wahrung der ratio legis ausdehnend interpretiert wird".

Es mag in diesem Zusammenhang noch einmal daran erinnert werden, daß die Kapitalerhöhung und Ausgabe neuer Aktien nicht selten dazu mißbraucht wird, einzelnen Aktionären ganz bedenkliche Vorteile zu verschaffen. Man denke nur an einen Fall, wie ihn Sontag (18) schildert, wo die Majorität eine Kapitalerhöhung von 10 Millionen Mark mit nur 25 % Einzahlung und zwar bei einem Aktienkurs von 158 % zum Preise von 103 % durchsetzte oder an den Fall, der in RG. 107, 71ff. entschieden wurde: Hier wurde das Kapital so gut wie verdoppelt, obwohl kein dringender Geldbedarf bestand, die neuen Aktien wurden zu pari ausgegeben, obwohl der Kurs der alten Aktien vor der GV. ungefähr 330 % betrug. Die neuen Aktien wurden an eine Bank begeben, deren Direktoren Aufsichtsratsmitglieder und Aktionäre der AG. waren und beim Kapitalerhöhungsbeschluß mitstimmten.

Für den Kapitalerhöhungsbeschluß bei der GmbH. gilt grundsätzlich das hier für die AG. Gesagte entsprechend. (Vgl. dazu insbesondere Brodmann 140 Anm. 2, II zu § 36.)

In den bisher behandelten Fällen wurde vorausgesetzt, daß die vorzunehmende Handlung nicht etwa schon vor der Beschlußfassung in rechtswirksamer Weise erfolgt ist. Gleichgültig war dabei im übrigen die Frage, ob die Einwilligung der Mitgliedervers. zur Rechtswirksamkeit der vorzunehmenden Handlung überhaupt erforderlich ist oder nicht. Nun kann aber die Beschlußfassung auch eine nachträgliche Zustimmung, also die Genehmigung eines schon vorgenommenen Rechtsgeschäftes enthalten. Hier kommt es darauf an, ob das Rechtsgeschäft zu seiner Rechtswirksamkeit nach außen hin der Genehmigung der Mitgliedervers. bedarf oder nicht. Im Allgemeinen ist ja die Vertretungsmacht der Vertretungsorgane der Personenverbände nach außen hin unbeschränkbar (anders jedoch bei der Gesellschaft des bürgerl. Rechts und den Gemeinschaften); dennoch gibt es Fälle, wo die Rechtswirksamkeit von Rechtsgeschäften des Vertretungsorganes nach außen von der Zustimmung der Mitgliederversammlung abhängt. Hieher gehören z. B. bei der AG. die „Nachgründungsverträge" (§ 207 HGB.), die Vereinbarungen über Sacheinlagen oder Sachübernahmen bei der Kapitalerhöhung (§ 279 HGB.) und die Verträge über Veräußerung des ganzen Gesellschaftsvermögens (§ 303, I HGB.), ferner wohl bei allen Personenverbänden z. B. die Genehmigung des Selbstkontrahierens eines Vertretungsorgans. (RG. 68, 172; 68, 375.) Dazu kommt der schon erwähnte Fall, daß das Vertretungsorgan die Rechtswirksamkeit eines Rechtsgeschäfts dem Gegenkontrahenten gegenüber von der Zustimmung der Mitgliederversammlung abhängig macht. Die Genehmigung der Mitgliedervers. ist dann eine aufschiebende Bedingung des Rechtsgeschäfts. Ähnlich liegt der Fall, wenn das Vertretungsorgan sich für den Fall der Nichtgenehmigung den Rücktritt vorbehält. (Vgl.

Staub, Anm. 8 zu § 235.) In allen diesen Fällen bedarf also das fragliche Rechtsgeschäft des Vertretungsorgans zu seiner vollen Rechtswirksamkeit der (nach § 177 BGB. zu beurteilenden) Zustimmung der Mitgliederversammlung (vgl. Flechtheim 566f.; Beschluß des Bay. ObLG. vom 22. Mai 1925 in JW. 1925, 1646); deren Beschlußfassung darüber „betrifft" daher die Vornahme des Rechtsgeschäfts. Darauf, ob die Genehmigung dem Vertretungsorgan oder dem Gegenkontrahenten gegenüber erteilt wird, kommt es natürlich nicht an. (Vgl. RG. 89, 382.)

Handelt es sich dagegen um ein Rechtsgeschäft, zu dessen Rechtswirksamkeit gegenüber dem Geschäftsgegner die Genehmigung der Mitgliederversammlung nicht erforderlich ist und soll über Genehmigung eines solchen bereits rechtswirksam abgeschlossenen Rechtsgeschäfts Beschluß gefaßt werden, so hat diese Genehmigung auf die Rechtswirksamkeit des Rechtsgeschäftes keinen Einfluß mehr, auch wenn es sich um einen Vertrag handelt, der erst noch erfüllt werden muß. Hier hat die Mitgliederversammlung nicht etwa darüber zu beschließen, ob der Vertrag erfüllt werden soll oder nicht. Ist der Vertrag rechtsgültig, so muß er eben erfüllt werden und zwar durch das Vertretungsorgan, nicht durch die Mitgliederversammlung. Etwas anderes ist es, wenn die Mitgliederversammlung etwa Anfechtung des Vertrags beschließen will; denn die Anfechtung stellt ein neues Rechtsgeschäft dar, das die rechtswirksame Vornahme des anzufechtenden Rechtsgeschäfts bereits voraussetzt. Im Übrigen aber darf beim Beschluß über Genehmigung des schon rechtswirksam abgeschlossenen Rechtsgeschäfts der Geschäftsgegner mitstimmen; denn die Beschlußfassung „betrifft" hier nicht die Vornahme eines Rechtsgeschäfts. (Ebenso Flechtheim 568f.; RG. in DJZ. 1924, 317; dagegen Staub Anm. 25 zu § 252; Hachenburg 463; Lehmann-Ring Nr. 8 zu § 252 und insbesondere auch Krämer in ZAW. 1922, 170ff.) Es ist nicht einzusehen, weshalb der Geschäftsgegner in solchen Fällen von der Abstimmung ausgeschlossen sein sollte, da ja auch ohne seine Beteiligung an der Rechtsgültigkeit des Rechtsgeschäfts nichts mehr geändert werden kann. Eine solche Genehmigung ist vielmehr, wie Flechtheim (569) mit Recht annimmt, als ein reines Internum und zwar als eine Art der Entlastung der Verwaltungsorgane aufzufassen (vgl. Staub a. a. O.; Staub-Hachenburg Anm. 24 zu § 47; ZAG. 26, 120), eine Entlastung nicht für die ganze Geschäftsführung, sondern für eine bestimmte Handlung des Verwaltungsorgans. Um die Genehmigung nachsuchen wird dieses nur dann, wenn es nach dem Gesetz oder Gesellschaftsvertrag dazu verpflichtet gewesen wäre, die Zustimmung der Mitgliederversammlung vor Eingehung des Geschäfts einzuholen (was die Rechtswirksamkeit des Rechtsgeschäfts nach außen hin nicht zu beeinflussen braucht). Das kann z. B. gem. § 325, I HGB. für den Vorstand oder gem. § 246, II HGB. für den Aufsichtsrat der AG. der Fall sein. Bei der Beschlußfassung über die Genehmigung des Geschäfts kommt daher in solchen Fällen der Stimmrechtsausschluß der Verwaltungsorgane, nicht dagegen der des Geschäftsgegners in Betracht. In dem von Krämer (a. a. O.) erörterten Falle handelte es sich um einen Interessengemeinschaftsvertrag zwischen einer AG. und einer anderen

AG., welche Aktionärin der ersteren war. Interessengemeinschaftsverträge sind für die Schicksale einer AG. von solcher Bedeutung, daß man hier wohl die Anwendbarkeit der §§ 235, I und 246, II HGB. für gegeben halten darf. In der Genehmigung des Vertrages lag hier also die Entlastung der betr. Verwaltungsorgane.

Anders liegt es, wenn ein Geschäft an sich der Zustimmung der Mitgliedervers. bedarf und das Ausführungsorgan vor der Vornahme um Zustimmung der Mitgliedervers. nachsucht. Auch hier bedeutet die Zustimmung u. U. eine gewisse Entlastung. Hier kann aber bestimmt damit gerechnet werden, daß, wenn die Versammlung die Zustimmung und damit ev. die Entlastung erteilt, das Organ das Geschäft vornehmen wird, auch wenn in der Zustimmung keine Anweisung, sondern nur eine Ermächtigung liegt. (Zu alledem Flechtheim 566ff.) Hier „betrifft" also die Beschlußfassung die Vornahme des Rechtsgeschäfts.

V. Die Identität des Abstimmenden mit dem Interessierten.

Nach den Ausschlußvorschriften ist vom Stimmrecht ausgeschlossen ein Mitglied oder dessen Vertreter nur dann, wenn dieses Mitglied oder sein Vertreter selbst entlastet oder von einer Verbindlichkeit befreit oder ihm selbst gegenüber ein Rechtsgeschäft vorgenommen oder ein Rechtsstreit eingeleitet oder erledigt werden soll; nach den Grundsätzen über Treu und Glauben kommt nur ein Stimmrechtsausschluß desjenigen oder seines Vertreters in Betracht, dessen Interesse unmittelbar berührt ist. Insoferne ist also die Identität des Abstimmenden mit dem Interessierten Voraussetzung des Stimmrechtsausschlusses. Wann das Interesse einer Person unmittelbar berührt ist, wurde oben bereits näher ausgeführt. Wie wir sahen, gehen in bezug auf die Identität die Grundsätze über den Stimmrechtsausschluß nach Treu und Glauben über die Ausschlußvorschriften hinaus und es kann daher sein, daß in einem der vier Fälle der Ausschlußvorschriften zwar nicht nach diesen, wohl aber nach jenen weiter reichenden Stimmenthaltungsgrundsätzen die erforderliche Identität noch vorhanden ist. Jedenfalls sind im Folgenden, soweit erforderlich, die Ausschlußvorschriften und die Grundsätze über die Stimmenthaltung nach Treu und Glauben streng auseinandergehalten.

Der Grundsatz der Identität ist natürlich für die Abgrenzung des Anwendungsgebietes der Stimmenthaltungsgrundsätze von höchster Bedeutung; gerade hier ist es aber teilweise sehr schwierig, die richtigen Grenzen zu finden, und gerade hier führt die bloße Anwendung der rein wörtlich ausgelegten Ausschlußvorschriften zu offenbaren Unbilligkeiten und eröffnet der Umgehung weiteste Möglichkeiten. Auch hier zeigt sich die unbedingte Notwendigkeit der Ergänzung der Ausschlußvorschriften durch die Grundsätze von Treu und Glauben; außerdem aber darf man sich gerade hier nicht allzu ängstlich an den strengen Wortlaut des Gesetzestextes klammern, wenn man zu einer dem Sinn und Zweck der Ausschlußvorschriften entsprechenden Auslegung gelangen will. Auch die herrschende Meinung hat sich daher in der Frage der Identität in mancher Beziehung zu einer extensiven

Auslegung der Ausschlußvorschriften entschlossen. Grundsätzlich freilich muß auch hier von einer solchen, soweit als möglich, Abstand genommen werden und im allgemeinen müssen in bezug auf die Identität die Grenzen des Stimmrechtsausschlusses mit großer Vorsicht und eher zu eng als zu weit gezogen werden.

Das RG. geht bei Behandlung der Frage davon aus, daß „Umgehungen" der Ausschlußvorschriften nicht zugelassen werden dürften. (Vgl. RG. 85, 175; LZ. 07, 139 Nr. 6.) Mit einem solchen Grundsatz ist aber, wie Flechtheim (569) bemerkt, wenig gewonnen, man ersetzt damit „ein Problem durch ein anderes", denn die Lehre vom Handeln in fraudem legis liegt noch recht im Argen. Flechtheim (a. a. O.) verweist auf § 5 RAbgO. und die dortige Begriffsbestimmung der Umgehung, sowie auf RG. 44, 112, wo ebenfalls eine solche Definition versucht ist, und will die dort aufgestellten Grundsätze auch auf die Umgehung der Stimmenthaltungsvorschriften angewandt wissen. Dem ist beizustimmen, aber klare Grenzlinien sind auch auf diese Weise nicht zu finden und ein Rechtssatz, wie etwa der, den Moeser (95f.) aufstellt, daß sämtliche Beschlüsse der GV. einer AG., die unter nachgewiesener Umgehung der Stimmenthaltungsvorschriften zustandegekommen sind, anfechtbar sind, ist wenigstens in dieser Allgemeinheit schon wegen seiner Unbestimmtheit abzulehnen. Die Frage der Identität des Stimmrechtsausschlusses wegen Interessenkollision soll daher in Folgendem, soweit als möglich, ohne Zuhilfenahme des Gesichtspunktes der Umgehung entschieden werden, der übrigens auch gar nicht für alle fraglichen Fälle in Betracht kommt. (Vgl. Flechtheim a. a. O.)

1. Selbstverständlich ist, daß, wenn z. B. der zu Entlastende vor der Beschlußfassung gestorben ist, seine Erben oder sein Testamentsvollstrecker nicht über seine Entlastung mitstimmen können. (Vgl. Horrwitz 391.) In Wahrheit handelt es sich dann um Entlastung der Erben.

Daß es andererseits zum Stimmrechtsausschluß nicht genügt, daß z. B. ein Mitglied an dem vorzunehmenden Rechtsgeschäft nur irgendwie wirtschaftlich oder finanziell interessiert ist, hat das RG. mit Recht wiederholt ausgesprochen. (Vgl. RG. 68, 241; 104, 130; in Holdheim 04, 296; in Recht 08, Nr. 2407.) Ebenso ist z. B. ein Mitglied nicht schon deswegen vom Stimmrecht ausgeschlossen, weil ein Verwandter des Mitglieds vom Stimmrecht ausgeschlossen ist oder auszuschließen wäre, wenn er Mitglied des Personenverbandes wäre. (Vgl. Lehmann-Ring Nr. 8 zu § 252; Cosack § 209, V, 1.)

Dagegen muß m. E. bei einem Vertrag zugunsten Dritter nach Maßgabe der §§ 328ff. BGB., bei dem ein Kontrahent ein Personenverband ist, der Dritte aber ein Mitglied dieses Personenverbandes, letzteres bei der Beschlußfassung über Abschluß des Vertrags vom Stimmrecht ausgeschlossen sein, auch dann, wenn der Dritte nicht unmittelbar das Recht erwerben soll, die Leistung zu fordern. Das ergibt sich aus dem Sinn und Zweck der Ausschlußvorschriften. Nach Treu und Glauben wird aber auch dann, wenn der Vertrag zugunsten eines Dritten abgeschlossen ist, der nicht Mitglied des Personenverbandes ist, der Versprechensempfänger sich aber gegenüber dem Versprechenden die Befugnis vorbehalten hat, ohne Zustimmung des

Versprechenden an die Stelle des im Vertrag bezeichneten Dritten einen anderen zu setzen (§ 332 BGB.), und der Versprechensempfänger sich einem Mitgliede gegenüber verpflichtet hat, dieses an die Stelle des Dritten zu setzen, jenes Mitglied vom Stimmrecht ausgeschlossen sein.

Anerkannt ist, daß, wenn diejenige Person, der gegenüber ein Rechtsgeschäft vorgenommen werden soll, ein Kommissionär oder Beauftragter eines Mitgliedes ist, wenn also dieser im eigenen Namen, aber für Rechnung und im Auftrage des Mitgliedes handelt, dieses vom Stimmrecht ausgeschlossen ist. (Vgl. Staub-Hachenburg Anmerkg. 19 zu § 47; RG. 104, 128; Flechtheim 571.)

Die Frage, ob bei der Entlastung einzelner Verwaltungsmitglieder die übrigen Verwaltungsmitglieder mitstimmen dürfen, soll später in anderem Zusammenhange behandelt werden.

2. Daß derjenige, der als Vertreter des ausgeschlossenen Mitgliedes auftritt, nicht für dasselbe das Stimmrecht ausüben darf, wurde bereits früher betont.

Der letzte unklare Satz der Entscheidung in RG. 106, 263 kann doch wohl nicht dahin gedeutet werden, daß der Bevollmächtigte eines vom Stimmrecht Ausgeschlossenen dessen Stimmrecht ausüben darf.

Fraglich ist nur, ob der Vertreter, wenn er selbst Mitglied ist und als solches nicht vom Stimmrecht ausgeschlossen ist oder wenn er noch andere Mitglieder vertritt, die nicht vom Stimmrecht ausgeschlossen sind, für sich selbst oder diese Mitglieder das Stimmrecht ausüben darf. Das ist zu bejahen. Nach den Ausschlußvorschriften (und dasselbe gilt für den Stimmrechtsausschluß nach Treu und Glauben) darf derjenige, der wegen Interessenkollision vom Stimmrecht ausgeschlossen ist, ein solches auch nicht für andere ausüben. Dieser Bestimmung liegt der Gedanke zugrunde, daß zu befürchten ist, daß das interessierte Mitglied wie sein eigenes Stimmrecht auch das Stimmrecht der von ihm vertretenen Mitglieder im eigenen Privatinteresse ausüben wird. Gerade dieser Gedanke, daß der Abstimmende sich im allgemeinen bei der Ausübung des Stimmrechts für andere Mitglieder eher von eigenen Motiven als von den Motiven des von ihm vertretenen Mitgliedes leiten läßt, rechtfertigt aber in dem Falle, daß er ausgeschlossene Mitglieder vertritt, seine Zulassung zur Abstimmung mit seinen eigenen Stimmen, wenn in seiner Person selbst nicht die Voraussetzung des Stimmrechtsausschlusses gegeben ist, sowie mit fremden Stimmen, insoweit die von ihm Vertretenen nicht vom Stimmrecht ausgeschlossen sind. Zu einem anderen Ergebnis kommt man auch nicht, wenn man annehmen will, daß ein Abstimmender die eigenen und fremden Stimmen in einheitlichem Sinne abgeben müsse; denn das fremde Stimmrecht des Ausgeschlossenen wird hier ja von dem Abstimmenden überhaupt nicht ausgeübt. (Vgl. Staub Anm. 3 und 24a zu § 252.) Daß dennoch andererseits ein selbst nicht interessierter Vertreter nicht für einen Interessierten das Stimmrecht ausüben darf, folgt eben daraus, daß dessen Stimmrecht ruht, und daß immerhin die Gefahr besteht, daß der Vertreter verpflichtet ist, das Stimmrecht im Sinne des Vertretenen auszuüben.

Erwähnt sei in diesem Zusammenhang der Fall, daß bei einer e. Gen. mit mehr als 1500 Mitgliedern gemäß § 43a GenGes. die GV.

aus „Vertretern der Genossen" besteht[1]). Die Art der Bestellung dieser „Vertreter" überläßt § 43a Abs. II der freien Satzungsregelung. Danach besteht die Möglichkeit, daß jeder der „Vertreter" von einer bestimmten Gruppe von Genossen aufgestellt wird, als deren wirklicher Vertreter er dann anzusehen ist, oder aber daß die „Vertreter" alle von der Gesamtheit der Genossen gewählt werden und somit die „Vertreterversammlung" als ein Organ der Genossenschaft selbst erscheint. Im ersteren Falle übt der „Vertreter" die Stimmrechte der durch ihn vertretenen Genossen aus. Das Ruhen einzelner dieser Stimmrechte hindert nicht die Ausübung der übrigen durch den „Vertreter". Im letzteren Falle dagegen übt der „Vertreter" nicht die Stimmrechte einzelner bestimmter Genossen aus, sondern ein auf Grund seines „Vertreteramtes" ihm zustehendes eigenes, von den Stimmrechten der einzelnen Genossen unabhängiges Recht. Auf dieses Stimmrecht müssen die für die Mitglieder der Genossenschaft in der GV. geltenden Stimmenthaltungsvorschriften entsprechende Anwendung finden.

Daß jemand, der im eigenen Namen, aber für fremde Rechnung ein Geschäft mit einem Personenverband abschließt, vom Stimmrecht bei der Beschlußfassung über Vornahme dieses Geschäfts ausgeschlossen ist, ergibt sich schon daraus, daß formell ja ihm gegenüber das Geschäft vorgenommen wird.

3. Schwieriger liegen nun andere Fälle, wo die Beschlußfassung sich nicht auf den Abstimmenden bezieht, wo er aber, obwohl er nach außen hin als der Stimmberechtigte erscheint, in Wahrheit an Stelle eines anderen Mitgliedes stimmt, das seinerseits an dem Beschluß unmittelbar interessiert ist, oder wo er mit einem anderen Mitglied oder einem Dritten, der an dem Beschluß unmittelbar interessiert ist, in derartigen Beziehungen steht, daß angenommen werden muß, daß der Abstimmende in dessen Sinne stimmen wird.

Hier muß nun zunächst ein Wort über die rechtliche Beurteilung von individualrechtlichen Verpflichtungen eines Abstimmenden gegenüber Dritten oder einzelnen Mitgliedern in einem bestimmten Sinne zu stimmen, vorausgeschickt werden. Eine solche Verpflichtung kann zwar wegen Verstoß gegen die guten Sitten nichtig sein, so z. B., wenn beide Parteien damit den Zweck der Umgehung der Stimmenthaltungsvorschriften verbinden oder dann, wenn ein Mitglied sich allgemein verpflichtet, sein Stimmrecht nur im Interesse eines anderen Mitglieds auszuüben (vgl. RG. 69, 134ff.); oder auch dann, wenn ein Mitglied gegen Gewährung besonderer Vorteile einem anderen die Abstimmung in einem gewissen Sinne zusagt. Im letzteren Falle liegt, soweit es sich um Abstimmung in der GV. einer AG. handelt, auch ein Verstoß gegen § 317 HGB. vor; eine solche Verpflichtung wäre daher schon gemäß § 134 BGB. nichtig. Indes müssen Verpflichtungen eines Abstimmenden einem anderen gegenüber zur Abstimmung in einem gewissen Sinne keineswegs gesetz- oder sittenwidrig sein, sondern können sehr wohl Rechtswirksamkeit besitzen. (Vgl. RG. 88, 322ff.; JW. 06, 401 a. E.; DJZ. 06, 710; Staub-Hachenburg Anm. 44 zu § 45; Isay 586; aber auch JW. 1911, 463.) Insbesondere

[1]) Vgl. dazu Ruth, Die Vertreterversammlung der eingetragenen Genossenschaften in ZentrBl. f. HR. 1927 S. 81 ff.

sind z. B. u. U. rechtsgültig Abreden von Mitgliedern untereinander in einem gewissen Sinne zu stimmen (vgl. Staub Anm. 8 zu § 317; aber auch RG. in JW. 1916, 575, Nr. 3); handelt es sich um eine AG., so verstoßen solche Abreden, wenn nicht den einzelnen besondere Vorteile gewährt oder versprochen werden, nicht gegen § 317 HGB. (Vgl. Staub Anm. 8 zu § 317; aber auch Jacobi in Bankarch. 10, 83f., der annimmt, daß solche Verpflichtungen immer gegen die guten Sitten verstoßen.) Ebenso wird die Verpflichtung des Beauftragten (also auch des Strohmannes) oder des Vertreters eines Mitgliedes gegen Gewährung eines Entgeltes im Sinne des Auftraggebers oder des Vertretenen zu stimmen, im allgemeinen nicht gegen die guten Sitten verstoßen, jedenfalls kann eine solche Abrede, wenn es sich um Abstimmung in der GV. einer AG. handelt, niemals gegen § 317 HGB. verstoßen; denn durch diesen Paragraphen soll nur verhindert werden, daß dadurch, daß Aktionäre ihr Stimmrecht in den Dienst Dritter stellen, der Mehrheitswille verfälscht wird. (Vgl. Staub Anm. 6 und 7 zu § 317.)

Eine Frage für sich ist es, inwieweit jemand, der eine sittenwidrige oder strafbare Abmachung über seine Abstimmung getroffen hat, zur Abstimmung überhaupt zuzulassen ist. Verpflichtet sich jemand einem anderen gegenüber zur Abstimmung in einem gewissen Sinne, so ist, wie bereits früher erwähnt, immer sein privates Interesse als bei der Beschlußfassung unmittelbar berührt zu erachten. Das allein genügt jedoch nach den früher dargelegten Grundsätzen nicht zum Stimmrechtsaussschluß nach Treu und Glauben. Außerdem ist zu beachten, daß eine derartige Verpflichtung z. B. gegen § 317 HGB. verstoßen kann und doch nicht auf eine Abstimmung in einem die Gesellschaft schädigenden Sinne gerichtet zu sein braucht. Mit dem Gesichtspunkt der Interessenkollision ist hier also nicht viel gedient, zumal gerade dann, wenn solche Verpflichtungen gegen §§ 134 oder 138 BGB. verstoßen, sie nichtig sind und es zum mindesten dann zweifelhaft erscheinen mag, ob man noch sagen kann, daß auch in solchen Fällen das Privatinteresse des Abstimmenden unmittelbar berührt ist.

In bezug auf § 317 HGB. ist vielmehr davon auszugehen, daß, wenn das Gesetz es offenbar verwirft, daß jemand sich gegen Gewährung oder Versprechung besonderer Vorteile zur Abstimmung in einem gewissen Sinne verpflichtet, weil es die Fälschung des Mehrheitswillens verhindern will, es auch nicht der Wille des Gesetzes sein kann, daß derjenige, der eine solche Abmachung über seine Abstimmung getroffen hat, zur Abstimmung zugelassen werden soll; denn wenn er in dem Sinne stimmt, der jener gesetzwidrigen Vereinbarung entspricht, so ist nicht nur seine Stimmabgabe gemäß § 134 BGB. nichtig (vgl. Haselberger 67), sondern der unter seiner Mitwirkung zustandegekommene Beschluß ist anfechtbar. Wollte man ihm das Stimmrecht einräumen, so hätte er es in der Hand, bei Wiederholung der Beschlußfassung das gleiche Verfahren zu wiederholen und auch diese Beschlußfassung zu Fall zu bringen. Das entspricht sicherlich nicht dem Sinne des Gesetzes, vielmehr muß derjenige, welcher hinsichtlich seiner Abstimmung eine gegen § 317 HGB. verstoßende Abmachung getroffen hat, vom Stimmrecht für die von der Abmachung betroffenen Stimmen ausgeschlossen sein. Das Entsprechende muß aber aus ähnlichen Gründen auch dann gelten, wenn das Mitglied eines Personenverbandes über die Ausübung seines Stimmrechtes eine nicht strafbare, aber gegen die guten Sitten verstoßende Abmachung getroffen hat. Auch hier ist maßgebend der Gesichtspunkt, daß, wer sich in einer vom Gesetz verpönten Weise zur Abstimmung in einem gewissen Sinne verpflichtet hat, nicht zur Abstimmung zugelassen werden soll. Bei der AG. kann übrigens jemand auch für diejenigen Aktien eines anderen kein Stimmrecht haben, welche er sich gegen Entgelt geliehen hat, wenn er dadurch gegen § 318 HGB. verstoßen hat.

Der Stimmrechtsausschluß und eine eventuelle Anfechtung von Beschlüssen wegen Zulassung Nichtstimmberechtigter zur Abstimmung hat aber in allen diesen Fällen deshalb wenig praktische Bedeutung, weil in der Regel bei der Beschlußfassung solche gesetzwidrige Abmachungen über die Stimmrechtsausübung noch nicht bekannt sind. Es stehen dann dem geschädigten Personenverband oder auch den geschädigten Mitgliedern gegen diejenigen, welche solche Vereinbarungen getroffen haben, u. U. nur Schadensersatzansprüche gemäß §§ 823, II, 826 BGB. zu.

a) In diesen Zusammenhang gehören nun vor allem die Fälle der sogenannten verdeckten Vertretung oder cessio in legitimationem, der viel erörterten Legitimationsübertragung. Diese kommt wohl nur bei der AG. und der GmbH. in Betracht. Es handelt sich um den Fall, daß ein Mitglied seine Aktien bzw. Geschäftsanteile in der Weise auf einen anderen (den „Strohmann") überträgt, daß dieser zwar die Mitgliedschaft nicht erwerben, aber der Gesellschaft gegenüber in eignem Namen die Mitgliedschaftsrechte ausüben können soll. Nach außen tritt also der Zessionar als Mitglied auf, während in Wahrheit und im Innenverhältnis (zwischen Veräußerer und Erwerber) die Mitgliedschaft beim Zedenten verbleibt. Dahin gehört auch der Fall, daß ein Gesellschafter seinen Anteil auf einen anderen überträgt, aber den Rechtsausweis noch behält und mit dem Erwerber vereinbart, nach außen hin weiter als Aktionär bzw. Gesellschafter aufzutreten. Besonders häufig kommt die Legitimationsübertragung bei der Verwahrung von Aktien durch Banken zur Anwendung. Diese lassen sich oft in ihren allgemeinen Geschäftsbedingungen durch ihre Kunden ermächtigen, die bei ihnen deponierten Aktien nach eigenem Ermessen zu vertreten. (Vgl. Simon 276, 282; Sontag 42.) Daß das Rechtsinstitut der Legitimationsübertragung die Möglichkeit von Mißbräuchen und insbesondere der Umgehung der Stimmenthaltungsvorschriften gewährt, liegt auf der Hand, weshalb auch seine Zulässigkeit nicht unbestritten geblieben ist. So haben in neuerer Zeit insbesondere Planitz (10ff.) und Nord (JW. 1926, 530f.) ernstliche Bedenken gegen die rechtliche Zulässigkeit der Legitimationsübertragung erhoben und in manchen ausländischen Rechten ist sie ausdrücklich verboten.

Vgl. Art. 131 des BelgGes. von 1873; Art. 13 in Verbindg. mit Art. 45 des franz. Ges. vom 24. Juli 1867; in den Niederlanden und in der Schweiz ist die Leg.-Übertragung nicht vom Gesetz, aber von der Rechtsprechung für unzulässig erklärt worden; vgl. Gieseke 24 ff.

Es ist jedoch mit der herrschenden Lehre (vgl. insbesondere Staub Anm. 17 zu § 223; Gieseke 16ff.; Simon 257ff.; Ludewig, Die sog. Leg.Übertragung in JW. 1922, 1501ff.; RG. 30, 51; 40, 80; 60, 162; und in ZAG. 27, 147) an der Zulässigkeit der Legitimationsübertragung (nach geltendem Recht) festzuhalten. Es ist Ludewig beizupflichten, wenn er ausführt: „Nach deutschem Recht ist die Überlassung von Rechten aus Aktien zur Ausübung im eigenen Namen nicht gesetzlich verboten. Ein solches allgemeines Verbot würde zu weit gehen. Wenn auch eine Gefährdung der Rechtsinhaber in manchen Fällen eintreten kann, so ist doch nicht zu verkennen, daß sehr oft wirtschaftlich durchaus zu billigende Gründe maßgebend sein können, oder daß es zu einer Verletzung berechtigter Interessen nicht kommt." Das gleiche gilt auch für die Legitimationsübertragung von Geschäftsanteilen einer GmbH.

Allgemein anerkannt ist aber, daß die Legitimationsübertragung nicht zu einer Umgehung der Stimmenthaltungsvorschriften führen darf. (Vgl. jedoch Gieseke 46f.) Die Gefahr einer solchen Umgehung ist um so größer, als der Legitimationszessionar an dem Wohle der Gesellschaft überhaupt nicht interessiert zu sein braucht. Zunächst kann es nun sein, daß eine Legitimationsübertragung nur zu dem den beiden Vertragsschließenden bekannten Zweck vorgenommen worden ist, einem wegen Interessenkollision vom Stimmrecht ausgeschlossenen Gesellschafter das Stimmrecht zu retten. Eine solche Leg.Übertragung ist zweifellos wegen Verstoßes gegen § 138 BGB. nichtig. (Vgl. RG. 85, 170; Brodmann 179 Anm. 1 zu § 47; 187 Anm. 6 zu § 47; Gieseke 21f.) Wie Brodmann (a. a. O.) richtig hervorhebt, genügt es aber zur Unsittlichkeit und Nichtigkeit einer Leg.Übertragung auch schon, daß sie zwar nicht ausschließlich, aber mit zu dem Zwecke der Umgehung der Stimmenthaltungsvorschriften vorgenommen wird. Unwesentlich ist es, ob ausdrücklich vereinbart wird oder nicht, daß der Zedent im Interesse des Zessionars abstimmen soll; denn es gibt auch stillschweigende Vereinbarungen. (Vgl. Sontag 60.) Andererseits genügt u. U. eine solche Vereinbarung nicht, um die Leg.Übertragung wegen Verstoßes gegen die guten Sitten nichtig zu machen, wenn z. B. im Zeitpunkt der Leg.-Übertragung der Zweck der Umgehung der Stimmenthaltungsvorschriften noch gar nicht in Betracht gezogen wurde. Wird der Zweck der Umgehung nur von dem Zessionar verfolgt, ohne daß der Zedent davon Kenntnis hat, so kann die Leg.Übertragung nicht wegen Umgehung der Stimmenthaltungsvorschriften sittenwidrig und nichtig sein. Gegen § 317 HGB. verstößt die Leg.Übertragung auch dann nicht, wenn der Erwerber gegen Gewährung eines Entgeltes die Verpflichtung übernommen hat, im Sinne des Veräußerers zu stimmen. Der Tatbestand des § 318 HGB. ist nicht schon dann erfüllt, wenn ein Aktionär, welcher wegen Interessenkollision vom Stimmrecht ausgeschlossen ist, einem anderen seine Aktien zur Ausübung im eigenen Namen übergibt, sondern erst dann, wenn der „Entleiher" ein Entgelt für die Überlassung der Aktien gewährt oder verspricht. (Vgl. Staub Anm. 11 zu § 318; Lehmann-Ring Nr. 7 zu § 318.) Dagegen ist die Leg.Übertragung auch dann nichtig, wenn es sich nur um ein Scheingeschäft handelt (§ 117 BGB.). Soweit die Leg.Übertragung rechtsunwirksam ist, der Zedent aber vom Stimmrecht wegen Interessenkollision ausgeschlossen ist, kann selbstverständlich auch der Zessionar das Stimmrecht aus dem ihm übertragenen Anteil nicht ausüben, selbst wenn man ihm auch bei Nichtigkeit der Leg.Übertragung das Recht zubilligen wollte, das Stimmrecht des Zedenten in dessen Namen auszuüben; da dessen Stimmrecht ruht, kann es auch nicht durch einen Bevollmächtigten ausgeübt werden.

Anders ist es, wenn eine gültige Leg.Übertragung vorliegt. Die Frage des Stimmrechtsausschlusses des Zessionars wegen Interessenkollision hängt hier aufs engste mit der Frage der Bedeutung der Legitimation des Zessionars zusammen. Grundsätzlich muß dieser, soweit er legitimiert ist, zur Abstimmung im eignen Namen zugelassen werden. Als Legitimation kommt in Betracht bei der AG. für Namensaktien das Aktienbuch, für Inhaberaktien der Besitz der Aktien, bei der GmbH. der Nachweis des Übergangs des Geschäftsanteils und Anmeldung des Erwerbs bei der Gesellschaft. Hinsichtlich der Namensaktie wie auch hinsichtlich des Geschäftsanteils der GmbH. ist es bestritten, ob die Gesellschaft dem Legitimierten den Einwand seines mangelnden Rechts an der Aktie bzw. an dem Geschäftsanteil entgegenhalten kann. Das wird in dieser Allgemeinheit meist verneint.

Vgl. Staub Anm. 5 ff., 17 ff., zu § 223 HGB.; Jacobi 223 ff.; Hacker, Der Nießbrauch von Prämienpapieren, Aktien- und Urheberrechten in Holdheim 15, 181 ff. und die dort angegebene Literatur; Simon 278; RG. 30, 51; 40, 81; 86, 155; aber auch 86, 161. Dagegen ZAG. 30, 19; 33, 6 f.; Ludewig a. a. O.

Hinsichtlich der Namensaktien ist mit der herrschenden Lehre anzunehmen, daß die Gesellschaft den im Aktienbuch Eingetragenen als Aktionär betrachten muß, sofern sie nicht nachweist, daß seine Legitimation mangelhaft ist. Diesen Nachweis kann sie aber nur dadurch führen, daß sie entweder dartut, daß der Eingetragene nicht die Verfügungsmacht über die Aktie besitzt und auch nicht an Stelle des Verfügungsberechtigten steht oder indem sie beweist, daß die Vorlegitimation durch Ungültigkeit der Indossamente oder die Eintragung im Aktienbuch selbst mangelhaft und ungültig ist. Außerdem sind der Gesellschaft auch der Einwand der Arglist sowie die Einwendungen aus § 364 HGB. in derselben Weise, wie sie einem Wechselschuldner zustehen, gegeben.

In RG. 86, 155 ist ausgeführt, daß die Eintragung im Aktienbuch nicht nur eine durch Gegenbeweis entkräftbare Vermutung begründet, sondern, daß die Rechtslage hier verwandt sei mit der Gestaltung, die durch ein relatives Veräußerungsverbot oder durch die Bestimmungen der §§ 25, I Satz 2, 392, II HGB. herbeigeführt werden. So anscheinend auch v. Tuhr I, 70, Z. 2. In dem vom RG. entschiedenen Fall handelt es sich aber um Ausübung eines Rechtes der Gesellschaft gegen einen Aktionär. In RG. 86, 161 wurde dagegen ausgesprochen, daß § 223, III HGB. zum Schutze der AG. aufgestellt sei und daß dem Legitimierten der Einwand der mangelnden Berechtigung entgegengehalten werden könnte.

Entsprechende Grundsätze gelten auch für die GmbH. mit Bezug auf die Leg.Übertragung von Geschäftsanteilen mittels Anmeldung des Erwerbs bei der Gesellschaft, nur daß hier ein Indossament in der Regel nicht in Frage kommt.

Bei der Inhaberaktie, die ja die weitaus häufigere Aktiengattung ist, legitimiert der bloße unmittelbare Besitz der Urkunde. Doch kann dem Inhaber der Einwand des § 793 BGB. entgegengehalten werden, wobei die Gesellschaft aber beweisen muß, daß der Inhaber der Aktie nicht das Recht hat, über sie zu verfügen oder daß ihm auch eine von dem Eigentümer ausgehende Verfügungsmacht nicht zukommt oder daß er die Aktienrechte wider den Willen des Eigentümers ausübt. (Vgl. Haselberger 17; Steinmetz 32; Jacobi a. a. O.; dagegen RG. 30, 51.)

Aus dem Gesagten geht hervor, daß dem Leg.Zessionar grundsätzlich nicht der Einwand entgegengehalten werden kann, daß er in Wahrheit nicht das Recht an der Aktie bzw. dem Geschäftsanteil besitzt. (Vgl. Staub Anm. 17 zu § 223; Jacobi a. a. O.; Steinmetz 32.) Anderseits darf aber nun die Leg.Übertragung nicht zur Umgehung der Stimmenthaltungsvorschriften dienen. Maßgebend muß dabei der Gesichtspunkt sein, daß der Leg.Zessionar in Wahrheit nicht Gesellschafter, sondern „verkappter Bevollmächtigter" (vgl. Horrwitz 391 und Staub Anm. 19 zu § 223) ist, daß er also in aller Regel verpflichtet ist, im Interesse des wahren Gesellschafters zu stimmen, seine Zulassung daher den gleichen Erfolg hätte wie die Zulassung des wahren Gesellschafters selbst, sowie, daß das Stimmrecht, welches der Leg.Zessionar ausübt, das Stimmrecht seines Zedenten ist. Bestehen gegen den wahren Gesellschafter Einwendungen, die der Ausübung seiner Gesellschaftsrechte von der Gesellschaft entgegengehalten werden können, so muß sie daher auch der Strohmann gegen sich gelten lassen. „Nemo plus iuris transferre potest quam ipse habet." Ist also der wahre Gesellschafter wegen Interessenkollision vom Stimmrecht ausgeschlossen, so kann sein Stimmrecht auch nicht von einem Leg.Zessionar ausgeübt werden. Gleichgültig ist dabei, ob dieser die Absicht des wahren Gesellschafters, ein Stimmverbot zu umgehen, kannte oder nicht.

Vgl. Staub Anm. 21 zu § 222; 7 und 19 zu § 223; 10 f. zu § 318; Horrwitz 391; Lehmann-Ring Nr. 7 zu § 318; Pinner Anm. V, 1a zu § 252; Flechtheim 569 f.; Ludewig a. a. O.; Planitz a. a. O., 24 Anm. 40; Simon 278; Marcuse in Holdheim 22, 257; Schreib 42; Brodmann 179, 187; RG. 30, 51; 40, 80; 106, 263; vgl. auch Urt. des Schweiz. Bundesgerichtes vom 29. Mai 1897 in Holdheim 6, 312 ff.

Nur in zwei Fällen muß der Leg.Zessionar das Stimmrecht besitzen, obwohl der wahre Gesellschafter vom Stimmrecht ausgeschlossen ist (es sei denn, daß besondere Gründe im Einzelfall den Stimmrechtsausschluß des Leg.Zessionars rechtfertigen); das ist zunächst der Fall bei der sogenannten Gattungsverwahrung nach § 2 DepGes., wenn der Verwahrer also die Aktien auf Stückekonto schuldet. Hier kann der Hinterleger das Stimmrecht in der Regel nur dann in eigenem Namen ausüben, wenn eine Leg.Übertragung des Verwahrers an ihn erfolgt. Da aber hier der Hinterleger, wenn nicht besondere Umstände dagegen sprechen, sich von seinem eigenen Interesse, nicht von dem des Verwahrers bei der Abstimmung leiten lassen wird, wird man ihn, auch wenn der Verwahrer vom Stimmrecht ausschlossen ist, zur Abstimmung zulassen müssen. Der zweite Fall ist der des Sammeldepots. Darüber siehe unten S. 94.

Im Übrigen muß die Gesellschafterversammlung den Strohmann dann, wenn der wahre Gesellschafter vom Stimmrecht ausgeschlossen ist, nicht nur nicht zur Ausübung des Stimmrechts zulassen, sondern sie darf es nicht einmal; andernfalls liegt u. U. ein die Anfechtbarkeit begründender Verstoß gegen das Gesetz bei der Beschlußfassung vor. Erforderlich ist dabei freilich die Kenntnis der Versammlung davon, daß der Legitimierte nicht wirklich Gesellschafter ist. Im Allgemeinen hat die Gesellschafterversammlung zwar das Recht (dagegen RG. 30, 51; 40, 82, aber mit Ausnahme des Falles, wo die Ausübung des Stimmrechts durch den zur Ausübung Legitimierten gesetz- oder statutwidrig ist), aber nicht die Pflicht zu prüfen, ob der Legitimierte wirklich das Recht zur Verfügung über den von ihm vertretenen Anteil besitzt. Eine solche Prüfungspflicht wird aber dann bestehen, wenn die Unterlassung der Prüfung gegen Treu und Glauben verstoßen würde. (Vgl. Hacker a. a. O., Haselberger 19.) Das ist wohl z. B. dann der Fall, wenn Tatsachen vorliegen, die darauf schließen lassen, daß der Legitimierte nur Strohmann eines vom Stimmrecht ausgeschlossenen Gesellschafters ist. In der Praxis freilich wird es sehr häufig nicht erkennbar sein, ob das Stimmrecht von einem Strohmann oder von dem „echten" Gesellschafter ausgeübt wird; denn der Legitimierte ist nicht verpflichtet, seine Eigenschaft als Strohmann zu offenbaren. (Vgl. Nord a. a. O.) Praktisch darf daher die Gefahr des Instituts der Leg. Übertragung gerade im Hinblick auf die Frage der Umgehung der Stimmenthaltungsvorschriften nicht unterschätzt werden und es ist zuzugeben, daß de lege ferenda eine Revision der Ausgestaltung dieses Rechtsinstituts dringend erforderlich erscheint. (Vgl. insbesondere wegen des Bankenstimmrechts und der Zweckmäßigkeit eines Auskunftszwangs Gieseke a. a. O.)

b) Neben der Leg. Übertragung gibt es noch andere Rechtsinstitute, die, obwohl sie in der Form von jener verschieden sind, materiell zu demselben Erfolg führen können und daher nicht selten zur Umgehung der Stimmenthaltungsvorschriften benützt werden. Es handelt sich vor allem um die fiduziarische Übereignung von Aktien oder Geschäftsanteilen oder um deren Übereignung durch Reportgeschäft. (Ein solches kommt aber wohl für Geschäftsanteile einer GmbH. kaum in Frage.) In beiden Fällen wird, soferne das Rechtsgeschäft wirksam ist, der Erwerber wirklich Eigentümer der veräußerten Anteile (bei der fiduz. Übereignung ist das allerdings nicht immer der Fall), aber im Fall der fiduz. Übereignung mit der Verpflichtung, die übereigneten Anteile dem Veräußerer zurückzuübertragen, im Falle des Reportgeschäfts mit der Verpflichtung, Papiere der gleichen Art und Menge dem „Hereingeber" zurückzuverkaufen. Grundsätzlich wird jedenfalls der Erwerber Aktionär bzw. Gesellschafter der GmbH. und hat als solcher auch das Stimmrecht. (Rehm DJZ. 04, 956; Lehmann-Ring Nr. 1 zu § 252; Steinmetz 29; RG. in Bankarch. 6, 77; Holdheim 14, 309; aber auch Bondi in DJZ. 1914, 908.)

Zunächst gilt auch hier das, was oben über die Nichtigkeit der Leg. Übertragung gem. § 138 oder § 117 BGB. ausgeführt wurde. Gegen § 317 HGB. verstoßen solche „Rechtsgeschäfte nur dann, wenn der Erwerber sich vom Veräußerer für die Abstimmung in einem gewissen Sinne besondere Vorteile versprechen oder gewähren läßt. Soweit das fiduz. Übereignungsgeschäft oder das Reportgeschäft nichtig ist, der Veräußerer aber vom Stimmrecht wegen Interessenkollision ausgeschlossen ist, kann auch der Erwerber das Stimmrecht des Veräußerers weder im eigenen, noch im fremden Namen ausüben. Ist aber das Veräußerungsgeschäft rechtswirksam, so liegen die Dinge insoferne anders als bei der Leg. Übertragung, als eben der Erwerber hier zum Unterschiede vom Leg. Zessionar wirklich Eigentümer der Anteile und daher Mitglied der betr. Gesellschaft wird, daher auch materiell nicht mehr als Vertreter seines Veräußerers angesehen werden kann. Freilich kann man auch hier mit einem gewissen Recht sagen, daß der Erwerber für Rechnung des Veräußerers stimme, und der Erwerber braucht ebensowenig wie der Leg. Zessionar an dem Wohle der Gesellschaft interessiert zu sein.

Das fiduz. Geschäft wie das Reportgeschäft werden in der Regel aus besonderen wirtschaftlichen Gründen abgeschlossen. Dabei denken die Parteien häufig gar nicht an die Ausübung des Stimmrechts. Daß es daher auch vorkommt, daß der Erwerber nicht im Sinne des Veräußerers stimmt, bewies der Hibernia-Fall, wo die Berliner Handelsgesellschaft die ihr von der Dresdner Bank, der Vertreterin des Fiskus, hereingegebenen Aktien dazu benutzte, gegen das Interesse des Fiskus die Kapitalerhöhung durchzusetzen. Freilich werden aber auch nicht selten zwischen dem Veräußerer und dem Erwerber Beziehungen bestehen, auf Grund derer mit Bestimmtheit damit gerechnet werden kann, daß der Erwerber das Stimmrecht im Sinne des Veräußerers ausübt, und freilich werden solche Geschäfte nicht selten auch ohne besondere wirtschaftliche Gründe nur zu dem Zwecke vorgenommen, ein sonst brach liegendes Stimmrecht des Veräußerers zu retten. Besteht eine rechtswirksame Verpflichtung des Erwerbers gegenüber dem Veräußerer, das Stimmrecht in gewissem Sinne auszuüben, so ist jedenfalls das Privatinteresse des Erwerbers bei der Beschlußfassung als unmittelbar berührt zu betrachten und er muß daher, wenn die anderen Voraussetzungen des Stimmrechtsausschlusses nach Treu und Glauben erfüllt sind, vom Stimmrecht für die ihm veräußerten Anteile ausgeschlossen sein. Sind in der Person des Veräußerers die Voraussetzungen des Stimmrechtsausschlusses wegen Interessenkollision bei der fraglichen Beschlußfassung erfüllt und besteht eine Verpflichtung des Erwerbers, im Sinne des Veräußerers zu stimmen, so muß man aber m. E. einen Schritt weiter gehen. Es handelt sich hier prinzipiell dann überhaupt um den Fall, daß das Mitglied eines Personenverbandes verpflichtet ist, im Sinne eines Anderen, sei es eines Mitgliedes, sei es eines Dritten zu stimmen, in dessen Person die Voraussetzungen des Stimmrechtsausschlusses nach den Ausschlußvorschriften oder nach den Grundsätzen über Treu und Glauben erfüllt sind, der also selbst vom Stimmrecht ausgeschlossen ist, oder, wenn er Mitglied wäre, ausgeschlossen wäre. Hier muß auch das verpflichtete Mitglied vom Stimmrecht ausgeschlossen sein; denn es hat ja das Interesse des Anderen, in dessen Sinne zu stimmen es verpflichtet ist, gewissermaßen zu seinem eigenen gemacht; jedenfalls hätte die Zulassung des verpflichteten Mitgliedes zur Abstimmung eine ganz ähnliche Wirkung wie die Zulassung eines interessierten Mitglieds selbst, insoferne als die Gefahr der egoistischen Ausübung des Stimmrechts zum Schaden des Personenverbands in jenem Falle in aller Regel nicht minder groß ist als in diesem. Für den Stimmrechtsausschluß eines so verpflichteten Mitglieds sprechen also ähnliche, nur noch stärkere Gründe als für den Stimmrechtsausschluß des offenen Vertreters eines ausgeschlossenen Mitgliedes. Ob die Verpflichtung ausdrücklich oder stillschweigend erfolgt, ist belanglos. Aber auch darauf, ob eine rechtswirksame Verpflichtung überhaupt vorliegt oder nicht, kann es m. E. hier nicht ankommen. Es genügt vielmehr, daß das Mitglied durch eine feste Zusage, auf die sich der, welchem gegenüber sie abgegeben wurde, fest verlassen kann, gebunden ist. (Vgl. dazu Moeser 99, der den Stimmrechtsausschluß desjenigen, der in einem Abhängigkeitsverhältnis zu einem Interessenten steht, befürwortet.)

Daraus folgt nun für die Frage des Stimmrechts bei der Veräußerung von Anteilen durch fiduz.- oder Reportgeschäft, daß, wenn der Veräußerer vom Stimmrecht wegen Interessenkollision ausgeschlossen wäre, soferne er noch Mitglied wäre, der Erwerber, insoweit er verpflichtet oder durch feste Zusagen gebunden ist im Sinne des Veräußerers zu stimmen, kein Stimmrecht hat. Verstoßen derartige Verpflichtungen gegen die guten Sitten oder gegen die Bestimmung des § 317 HGB., so ist der Erwerber, wie wir sahen, auch ganz abgesehen von dem Vorliegen einer Interessenkollision vom Stimmrecht ausgeschlossen. Darnach ist es auch überflüssig, hier den Gesichtspunkt der Umgehung der Stimmenthaltungsvorschriften heranzuziehen. Erfolgt das Veräußerungsgeschäft nur oder mit zu dem beiden Parteien bekannten Zweck der Umgehung der Stimmenthaltungsvorschriften, so ist es nichtig.

Vgl. dagegen Flechtheim (571), der in solchen Fällen das Veräußerungsgeschäft für rechtswirksam hält und nur das Stimmrecht des Erwerbers vom Gesichtspunkt der Umgehung aus ausgeschlossen wissen will; ebenso anscheinend RG. in LZ. 07, 139 Nr. 6 und Brodmann 179 Anm. 1 zu § 47.

Ebenso ist eine Verpflichtung des Erwerbers im Sinne des Veräußerers zu stimmen, wenn sich beide Parteien des Zweckes der Umgehung bewußt sind, wegen Verstoßes gegen die guten Sitten rechtsunwirksam. Nach dem oben Gesagten ist aber auch hier der Erwerber vom Stimmrecht ausgeschlossen, also auch wenn das Veräußerungsgeschäft gültig ist. (Vgl. zu alledem Sontag 61.)

c) Ähnlich wie die beiden genannten Fälle liegt derjenige Fall, daß jemand im eigenen Namen, aber für Rechnung eines Anderen einen Anteil erwirbt. Auch hier kommt es hinsichtlich des Stimmrechtes des formellen Erwerbers darauf an, ob in der Person des eigentlichen materiellen Erwerbers die Voraussetzungen des Stimmrechtsausschlusses vorliegen und ob zwischen den beiden feste Abmachungen wegen der Ausübung des Stimmrechts im Sinne des materiellen Erwerbers getroffen worden sind. Auch hier braucht daher wohl der Gesichtspunkt der Umgehung der Stimmenthaltungsvorschriften nicht herangezogen werden; richtig ist es aber sicherlich, daß, wenn der treuhänderische Erwerb zum Zwecke der Umgehung der Stimmenthaltungsvorschriften vereinbart wurde und der materielle Erwerber bei der fraglichen Beschlußfassung wirklich vom Stimmrecht ausgeschlossen wäre, der Treuhänder schon aus dem Gesichtspunkt der Umgehung mit den betreffenden Anteilen nicht zur Abstimmung zuzulassen ist. (Vgl. Staub-Hachenburg Anm. 19 zu § 47; Brodmann 179 Anm. 1 zu § 47; RG. 103, 198.)

Ebenso zu behandeln sind diejenigen Fälle, wo Anteile verkauft werden, die Eigentumsübertragung aber vor der Beschlußfassung noch nicht vollzogen ist. Auch das ist ein Weg, auf dem häufig eine Umgehung der Stimmenthaltungsvorschriften versucht wird. Dem Verkäufer steht, solange der Kaufvertrag nicht erfüllt ist, dem Käufer also die Anteile noch nicht übereignet sind, das Stimmrecht für die verkauften Anteile zu. Aber auch hier kann er das Stimmrecht nicht ausüben, wenn er durch Verpflichtungen oder feste Zusagen in der Ausübung des Stimmrechts zugunsten des Käufers gebunden ist und in der Person des Käufers die Voraussetzungen des Stimmrechtsausschlusses vorliegen, jedenfalls also auch dann nicht, wenn die Übereignung nur zu dem beiden Teilen bekannten Zwecke der Umgehung der Stimmenthaltungsvorschriften bis nach der Beschlußfassung hinausgeschoben worden ist. (Vgl. Flechtheim 570 und Staub-Hachenburg Anm. 19 zu § 47.)

d) Der oben aufgestellte Grundsatz, daß das Mitglied eines Personenverbandes, welches verpflichtet oder durch feste Zusagen gebunden ist, im Sinne eines Anderen (Dritten oder Mitgliedes) zu stimmen, in dessen Person die Voraussetzungen des Stimmrechtsausschlusses erfüllt sind, vom Stimmrecht ausgeschlossen ist, hat besondere Bedeutung nun auch für diejenigen Fälle, wo gar nicht davon die Rede ist, daß das Mitglied seine Anteile oder seine Mitgliedschaft demjenigen, in dessen Sinne es stimmt, übertragen wird, oder wo wenigstens keine darauf gerichtete Verpflichtung des Mitgliedes besteht. Verpflichtet sich also z. B. ein Mitglied einem Dritten gegenüber, mit dem von Seiten des Personenverbandes ein Rechtsgeschäft vorgenommen werden soll, für den Abschluß des Rechtsgeschäftes zu stimmen, so ist das Mitglied vom Stimmrecht ausgeschlossen; eine derartige Verpflichtung kann z. B. einem Mitgliede einem anderen Rechtssubjekte gegenüber obliegen, das mit ihm in einer Interessengemeinschaft steht. (Vgl. Flechtheim 571.) Ebenso ist es, wenn jemand Aktien eines Anderen erwirbt, ohne daß an eine Rückübertragung gedacht ist, aber mit der Verpflichtung, bei der Beschlußfassung über Abschluß eines Rechtsgeschäftes mit dem Veräußerer für den Abschluß zu stimmen. Wie wir sahen, brauchen solche Verpflichtungen durchaus nicht gesetzwidrig zu sein. Vor allem ist zu beachten, daß derartige Verpflichtungen nicht ohne weiteres gegen § 317 HGB. verstoßen, sondern nur wenn der Abstimmende sich besondere Vorteile dafür gewähren oder versprechen läßt, daß er in einem gewissen Sinne stimmen werde. Ein solcher Vorteil kann allerdings, was im letzterwähnten Beispiel in Betracht kommt, in einem besonders günstigen Kaufpreis der erworbenen Anteile liegen. (Vgl. Flechtheim 570.)

Die Frage, ob bei einer Veräußerung von Anteilen eine Rückübertragung vereinbart ist oder ob eine solche den Umständen nach sicher zu erwarten ist, spielt also mit Hinblick auf den erwähnten Grundsatz hinsichtlich der Frage des Stimmrechtsausschlusses des Erwerbes keine große Rolle. Besonders lebhaft erörtert wurde in dieser Beziehung der Fall der Fusion der Kölnischen Maschinenbau AG. in Köln-Bayenthal mit der Berlin-Anhalter Maschinenbau AG. (Bamag) in Berlin. Die Bamag, die selbst Hauptaktionärin der Bayenthalgesellschaft war, wußte nämlich die Verschmelzung der beiden Unternehmen dadurch zu erreichen, daß sie kurz vor der Beschlußfassung 400 ihrer Aktien an mehrere ihr nahestehende Banken verkaufte. Im Gegensatz zum OLG. Köln, das dieses Kaufgeschäft wegen Verstoßes gegen die guten Sitten für ungültig erklärte, erkannte das RG. (85, 170ff.) die Rechtswirksamkeit des Kaufgeschäftes an. Es stellte zwar fest, daß die Banken, welche die Aktien erwarben, den Zweck des Aktienverkaufs, nämlich die Verwertung der sonst brach liegenden 400 Stimmen gekannt hätten, es sprach aber aus, daß eine Handlung wider die guten Sitten in einem derartigen Rechtsgeschäft höchstens dann zu erblicken sei, wenn es „überhaupt nur zum Schein vorgenommen“ werde, oder „aber wenn wenigstens der Erwerber der Anteile verpflichtet“ sei, das Stimmrecht im Sinne des Veräußerers auszuüben. Dieses Urteil hat in der Literatur lebhaften Widerspruch hervorgerufen. (Vgl. Bondi in DJZ. 1914, 908; Pinner in JW. 1916, 990 = Beitr. 74; Staub Anm. 19 zu § 223; Sontag 59f.; Flechtheim 570f.)

Zweifelhaft mag es schon erscheinen, ob nicht der Aktienverkauf, weil er zum Zwecke der Umgehung geschah, als gegen die guten Sitten verstoßend und daher als nichtig angesehen werden muß. Denn auch ein ernsthaftes Geschäft kann in fraudem legis erfolgen. (Das RG. hält übrigens Scheingeschäft und Umgehungsgeschäft nicht scharf genug auseinander; beide schließen sich aus; vgl. Flechtheim a. a. O.) Nimmt man das nicht an, so geht es allerdings zu weit, wenn Staub (a. a. O. und ähnlich Flechtheim a. a. O.) behauptet, daß in solchen Fällen, d. h. wenn eine Rück-Übertragung nicht ausdrücklich vereinbart ist, und keine wirtschaftlichen Gründe für die Übertragung sprechen, bei großen sich nahestehenden Gesellschaften eine starke Vermutung besteht, daß eine Rückübertragungspflicht auch ohne ausdrückliche Abrede als gewollt gilt. (Vgl. Haussmann, Die Tochtergesellschaft Berlin 1923, 66) und daß daher der Erwerber der Anteile in solchen Fällen von dem Gesichtspunkte der Umgehung aus, obwohl das Veräußerungsgeschäft gültig sei, vom Stimmrecht ausgeschlossen sein müsse. Es ist allerdings richtig, daß, wenn eine solche ausdrückliche oder stillschweigende Rückübertragungspflicht besteht, der Stimmrechtsausschluß schon aus dem Gesichtspunkte der Umgehung gerechtfertigt ist; aber die Heranziehung dieses reichlich unbestimmten Gesichtspunktes ist hier bei Anerkennung des von uns aufgestellten Grundsatzes kaum erforderlich, wonach es nur darauf ankommt, ob zwischen Veräußerer und Erwerber bestimmte Verpflichtungen oder feste Abmachungen oder Zusagen über die Ausübung des Stimmrechts durch den Erwerber bestehen. Im Falle Bamag-Bayenthal war danach jedenfalls das Stimmrecht der Bank deswegen ausgeschlossen, weil wohl angenommen werden kann, daß stillschweigende Vereinbarungen über die Art der Ausübung des Stimmrechts durch die Bank bestanden, daß die Bamag sich also fest darauf verlassen konnte, daß die Bank für die Vornahme der Fusion stimmen werde.

e) Sehr umstritten ist es, wem beim Nießbrauch an Aktien oder Geschäftsanteilen einer GmbH. das Stimmrecht zusteht. (Auch bei anderen Personenverbänden ist übrigens, soweit die Mitgliedschaft übertragbar ist, ein Nießbrauch an dieser denkbar; hier gilt grundsätzlich das Gleiche wie für die beiden genannten Körperschaften.) Nach der m. E. richtigen Theorie ist hier der Eigentümer allein stimmberechtigt. (Vgl. Staub Anm. 6 zu § 252 und die dort cit. Lit. sowie Hacker in Holdheim 15, 185 und die dort angeführte Literatur.) Er kann dann grundsätzlich sein Stimmrecht ausüben, gleichgültig ob der Nießbraucher vom Stimmrecht wegen Interessenkollision ausgeschlossen ist oder nicht, es sei denn, daß aus besonderen Gründen, etwa wegen einer Verpflichtung gegenüber dem Nießbraucher, in dessen Sinne zu stimmen, vielleicht nach Treu und Glauben der Stimmrechtsausschluß des Eigentümers gerechtfertigt ist.

Übt der Nießbraucher mit Willen des Eigentümers dessen Stimmrecht aus, so hat er die Stellung eines Leg. Zessionars.

Spricht man dagegen dem Nießbraucher allein das Stimmrecht zu, so folgt daraus, daß er dieses Recht im eignen Namen und auf eigene Rechnung auf Grund seines Herrschaftsrechtes an der Mitgliedschaft ausüben kann. Er ist also dann in bezug auf den Stimmrechtsausschluß nicht so zu behandeln wie ein Leg. Zessionar, sondern wie der fiduz. Erwerber eines Anteils.

Nach einer dritten Meinung steht das Stimmrecht wenigstens in gewissen Fällen dem Eigentümer und dem Nießbraucher gemeinsam zu. Dann gelten über den Ausschluß vom Stimmrecht wegen Interessenkollision diejenigen Grundsätze, welche im Allgemeinen auch sonst für den Fall gelten, daß Mehreren eine Aktie bzw. ein Geschäftsanteil oder eine Mitgliedschaft überhaupt gemeinsam zusteht. (Vgl. darüber unten Ziff. 4.)

Beim gesetzlichen Güterstand steht dem Ehemann kraft seines Verwaltungsrechtes ein Stimmrecht der Frau insoweit zu, als die Mitgliedschaft der Frau an dem betr. Personenverbande zum eingebrachten Gut gehört, auch wenn diese Mitgliedschaft, wie z. B. immer bei der Gesellschaft des bürgerlichen Rechts und der oHG. und meist beim rechtsfähigen Verein des HGB., unübertragbar ist, denn auch dann hat der Mann zwar nicht das Nutzungs-, wohl aber das Verwaltungsrecht. (Vgl. Staub Anm. 6 zu § 252; Staudinger Anm. 3 c zu § 1363 und 1 a zu § 717.) Grundsätzlich kann der Mann das Stimmrecht seiner Frau im eigenen Namen ausüben. (Vgl. Staudinger Anm. 3 zu § 1374.) Soweit er es im eigenen Namen ausübt, muß er in bezug auf den Stimmrechtsausschluß wegen Interessenkollision ebenso behandelt werden wie ein Leg. Zessionar; denn der Ehemann übt das Stimmrecht für Rechnung der Frau aus und er ist allgemein verpflichtet, die Interessen der Frau wahrzunehmen. Ist also die Frau vom Stimmrecht wegen Interessenkollision ausgeschlossen, so kann auch der Mann ihr Stimmrecht nicht ausüben. Das Gleiche gilt auch bei der allgemeinen Gütergemeinschaft, wo der Mann das Stimmrecht der Frau insoweit ausüben kann, als die Mitgliedschaft der Frau zum Gesamtgut oder zum „Sondergut“ der Frau (vgl. § 1439 BGB.) gehört; ebenso ist es bei der Errungenschaftsgemeinschaft und Fahrnisgemeinschaft, wo aber an Stelle des Sondergutes das eingebrachte Gut der Frau tritt. (Vgl. §§ 1520ff., 1550ff. BGB.)

4. Wenn Mehreren zusammen eine Mitgliedschaft bzw. der Anteil an einem Personenverband zusteht, sei es nach Bruchteilen, sei es

zu gesamter Hand, und wenn auch nur bei einem von ihnen die Voraussetzungen des Stimmrechtsausschlusses wegen Interessenkollision bei einer Beschlußfassung des Personenverbandes vorliegen, mag er selbst allein noch eigene Anteile an diesem Verbande besitzen oder nicht, so ruht das Stimmrecht aus dieser gemeinsamen Mitgliedschaft überhaupt. (Ebenso Brodmann 187, Anm. 6 zu § 47; Isay 584.) Ebenso ruht, wenn mehreren Personen gemeinsam mehrere Anteile gehören, das Stimmrecht aus diesen Anteilen. Das auf der gemeinsamen Mitgliedschaft beruhende Stimmrecht kann nur einheitlich ausgeübt werden. Im Recht der AG. und der GmbH. ist dieser Grundsatz gesetzlich anerkannt. (Vgl. HGB. § 225, GmbHGes. § 18; ähnlich auch GenGes. §§ 43, IV, 77.) Das gilt aber auch für die übrigen Personenverbände; denn das aus einer Mitgliedschaft entspringende Stimmrecht muß einheitlich ausgeübt werden. Andererseits kann ein Mitglied, auch wenn es mehrere Anteile besitzt, seine Stimmen nur in einheitlichem Sinne ausüben. (Vgl. Staub, Anm. 3 zu § 252; Staub-Hachenburg Anm. 6 zu § 47; RG. 33, 94; Isay 585; dagegen Horrwitz 138; Bernicken 2881.) Dem einzelnen Mitglied stehen aber in dieser Beziehung diejenigen Personen gleich, denen ein Anteil oder mehrere Anteile gemeinsam gehören, da jedem von ihnen dann an jedem Anteil mindestens eine ideelle Quote zusteht. Nun ist aber in aller Regel anzunehmen, daß zwischen diesen Teilhabern solche Beziehungen persönlicher Art bestehen, daß mit einiger Sicherheit damit zu rechnen ist, daß das Stimmrecht für die gemeinsamen Anteile im Sinne des mit seinem Privatinteresse beteiligten Teilhabers ausgeübt wird. Ist daher auch nur einer der Teilhaber vom Stimmrecht wegen Interessenkollision ausgeschlossen, so ruht das Stimmrecht aller Teilhaber.

Eine Ausnahme muß nur für den Fall der sogen. Sammelverwahrung (Sammeldepot) von Aktien gelten. Hier besteht Miteigentum der Hinterleger an jeder Aktie derselben Gattung. (Vgl. Cosack Lehrb. des Handelsrechts 1922, 9. Aufl. 385, 381; Gieseke 10.) Soweit nämlich hier die Stimmrechtsausübung durch die einzelnen Hinterleger dadurch ermöglicht wird, daß der Verwahrer ihnen eine entsprechende Zahl von Aktien durch Leg. Übertragung überläßt, muß ihnen das Stimmrecht zuerkannt werden, soweit nicht besondere Umstände dagegen sprechen, auch wenn einer der Hinterleger vom Stimmrecht ausgeschlossen ist, weil jeder sich hier im Regelfall von seinen eigenen Interessen leiten lassen wird, nicht von denen der anderen Hinterleger. Das Gleiche gilt umsomehr, wenn ihnen der Sammelverwahrer zum Zweck der Stimmrechtsausübung Sondereigentum an einer entsprechenden Anzahl von Aktien erteilt, sodaß sie nicht als Leg. Zessionäre, sondern als wirkliche Aktionäre auftreten. (Vgl. Opitz und Schultz in JW. 1926, 480 u. Gieseke 12.)

5. Eine besondere Schwierigkeit setzt der Durchführung des Stimmrechtsausschluß wegen Interessenkollision die „kommerzielle Vervielfältigung der Persönlichkeit" entgegen. (Vgl. Sontag 62.) Dabei sind 2 Arten von Fällen zu unterscheiden.

Die eine Möglichkeit ist folgende:

a) Ein Personenverband A ist Mitglied eines Personenverbandes B, also z. B. eine oHG. Aktionärin einer AG. Bei einer Beschlußfassung der Mitgliedervers. des Personenverbandes B ist ein Mitglied des Personenverbandes A in der Weise interessiert, daß es, wenn es gleichzeitig Mitglied des Personenverbandes B ist, vom Stimmrecht ausgeschlossen ist, oder wenn es Mitglied des Personenverbandes B wäre, vom Stimmrecht ausgeschlossen wäre. So ist es z. B., wenn über die Entlastung eines Gesellschafters der oHG. (A), der einem Verwaltungsorgan der AG. (B) angehört, Beschluß gefaßt werden soll. Ist dann der Personenverband A (in unserem Beispiel also die oHG.) vom Stimmrecht ausgeschlossen? Soweit der Personenverband A keine eigene juristische Persönlichkeit besitzt, ist das unbedingt zu bejahen. Denn die Mitgliedschaft an dem Personenverband B steht dann nicht dem Personenverband A selbst zu, der ja nicht rechtsfähig ist, sondern vielmehr seinen Mitgliedern gemeinschaftlich. Dann haben wir es aber mit einem der unter Z. 4 behandelten Fälle zu tun, daß einer von Mehreren, denen gemeinsam ein Anteil zusteht, vom Stimmrecht ausgeschlossen ist.

Ähnlich Brodmann 187 Anm. 6 zu § 47; dagegen die herrschende Meinung: Staub, Anm. 24 zu § 252; Lehmann-Ring Nr. 8a zu § 252; Steinmetz 56; Sontag 62 ff.; Staub-Hachenburg Anm. 19 zu § 47; RG. 64, 14 und neuerdings in der Entsch. vom 2. Febr. 1926 in JW. 1926, 1327 Nr. 3 sogar für den Fall, daß die einzigen zwei Gesellschafter einer oHG., die Aktionärin einer AG. ist, als Aufsichtsratsmitglieder der AG. entlastet werden sollen. Die Ausübung des Stimmrechts für die Aktien der oHG. wurde hier durch Leg.-Übertragung ermöglicht, da die beiden Gesellschafter selbst ja vom Stimmrecht ausgeschlossen waren; vgl. auch Flechtheim in JW. 1926, 1327 Anm. zu Nr. 3.

Ebenso ist es, wenn an Stelle des Personenverbandes A etwa eine Firma steht; denn auch diese ist keine juristische Person.

Anders dagegen liegt es, wenn der Personenverband A juristische Person ist; dann ist er nicht identisch mit der Summe seiner Mitglieder, es steht dann auch nicht etwa seinen Mitgliedern, sondern dem Verbande selbst die Mitgliedschaft an dem Personenverbande B zu. Grundsätzlich ist daher dann der Personenverband A in den oben geschilderten Fällen nicht vom Stimmrecht ausgeschlossen; hievon muß aber eine Ausnahme gelten, einmal für den Fall, daß der Personenverband A etwa durch ausdrückliche oder stillschweigende Vereinbarung jenem interessierten Mitglied gegenüber verpflichtet ist, in dessen Interesse zu stimmen oder daß er in diesem Sinne wenigstens durch feste Zusage gebunden ist, weiterhin aber für den Fall, daß jenes interessierte Mitglied des Personenverbandes A einen maßgebenden Einfluß auf die Art der Abstimmung des Personenverbandes A bei der fraglichen Beschlußfassung hat. Das ist z. B. dann anzunehmen, wenn jenes Mitglied als Verwaltungsorgan allein nach eigenem Ermessen die Stimmen des Personenverbandes A zu vertreten hat oder dann, wenn es sämtliche Anteile des Personenverbandes A, sofern dieser eine GmbH. oder AG. ist, besitzt; das kann auch dann der Fall sein, wenn es den größten Teil der Anteile in seiner Hand vereinigt, und wird in der Regel dann anzunehmen sein, wenn der Personenverband A eine AKG. und jenes interessierte Mitglied Komplementar derselben ist.

Wiederum etwas anderes ist es, wenn nur ein Mitglied eines Verwaltungsorgans des Personenverbandes A, das nicht zugleich Mitglied dieses Personenverbandes ist, in einer den Stimmrechtsausschluß begründenden Weise an der Beschlußfassung interessiert ist. Hier kann der Personenverband A höchstens dann vom Stimmrecht ausgeschlossen sein, wenn besondere Gründe seinen Stimmrechtsausschluß nach Treu und Glauben rechtfertigen, also wenn er z. B. dem Verwaltungsmitglied gegenüber verpflichtet ist, in dessen Sinne zu stimmen, oder wenn das Verwaltungsmitglied maßgebenden Einfluß auf die Vertretung des Personenverbandes bei der Beschlußfassung hat. In Literatur und Rechtsprechung wird auch in diesen letzten beiden Fällen allgemein ein Stimmrechtsausschluß des Personenverbandes A abgelehnt. (Vgl. die oben angeführte Literatur und Rechtsprechung sowie weiterhin RG. 65, 241.)

b) Im umgekehrten Falle, wenn nämlich der Personenverband A selbst vom Stimmrecht ausgeschlossen ist, oder ausgeschlossen wäre, wenn er Mitglied des Personenverbandes B wäre, wenn aber ein Mitglied des Personenverbandes A gleichzeitig Mitglied des Personenverbandes B ist, wenn also z. B. in der GV. einer AG. die Vornahme eines Rechtsgeschäfts mit einer oHG. beschlossen werden soll, deren einzelne Gesellschafter Aktionäre der AG. sind, ist ähnlich wie in den vorigen Fällen in erster Linie danach zu unterscheiden, ob der Personenverband A juristische Persönlichkeit besitzt oder nicht. Entbehrt der Personenverband A der juristischen Persönlichkeit, so berühren alle Rechtswirkungen, welche den Personenverband treffen, unmittelbar auch dessen Mitglieder; denn sie sind ja hier die Träger der Rechte und Pflichten des Personenverbandes. In diesen Fällen dürfen also die Mitglieder des Personenverbandes A nicht mitstimmen. (Ebenso die herrschende Meinung; vgl. Staub-Hachenburg a. a. O.; Staub Anm. 27 zu § 252; Lehmann-Ring Nr. 8 zu § 252; Schreib 69f.; Steinmetz 53f.)

Anders ist es dagegen, wenn der Verband A eine Körperschaft ist. Die herrschende Meinung gewährt hier seinen Mitgliedern allgemein das Stimmrecht. (Vgl. die soeben angeführte Literatur; ferner v. Tuhr 510 Anm. 20; Horrwitz 317; RG. 107, 71ff., 202ff. und neuerdings in der Entsch. vom 30. März 1926 in JW. 26, 184 sowie im Prozeß der Ilse-Bergbau-AG., mitgeteilt im Berl. Tagbl. vom 16. Mai 1926 Nr. 228.) So hat z. B. das RG. (107, 202ff.) in einem Falle, wo eine Gewerkschaft ihr ganzes Vermögen an eine andere Gewerkschaft veräußerte und der Beschluß der veräußernden Gewerkschaft hauptsächlich mit den Stimmen eines Gewerken durchgesetzt wurde, der den größten Teil der Kuxe der veräußernden sowie über die Hälfte der Kuxe der erwerbenden Gewerkschaft besaß, die Frage des Stimmrechtsausschlusses nicht einmal geprüft. Eine Ausnahme wird nur für die Komplementare der AKG. eingeräumt, weil sie unmittelbar für die Schulden der AKG. haften.

Vgl. Staub a. a. O.; Lehmann-Ring a. a. O.; Staub-Hachenburg Anm. 19 zu § 47. Hierin liegt eine Inkonsequenz gegenüber der von der herrschenden Lehre vertretenen Auffassung, daß z. B. derjenige, welcher eine Garantie für den zu Entlastenden übernommen hat, bei der Entlastung mitstimmen darf.

Nur Brodmann (187f.) spricht sich mit Bezug auf die hier erörterte Frage gegen eine formalistische Auslegung der Ausschlußvorschriften aus und hält z. B. den Stimmrechtsausschluß desjenigen für gegeben, der alle Anteile einer GmbH. oder AG., mit der kontrahiert werden soll, in seiner Hand vereinigt, sowie den Stimmrechtsausschluß der Mitglieder einer vom Stimmrecht auszuschließenden Körperschaft, die aus wenigen gleich Beteiligten besteht und sich mehr oder weniger der oHG. nähert.

Auf Grund der Ausschlußvorschriften kann hier m. E. ein Stimmrechtsausschluß der Mitglieder des Personenverbandes A, welcher ja hier nicht indentisch mit der Summe seiner Mitglieder ist, nicht in Frage kommen, wohl aber nach den Grundsätzen über den Stimmrechtsausschluß nach Treu und Glauben. Denn (wie früher angedeutet, vgl. oben S. 52), wirkt jede Veränderung in der Vermögenslage der Körperschaft in aller Regel, wenigstens bei „wirtschaftlichen" Körperschaften unmittelbar auch auf die Vermögenslage des einzelnen Mitglieds ein. Bei jeder Beschlußfassung, welche das Vermögensinteresse der Körperschaft unmittelbar berührt, ist also auch in der Regel das Vermögensinteresse des einzelnen Mitgliedes unmittelbar berührt. Das allein rechtfertigt aber, wie wir wissen, noch nicht den Stimmrechtsausschluß nach Treu und Glauben. Außer dem Moment der Gefährdung des Personenverbandes (B), um dessen Beschluß fassende Mitgliederversammlung es sich handelt, bedarf es dazu vielmehr auch noch der Erheblichkeit des unmittelbar berührten Interesses. Erheblich berührt ist nun z. B., wenn der Personenverband B mit einer AG. (A) kontrahieren will, nicht das Interesse eines Aktionärs dieser AG., der etwa nur eine Aktie besitzt. Anders dagegen, wenn er alle oder die meisten Aktien in seiner Hand vereinigt. Hier kann er also u. U. vom Stimmrecht ausgeschlossen sein. Ebenso ist es z. B. mit dem Gesellschafter einer GmbH., der alle oder die meisten Geschäftsanteile der GmbH. besitzt. Das gleiche wird auch in der Regel, muß aber nicht unbedingt, für den Komplementar der AKG. gelten aus dem erwähnten Grunde seiner Haftung für die Schulden der AKG. Es kann aber z. B. auch für einen Kommanditisten einer AKG. gelten, wenn dieser etwa über sämtliche Aktien des Kommanditistenverbandes verfügt. Außer diesen Fällen kann ein Stimmrechtsausschluß des Mitgliedes des Personenverbandes A auch noch dann in Frage kommen, wenn es verpflichtet oder durch feste Zusagen gebunden ist, im Interesse des Personenverbandes zu stimmen.

Eine besondere Bedeutung hat die hier erörterte Frage im Hinblick auf die heute häufigen Verschachtelungen von Gesellschaften im Konzernrecht. Der Gesichtspunkt der Umgehung, den allein hier Flechtheim (572) gelten lassen will, kann freilich hier „subsidiär" herangezogen werden, aber er wird nur in wenigen Fällen erforderlich sein und reicht bei weitem nicht zur befriedigenden Erledigung aller fraglichen Fälle aus. Im folgenden Fall z. B. kann allerdings, wie Flechtheim annimmt, eine unzulässige Umgehung der Stimmenthaltungsvorschriften erblickt werden: Eine AG. A ist Aktionärin einer AG. B. A gründet nun eigens eine Tochter-AG. C zu dem Zweck, damit ein Vertrag, dessen Abschluß mit A selbst eben wegen der Stimmenthaltungsvorschriften nicht durchgesetzt werden könnte, zwischen B und C abgeschlossen werden kann. Aber in solchen Fällen wird, soweit sie für die Gesellschaft B wirklich „gefährlich" sind, in der Regel nach den soeben dargelegten Grundsätzen der Stimmrechtsausschluß nach Treu und Glauben Platz zu greifen haben und schon in dem Falle, daß die Tochtergesellschaft etwa nicht eigens zu jenem genannten Zwecke gegründet wird, sondern bereits besteht, wird der Gesichtspunkt der Umgehung versagen.

Nicht hierher gehört der in diesem Zusammenhang von Flechtheim (a. a. O.) erwähnte Fall, daß der Vertrag mit der Muttergesellschaft abgeschlossen werden soll, daß sie aber vor der GV. ihre Aktien auf die Tochtergesellschaft überträgt. Hier kommt ja ein Stimmrecht der Muttergesellschaft gar nicht mehr in Frage. Inwieweit die Tochtergesellschaft aber hier eventuell vom Stimmrecht ausgeschlossen ist, bestimmt sich nach den früher unter Ziff. 3 dargelegten Grundsätzen.

Wieder eine andere Frage ist es, inwieweit etwa die Verwaltungsmitglieder des Personenverbandes A, wenn dieser in einer den Stimmrechtsausschluß begründenden Weise bei der Beschlußfassung interessiert ist, vom Stimmrecht auszuschließen sind. Ein Stimmrechtsausschluß der Verwaltungsmitglieder kann höchstens nach den Grundsätzen über Treu und Glauben in Frage kommen. Danach kann der Stimmrechtsausschluß z. B. begründet sein, wenn das Verwaltungsmitglied verpflichtet ist, im Interesse des Personenverbandes zu stimmen; danach wird weiterhin in aller Regel der Vorstand eines nicht rechtsfähigen Vereines, wenn dieser in der bezeichneten Weise an der Beschlußfassung beteiligt ist, vom Stimmrecht ausgeschlossen sein, soweit der Vorstand nämlich für die Schulden des Vereins haftet. (Vgl. BGB. § 54 S. 2; Staub-Hachenburg a. a. O.)

6. Es bedarf keiner besonderen Begründung, daß, wenn mehreren Mitgliedern eines Personenverbandes gegenüber ein einheitliches Rechtsgeschäft vorgenommen werden soll, alle diese Mitglieder vom Stimmrecht bei der Beschlußfassung über die Vornahme des Rechtsgeschäftes ausgeschlossen sind. Es kann dann nicht etwa getrennte Beschlußfassung über den Abschluß mit jedem einzelnen stattfinden, keinesfalls aber könnte dann etwa jeder bei Beschlußfassung über Vornahme des Rechtsgeschäfts gegenüber den anderen mitstimmen. (Ebenso Staub-Hachenburg Anm. 19, 25 zu § 47; 3 zu § 38; Brodmann 188.) Das gleiche gilt für einen Rechtsstreit, der gegenüber mehreren Mitgliedern aus demselben Rechtsgrunde geführt werden soll oder geführt wird, bei Beschlußfassung über Einleitung oder Erledigung des Rechtsstreits, sowie für den Fall der Beschlußfassung über Befreiung mehrerer von einer Verbindlichkeit, soferne die Befreiung des einen auch eine Befreiung der anderen bedeutet. (Der Fall der Entlastung der Verwaltungsmitglieder soll in anderem Zusammenhang besprochen werden.) Anders ist es dagegen, wenn z. B. mit mehreren Mitgliedern gleichartige, aber selbständige Rechtsgeschäfte abgeschlossen werden sollen. (Vgl. Brodmann a. a. O.; Staub-Hachenburg Anm. 19 und 20 zu § 47.) Auch hier muß der Stimmrechtsausschluß aller dieser Mitglieder stattfinden, wenn über die Vornahme der mit ihnen abzuschließenden Rechtsgeschäfte gleichzeitig Beschluß gefaßt werden soll, aber in diesen Fällen hat jedes Mitglied bis zum Beginn der Abstimmung einen Anspruch auf getrennte Beschlußfassung über die verschiedenen Rechtsgeschäfte. (Vgl. Makower Anm. Va zu § 252.)

VI. Die gleichheitliche Befangenheit aller Mitglieder.

Der Grund der Stimmenthaltungsvorschriften ist, wie bereits früher ausgeführt, die präsumptive Befangenheit der interessierten Mitglieder und die aus deren Beteiligung an der Beschlußfassung für den Personenverband entspringende Gefahr. Nun gibt es aber Fälle, wo alle Mitglieder „befangen" sind, d. h., wo an sich alle, sei es nach den Ausschlußvorschriften, sei es nach Treu und Glauben, vom Stimmrecht ausgeschlossen sind. Das kann z. B. der Fall sein bei der Befreiung von einer sozialrechtlichen Verpflichtung, die alle Mitglieder trifft, oder bei der Entlastung, wenn, wie das z. B. bei der GmbH. nicht allzu selten ist, alle Mitglieder zugleich Verwaltungsmitglieder sind, oder bei der Vornahme von Rechtsgeschäften, so z. B., wenn eine AG., deren Aktienkapital sich in den Händen zweier Aktionäre befindet, beschließt, ihr Vermögen als Ganzes an eine oHG. zu übertragen, deren zwei einzige Gesellschafter die beiden Aktionäre sind. (Vgl. ZAG. 25, 100f.) In solchen Fällen allgemeiner Befangenheit muß allen Mitgliedern das Stimmrecht zuerkannt werden, da sonst gültige Beschlüsse über den betreffenden Gegenstand u. U., vielleicht zum Schaden der gemeinschaftlichen Interessen, überhaupt nicht zustandekommen könnten.

Vgl. Makower Anm. Vb zu § 252; Steinmetz 56; Staub-Hachenburg Anm. 25 zu § 47 und Hachenburg in LZ. 07, 463. Unrichtig wohl die Auffassung des OLG. Stuttgart, Urt. vom 3. April 1925 in LZ. 1925, 722ff., daß, wenn alle Aktien sich in der Hand der Aufsichtsratsmitglieder befänden, von einer Entlastung des Aufsichtsrats überhaupt nicht die Rede sein könnte.

Aus diesem Grunde waren z. B. auch in dem vom RG. durch Urteil vom 30. März 1926 (JW. 1926, 1814) entschiedenen Fall alle Aktionäre stimmberechtigt. Die Beschlußfassung betraf hier die Ausgabe von Genußscheinen, welche in ungleichartiger Weise zum Teil an die Stammaktionäre, zum Teil an die Vorzugsaktionäre begeben wurden. Die Begründung des RG., daß es sich hier nur um eine „Ermächtigung" des Vorstandes und andererseits nicht um die Vornahme eines Rechtsgeschäftes gegenüber den Aktionären als Dritten handelte, ist m. E. unrichtig. (Vgl. auch oben S. 73 Fußnote.)

Gleichgültig ist dabei, ob die Mitglieder etwa zum Teil nach den Ausschlußvorschriften, zum Teil nach Treu und Glauben vom Stimmrecht ausgeschlossen wären; gleichgültig ist auch, ob das Interesse des einen vielleicht viel bedeutender und schwerwiegender ist als das eines anderen. Es ist selbstverständlich unmöglich, etwa den Mehrinteressierten auszuschließen und den Minderinteressierten die Entscheidung zu überlassen. Wo wäre hier die Grenze zu ziehen?

Bei Einforderung der Stammeinlagen von sämtlichen Gesellschaftern einer GmbH. haben also z. B. alle Gesellschafter das Stimmrecht, es kann nicht etwa dem Hauptgesellschafter das Stimmrecht versagt werden. (Vgl. Hachenburg a. a. O.)

Erforderlich ist dagegen, daß bei allen Mitgliedern die Voraussetzungen des Stimmrechtsausschlusses vorliegen, nicht etwa nur bei allen erschienenen Mitgliedern. Es genügt auch nicht, daß einzelne von ihnen etwa nur irgendwie bei der Beschlußfassung interessiert sind.

Daß Beschlüsse, bei denen alle Mitglieder wegen gleichheitlicher Befangenheit aller das Stimmrecht haben, aus anderen Gründen ungültig sein können, braucht nicht weiter ausgeführt zu werden. Wenn daher z. B. die drei Gesellschafter einer GmbH. sich selbst zu Geschäftsführern ernennen und sich ein Gehalt zubilligen, nach dessen Abzug erst ein „Gewinn" vorliegen solle, so beruht die Ungültigkeit eines solchen Beschlusses nicht auf einer Verletzung der Stimmenthaltungsvorschriften, sondern auf einer Verletzung des § 30 des GmbH.-Ges. (Vgl. KG. vom 3. März 1922 in GJ. I, 237 und unten S. 103.) Desgleichen können solche Beschlüsse, bei denen alle Mitglieder befangen sind und daher alle mitwirken dürfen, z. B. etwa wegen Vergewaltigung der Minderheit durch die Mehrheit als gegen die guten Sitten verstoßend, nichtig sein.

Insoweit in Fällen gleichheitlicher Befangenheit aller Mitglieder getrennte Beschlußfassung über die Angelegenheit des einen oder anderen Mitglieds möglich und zulässig ist, wie z. B. bei gleichartigen, aber voneinander unabhängigen individualrechtlichen Verpflichtungen oder Rechtsgeschäften, hat jedes Mitglied bis zum Beginn der Abstimmung einen Anspruch auf getrennte Beschlußfassung. (Vgl. Makower Anm. Va zu § 252.) Findet die getrennte Beschlußfassung statt, so finden die Stimmenthaltungsvorschriften in normaler Weise Anwendung.

VII. Die „Ein-Mann-Gesellschaft".

Mit der vorigen Frage hängt auch das Problem zusammen, ob dann, wenn ein Personenverband nur aus einem einzigen Mitglied besteht, also insbesondere, wenn alle Anteile einer AG. oder GmbH. sich in einer Hand vereinigen, auch auf dieses einzige Mitglied die Stimmenthaltungsvorschriften anzuwenden sind. Die Personenverbände ohne Rechtspersönlichkeit scheiden hier aus, da ihre Existenz, wenn die Mitgliederzahl unter zwei herabsinkt, erlischt; größere Bedeutung hat die Frage aber überhaupt nur für die GmbH. und die AG. (vgl. §§ 73 BGB., 80 GenGes.), höchstens noch für die AKG. Daß diese drei Körperschaften, auch wenn ihre Mitgliederzahl auf eins herabsinkt, weiter bestehen, ist allgemein anerkannt. (Vgl. Renaud 822; Pinner 281; Staub Anm. 18 zu § 292; Dernburg I, 258, 268; Heinr. Friedlaender, Die Ein-Mann-Gesellschaft im ZentrBl. f. HR. I, 22ff.; Staub-Hachenburg Anm. 24 zu § 60; Brodmann 15f.; RG. in Goltd. Arch. 47, 469; RG. in JW. 97, 191 Nr. 21; 04, 503; RG. 68, 173; 85, 380; 87, 24; 92, 77; 99, 233.)

Daß man auch bei Beteiligung nur eines Mitglieds an der Beschlußfassung von einer solchen, wenigstens im Sinne der Stimmenthaltungsvorschriften, reden kann, wurde bereits früher (vgl. oben S. 21) ausgeführt.

Formal juristisch betrachtet ist die Ein-Mann-Gesellschaft, die ja immer eine Körperschaft ist, nicht mit ihrem einzigen Gesellschafter identisch. Dennoch darf aber hier wie überall nicht der formal konstruktive Gesichtspunkt allein maßgebend sein. Bei Anwendung der Stimmenthaltungsvorschriften auf die Ein-Mann-Gesellschaft könnte der einzige Gesellschafter sich zwar selbst zum Geschäftführer oder Vorstand bestellen, sich selbst einen Gehalt aussetzen, überhaupt den Anstellungsvertrag mit sich selbst abschließen und aufheben, alles das freilich nur, soweit nicht ein Stimmrechtsausschluß nach Treu und Glauben in Frage kommt; er könnte aber z. B. sich nicht selbst Entlastung erteilen (dagegen Friedlaender a. a. O. 24), sich nicht selbst von einer Verbindlichkeit befreien, keine Beschlüsse fassen, welche die Vornahme eines individualrechtlichen Rechtsgeschäftes mit ihm beträfen. Er könnte sich auch in aller Regel nicht etwa in seiner Eigenschaft als „Beschlußorgan", wenn er selbst zugleich Geschäftsführer oder Vorstand wäre, die Genehmigung zum Selbstkontrahieren (vgl. § 181 BGB.) erteilen (vgl. RG. 68, 172ff.); maßgebend ist hiebei aber, wie das RG. (68, 179) annimmt, daß der Erteilung einer solchen Genehmigung der § 181 BGB. im Wege steht; denn auch, wenn der Genehmigende und der, dem die Genehmigung erteilt wird, in einer Person zusammentreffen, ist theoretisch der Beschluß über Genehmigung des Abschlusses eines Rechtsgeschäfts für die Gesellschaft wohl zu unterscheiden von der Ausführung dieses Rechtsgeschäfts selbst, zumal es auch nicht richtig ist, daß die Erteilung der Erlaubnis zum Abschluß und der Abschluß selbst notwendigerweise in einer Willenskundgebung zusammenfallen müssen. Das trifft z. B. bei der AG., wo der Beschluß zu seiner Rechtswirksamkeit ja protokolliert werden muß, nicht zu. Soweit der Gesellschafter als Beschlußorgan auftritt, können vielmehr nur die Stimmenthaltungsvorschriften, nicht aber § 181 BGB. auf ihn Anwendung finden. Nun ist allerdings die Mitgliederversammlung im allgemeinen zur Erteilung der Genehmigung des Selbstkontrahierens gegenüber einem Mitgliede des Vertretungsorgans zuständig. (Vgl. RG. 68, 178; Staub-Hachenburg Anm. 13 zu § 47 und 13 zu § 36; dagegen Staudinger Anm. 6 zu § 181.) Dabei ist aber das Vertretungsorgansmitglied selbst vom Stimmrecht ausgeschlossen, soweit es mit sich selbst ein individualrechtliches Rechtsgeschäft abschließen will; denn die Genehmigung des Selbstkontrahierens stellt zwar ein sozialrechtliches Rechtsgeschäft dar; gleichzeitig „betrifft" sie dann aber die Vornahme eines individualrechtlichen Rechtsgeschäfts der Gesellschaft gegenüber dem Vertretungsorgansmitglied selbst. Denn auch, wenn die Beschlußfassung hier nur eine Ermächtigung an das Vertretungsorgan enthält, so bezieht sie sich doch auf eine bestimmte Person, der gegenüber das Geschäft vorgenommen werden soll oder darf. (Vgl. oben S. 73f.) Daher sind die derzeitigen Mitglieder des Vertretungsorgans auch bei Beschlußfassung über die Aufnahme einer Bestimmung in die Satzung, wonach allgemein den Vertretungsorganen das Selbstkontrahieren gestattet wird, m. E. vom Stimmrecht ausgeschlossen. (Vgl. dagegen Staub-Hachenburg Anm. 13f. zu § 36.)

Daß aber den Umständen nach bei der Ein-Mann-Gesellschaft dem einzigen Gesellschafter das Selbstkontrahieren „gestattet" sei (vgl. Friedlaender a. a. O. 25), das kann man höchstens dann annehmen, wenn man in dem Fall der Ein-Mann-Gesellschaft einen Interessenkonflikt zwischen dem einzigen Gesellschafter und der Gesellschaft für ausgeschlossen hält. (So anscheinend Hachenburg LZ. 07, 469; Staub-Hachenburg a. a. O.; vgl. auch Schreiber 34, der eine besondere Prüfung des Einzelfalles für erforderlich hält.) Steht man aber auf diesem Standpunkt, dann besteht auch kein

Grund mehr, hier die Stimmenthaltungsvorschriften anzuwenden (vgl. unten), und dann ist ja die Zuhilfenahme einer präsumptiven Gestattung des Selbstkontrahierens überflüssig.

Praktisch wäre die Anwendbarkeit der Stimmenthaltungsvorschriften auf die Ein-Mann-Gesellschaft, soweit eine AG. oder GmbH. in Frage kommt, nicht etwa deswegen bedeutungslos, weil der Beschluß des einzigen Gesellschafters, der unter Verletzung der Stimmenthaltungsvorschriften zustande gekommen wäre, etwa nur anfechtbar wäre (so Hachenburg in JW. 1925, 247), da ja die Anfechtbarkeit bei der AG. und der GmbH. von Gesellschaftern, welche erst nach der Zeit der Beschlußfassung Gesellschafter geworden sind, nicht geltend gemacht werden kann. (Vgl. zu dieser letzten Frage Hueck 137f.; Brodmann 184). Das ist deshalb unrichtig, weil die Stimmabgabe desjenigen, welcher vom Stimmrecht ausgeschlossen ist, ungültig ist, weil daher in solchen Fällen dann überhaupt keine gültige Stimmabgabe und daher auch — selbst bei Protokollierung des „Beschlusses" — kein gültiger Beschluß vorliegt. (Vgl. Brodmann in JW. 1925, 596.)

Tatsächlich müssen nun meines Erachtens im Falle der Ein-Mann-Gesellschaft die Stimmenthaltungsvorschriften ruhen. (Ebenso Hachenburg 469.) Das folgt aber nicht daraus, daß, wie Hachenburg (a. a. O.) für die GmbH. annimmt, bei der Ein-Mann-Gesellschaft dasselbe möglich sein müsse, wie z. B. da, wo das ganze Vermögen einer oHG. auf einen einzigen Teilhaber übergehe und wo alle Ansprüche der Gesellschaft gegen ihn durch Konfusion untergingen. Denn bei der Ein-Mann-Gesellschaft können zweifellos Ansprüche der Gesellschaft gegen den einzigen Gesellschafter (wie auch umgekehrt Ansprüche des Gesellschafters gegen die Gesellschaft) fortbestehen, ja sogar neu begründet werden. Maßgebend ist vielmehr, daß bei der Ein-Mann-Gesellschaft Interessenkollisionen in materiellem Sinn nicht möglich sind; denn das Vermögen dieser Gesellschaft ist materiell identisch mit dem des einzigen Gesellschafters. Er kann allerdings seine Anteile später wieder veräußern und es könnten freilich, wie das RG. (68, 177f.) hervorhebt, „etwaige zur Zeit der Veräußerung noch nicht erledigte Rechtsgeschäfte, die der alleinige Geschäftsführer in der Zwischenzeit abgeschlossen hat", dem späteren Erwerber von Anteilen zum Nachteile gereichen, aber es geht m. E. zu weit, mit den Stimmenthaltungsvorschriften auch spätere Erwerber von Anteilen schützen zu wollen. Diese Vorschriften sollen zweifellos nur dem Schutz der gegenwärtigen Mitglieder eines Personenverbandes dienen. (Vgl. Hueck 75f. in Verbindung mit 83f.). Ein gewisses Risiko liegt immer in dem Erwerbe von Anteilen einer AG. oder einer GmbH., eine Verminderung dieses Risikos liegt außerhalb des Bereiches der Stimmenthaltungsvorschriften. Der Erwerber solcher Anteile kann sich ja ev. mit Schadenersatzansprüchen an seinen Veräußerer halten. Im Übrigen haben gerade da, wo die Ein-Mann-Gesellschaft am häufigsten vorkommt, nämlich bei der GmbH., die Ausschlußvorschriften nur dispositive Geltung. Außerdem kann sich der einzige Gesellschafter, gerade wenn es sich um die Vornahme individualrechtlicher Rechtsgeschäfte mit ihm selbst handelt, bis zu einem gewissen Grade dadurch helfen, daß er einen Anderen, auf den er sich verlassen kann, zum Geschäftsführer oder zum Prokuristen bestellt und ihm eine weitgehende Freiheit zum Abschluß von Rechtsgeschäften für die Gesellschaft einräumt.

Ruhen die Stimmenthaltungsvorschriften, so kann der einzige Gesellschafter sich z. B. auch selbst entlasten oder von einer Verbindlichkeit befreien. (§ 181 BGB. steht hier, wie wir wissen, nicht im Wege.) Das ist auch durchaus in der Ordnung. Für die etwaigen Gläubiger der Gesellschaft liegt eine genügende Sicherung in der Nichtigkeit von Beschlüssen, welche eine den Schutz der Gläubiger bezweckende gesetzliche Vorschrift, also z. B. die §§ 213, 215, 261 HGB. oder 19, 30 GmbHGes. verletzen. (Vgl. RG. in Recht 1914 Nr. 253.) So ist z. B. ein Beschluß, durch den der einzige Gesellschafter einer GmbH. sich selbst als Geschäftsführer eine bestimmte unter allen Umständen zahlbare Summe als Gehalt festsetzt, ungültig; denn ein solcher Beschluß könnte im Falle schlechter Geschäftsergebnisse dahin führen, daß der Gesellschafter sich selbst das ganze Stammkapital unter dem Namen „Gehalt“ auszahlen dürfte. Das verstößt aber gegen § 30 GmbHGes. (Vgl. Staub-Hachenburg Anm. 51 zu § 35; Friedlaender a. a. O. 24; KG. vom 3. März 1922 in FGJ. I, 237f.)

Anders als bei der Ein-Mann-Gesellschaft liegen die Verhältnisse in dem Falle, daß zwar der Personenverband aus mehreren Mitgliedern besteht, aber nur ein einziges Mitglied an der Beschlußfassung teilnimmt. In diesem Fall ist das Vorliegen einer Interessenkollision auch materiell keineswegs ausgeschlossen. Daher müssen hier die Stimmenthaltungsvorschriften Anwendung finden. Die unter Verletzung dieser Vorschriften abgegebene Stimme des einzigen Abstimmenden ist ungültig; in diesem Falle kann daher von einem gültigen Beschlusse nicht die Rede sein. Interessant ist folgender Fall, den das RG. am 21. Oktober 1924 (RG. 109, 77ff. = JW. 1925, 247) entschieden hat: Eine GmbH. bestand aus 2 Gesellschaftern mit gleich hohen Geschäftsanteilen, die beide Geschäftsführer mit Alleinvertretungsbefugnis waren. In einer ordnungsmäßig berufenen Gesellschafterversammlung erschien nur der eine Teilhaber. Er beschloß zu notariellem Protokoll die Erhöhung des Stammkapitals um mindestens 30000 *M* und erklärte weiterhin, daß er für seine Person auf das erhöhte Stammkapital eine Einlage von 30000 *M* übernehme.

Das RG. führte aus: Diese Erklärung des Gesellschafters sei nur ein Übernahmeangebot; es fehle an einer Beschlußfassung der Gesellschaft über die Annahme des Übernahmeangebotes. Selbst wenn man aber in der Beschlußfassung gleichzeitig die Annahme erblicken wolle, so sei die Beschlußfassung des Gesellschafters doch nach § 181 BGB. ungültig. Das RG. verwies dabei auf RG. 68, 172ff. und erklärte, daß jedenfalls hier, wo es sich nicht um eine Ein-Mann-Gesellschaft handle, die in jener Entscheidung ausgesprochenen Grundsätze Anwendung finden müßten.

Hachenburg (in JW. 1925, 247) bekämpft diese Entscheidung mit folgender Begründung: Die Zulassung neuer Gesellschafter kann formlos, auch stillschweigend erfolgen im Gegensatz zur Beschlußfassung über Kapitalerhöhung. Die Gesellschafterversammlung ist dazu berufen, dem Geschäftsführer die Erlaubnis zum Selbstkontrahieren zu erteilen. Eine ausdrückliche dahingehende Erklärung ist nicht erforderlich. Zeichnet der erschienene Gesellschafter in der Gesellschafterversammlung den ganzen Betrag der Erhöhung, so liegt darin zugleich die Annahme des Übernahmeangebotes als Geschäftsführer und die Ermächtigung der Gesellschafterversammlung dazu. § 47, IV. GmbHGes. ist in bezug auf die Übernahme einer Stammeinlage überhaupt nicht anwendbar, da es sich hiebei nicht um ein Rechtsgeschäft mit einem Dritten handelt. Übrigens kommt bloß Anfechtbarkeit, nicht Nichtigkeit des Beschlusses in Betracht. Der Schutz des Nichterschienenen liegt auf anderem Gebiet. Die Zuteilung der neuen Geschäftsanteile muß auf Grund des Prinzips der gleichheitlichen Behandlung aller Gesellschafter an alle Gesellschafter gleichmäßig erfolgen. Daher ist der Beschluß aus diesem Grunde anfechtbar.

Im Ergebnis ist m. E. der Entscheidung des RG. beizustimmen. Die Zuteilung der neuen Anteile ist Sache der Geschäftsführer. (Vgl. §§ 36 und 46 GmbHGes.) Sie kann aber auch, wenn der Übernehmer in der Gesellschafterversammlung anwesend ist und in gemeinsamer Verhandlung über die Kapitalerhöhung und die Übernahme der neuen Geschäftsanteile Beschluß gefaßt wird, durch die Gesellschafterversammlung als Vertreterin der Gesellschaft erfolgen. (Vgl. Brodmann 207, Anm. 2 zu § 55.) Die Übernahmerklärung bedarf der im § 55 des Ges. vorgeschriebenen Form, nicht dagegen die Annahme des Übernahmeangebotes durch die Gesellschaft. Es kann also an sich der Erklärung des Gesellschafters sowohl die Annahme des Übernahmeangebotes durch ihn als Beschlußorgan als auch die Annahme des Angebotes durch ihn als Geschäftsführer und zugleich die Ermächtigung dazu durch ihn als Beschlußorgan liegen. (Vgl. Brodmann 208 Anm. 2 zu § 55.) Ein gesetzliches Bezugsrecht gibt es bei der GmbH. nicht. (Eine einzige Ausnahme von diesem Grundsatz enthält § 38 der 2. Durchführungs-VO. v. 28. März 1924 zur GoldbilVO.) Die Gesellschaft ist daher bei der Zuteilung der neuen Anteile frei; freilich muß jedoch das Recht auf Gleichbehandlung gewahrt werden und ein gegen dieses Recht verstoßender Beschluß ist allerdings anfechtbar. (Vgl. Brodmann 208 Anm. 3 zu § 55.) Vor allem ist aber hier maßgebend, daß der allein erschienene Gesellschafter in seiner Eigenschaft als „Beschlußorgan“ im vorliegenden Falle bei der Annahme seines eigenen Übernahmeangebotes vom Stimmrecht gem. § 47, IV GmbHGes. ausgeschlossen war; denn soweit nicht den Gesellschaftern nach dem Verhältnis ihrer alten Anteile die neuen Anteile zugewiesen werden, handelt es sich bei der Zuteilung der neuen Anteile an sie um Rechtsgeschäfte mit ihnen gegenüber Dritten. (Vgl. oben S. 36.) In seiner Eigenschaft als Geschäftsführer konnte er aber auch den Übernahmevertrag ohne besondere Gestattung mit sich selbst nicht abschließen. Eine solche Gestattung kann aber hier zweifellos aus den Umständen nicht entnommen werden. Auch die Genehmigung zum Selbstkontrahieren konnte er sich andererseits nicht selbst erteilen, da er auch hiebei vom Stimmrecht ausgeschlossen war. Der unter Verletzung des § 47, IV folgende „Beschluß“ des Gesellschafters war aber nicht nur anfechtbar, sondern nichtig. (Ganz ähnlich wie hier die Kritik Brodmanns an der Auffassung Hachenburgs in JW. 1925, 596).

VIII. Das Zusammentreffen mehrerer verschiedener Angelegenheiten in einer Beschlußfassung.

Betrifft ein Beschluß mehrere Angelegenheiten und ist ein Mitglied nur bei der einen oder der anderen vom Stimmrecht wegen Interessenkollision ausgeschlossen, so darf es grundsätzlich bei der Beschlußfassung nicht mitstimmen. (Vgl. Steinmetz 54.) Soweit aber eine getrennte Beschlußfassung über die einzelnen Beschlußgegenstände möglich und zulässig ist, hat jedes Mitglied bis zum Beginn der Abstimmung einen Anspruch auf getrennte Beschlußfassung. (Vgl. Makower Anm. Va zu § 252; Steinmetz a. a. O.; Richter 43.) Über das Zusammentreffen von sozial- und individualrechtlichen Angelegenheiten in einer Beschlußfassung wurde bereits früher ausführlich gehandelt.

IX. Die „selbstlose“ Abstimmung des interessierten Mitglieds und die zu seinen Ungunsten ausfallende Beschlußfassung.

Darauf, ob das „befangene“ Mitglied in seinem Interesse oder aber „selbstlos“, d. h. gegen sein Interesse stimmt, kommt es für die Frage des Ausschlusses vom Stimmrecht wegen Interessenkollision nicht an. (Ebenso Oertmann Anm. 2e zu § 34; Planck Anm. 2 zu § 34; v. Tuhr 510; Staub Anm. 26a zu § 252; Goldschmit 234 Anm. 83; dagegen insbesondere Bondi DJZ. 1921, 193; ferner Staudinger Anm. 4 zu § 34; Broicher in Arch. f. bürgerl. Recht 24, 199; Hölder Anm. c zu § 34; RGR.-Komm. Anm. 1 zu § 34.) Der Grund der Stimmenthaltungsvorschriften ist allerdings ein gewisser Verdacht des Gesetzgebers gegen die befangenen Mitglieder. Stimmen diese tatsächlich gegen ihr eigenes Interesse, so widerlegen sie allerdings das in sie gesetzte Mißtrauen; sollte dann ihr eigenes Interesse (wie das in den Fällen der Ausschlußvorschriften denkbar ist) mit dem Interesse der Gemeinschaft kongruieren, so beruht eine etwaige daraus sich ergebende Schädigung der Gemeinschaftsinteressen nicht auf der Verfolgung egoistischer Ziele durch jene „befangenen“ Mitglieder. Dennoch geht es m. E. nicht an, in solchen Fällen den befangenen Mitgliedern das Stimmrecht zuzuerkennen. Hiegegen sprechen starke praktische Bedenken. Haben jene Mitglieder sich an der Abstimmung beteiligt, so wird sich in aller Regel sehr schwer mit Sicherheit feststellen lassen, in welchem Sinne sie gestimmt haben, und eine solche Feststellung kann auch weder dem Vorsitzenden noch der Mitgliederversammlung im Allgemeinen zugemutet werden. Steht aber fest, daß sie gegen ihr Interesse gestimmt haben, so wäre ein die Anfechtbarkeit bzw. Nichtigkeit begründender Verstoß gegen das Gesetz gegeben, wenn ihre Stimmen bei Feststellung des Beschlußergebnisses nicht mitgezählt würden. Andererseits weiß man auch vor der Beschlußfassung in aller Regel noch nicht, in welchem Sinne ein Mitglied stimmen wird. Wenn aber mit Bestimmtheit von vorneherein feststände, daß Mitglieder gegen ihr Interesse stimmen werden, würde gleichfalls ihre Nichtzulassung zur Abstimmung die Anfechtbarkeit bzw. Nichtigkeit des Beschlusses begründen. Im Interesse der Verkehrssicherheit, sowie der klaren und einfachen Abwicklung des Beschlußverfahrens muß also jene im Wortlaut des Gesetzes keineswegs begründete Annahme von den Stimmenthaltungsvorschriften abgelehnt werden. Eine andere Frage, die in anderem Zusammenhang zu behandeln ist, ist dagegen die Frage, ob die Beteiligung vom Stimmrecht ausgeschlossener Personen, die aber gegen ihr Privatinteresse gestimmt haben, die Ungültigkeit bzw. Anfechtbarkeit des betreffenden Beschlusses bewirken kann.

Unwesentlich für die Frage des Ausschlusses vom Stimmrecht ist auch der Umstand, daß der Beschluß zu Ungunsten des interessierten Mitglieds ausfällt; denn vor der Abstimmung läßt sich niemals das Beschlußergebnis mit Sicherheit voraussagen. Im übrigen gelten auch hier die soeben entwickelten Grundsätze in entsprechender Weise. (Vgl. Staub a. a. O.; Oertmann Anm. 3aβ zu § 34; Planck Anm. 1 zu § 34; dagegen Staudinger Anm. 4 zu § 34; Warneyer Bem. zu § 34; RGR.-Komm. Anm. 1 zu § 34.)

H. Die einzelnen Fälle des Stimmrechtsausschlusses wegen Interessenkollision.

§ 12.

I. Die Entlastung.

1. Bei den Körperschaften.

Daß der Stimmrechtsausschluß im Falle der Entlastung nicht nur bei der AG., GmbH. und e. Gen., wo der Fall der Entlastung in den Ausschlußvorschriften eigens erwähnt ist, sondern auch beim rechtsfähigen Verein des BGB. stattzufinden hat, wurde bereits früher ausgeführt. Daß der zu Entlastende auch mangels ausdrücklicher Gesetzesvorschrift schon nach Treu und Glauben vom Stimmrecht ausgeschlossen ist, ergibt sich aus der rechtlichen Natur der Entlastung.

Durch die Entlastung soll abstrakt, d. h. unabhängig von dem wirklichen Bestehen oder Nichtbestehen von Ansprüchen, festgestellt werden, daß Ansprüche des Personenverbandes gegen den zu Entlastenden aus einer bestimmten für den Personenverband entfalteten Tätigkeit nicht bestehen. Die Entlastung stellt also einen negativen Anerkennungsvertrag gem. § 397, II BGB. dar. (Vgl. Schifferer 20f; Staub Anm. 13 zu § 260; Staub-Hachenburg Anm. 25 zu § 47 und 27 zu § 46; Brodmann Anm. 6 zu § 46 S. 175, II; Isay 726.) Die Entlastung ist nicht etwa eine einseitige Willenserklärung. (So Bachmann, der Entlastungsbeschluß; Fischer 308; Geiling in ZAW. 07, 193ff., 226ff.)

Denn es handelt sich bei der Entlastung um Ansprüche aus Dienst- oder Werkverträgen oder ähnlichen Rechtsgeschäften. Ein Verzicht auf solche Ansprüche ist aber nur durch Vertrag möglich. (Vgl. RG. 72, 171; dagegen Höniger in DJZ. 1922, 143ff.) Die „Erteilung" der Entlastung freilich, die bei der AG. durch die GV. erfolgen muß und auch bei den übrigen Personenverbänden in der Regel durch Beschlußfassung der Mitglieder geschieht, ist eine einseitige empfangsbedürftige Willenserklärung wie jede andere Vertragsofferte, sie bedarf aber der Annahme des zu Entlastenden, welche in der Regel allerdings stillschweigend erfolgt. Unzweckmäßig ist es sonach, die Erklärung der Entlastung durch die Mitgliederversammlung selbst schon „Entlastung“ zu nennen, da die Rechtswirkung der Entlastung nur durch das Zustandekommen eines Entlastungsvertrages herbeigeführt werden kann.

Unrichtig ist es m. E. ebenso, die Entlastung als bloße Quittung zu betrachten, d. h. als eine bloße „Wissenserklärung“ (eine solche stellt die Quittung nach der herrschenden Lehre dar), ein „bloßes Empfangsbekenntnis über ordnungsmäßige Rechnungsablage“. Diese Auffassung ist schon deshalb abzulehnen, weil die Entlastung durchaus nicht das Empfangsbekenntnis einer ordnungsmäßigen Rechnungsablage zu enthalten braucht. Grundsätzlich ist vielmehr eine Blanko-Entlastung, d. h. eine Entlastung ohne vorherige Rechnungsprüfung und ohne Prüfung der Geschäftsführung keineswegs zu verwerfen. Die Entlastung hat aber auch tatsächlich eine andere Bedeutung; denn insoweit Entlastung erteilt ist, können Ansprüche gegen den Entlasteten aus derjenigen Tätigkeit, auf welche sich die Entlastung bezieht, sofern die Mitgliederversammlung über diese Tätigkeit vor der Entlastung ordnungsgemäß unterrichtet war, nicht mehr hergeleitet werden. (Vgl. *Staub* Anm. 12 zu § 268.) Die Verwaltungsmitglieder oder sonstigen Personen, denen die Entlastung erteilt werden soll, haben u. U. ein hervorragendes Interesse an der Gewißheit über das Bestehen oder Nichtbestehen gegen sie gerichteter Ansprüche der Körperschaft; sie haben daher u. U. auch einen Anspruch auf Entlastung. Mit einer bloßen Quittung wäre ihnen wenig gedient. Das Rechtsinstitut der „Rechtsverwirkung“ aber hier heranzuziehen (so *Höniger* a. a. O.), dazu fehlt es m. E. an jeder gesetzlichen Grundlage.

Die Entlastung ist auch nicht nur etwa ein pactum de non petendo (welches übrigens notwendigerweise einen Vertrag darstellt), woran vielleicht gedacht werden könnte; denn auch das widerspricht der allgemein angenommenen Wirkung sowie dem Zweck der Entlastung.

Kontrahenten des Entlastungsvertrages sind auf der einen Seite die Körperschaft, in der Regel, wie erwähnt, hier durch die Mitgliederversammlung vertreten, auf der anderen Seite die zu entlastende Person. Als solche Personen kommen vor allem in Betracht die Mitglieder der Verwaltungsorgane der Körperschaft, also Vorstands- und Aufsichtsratsmitglieder, Geschäftsführer und Liquidatoren, dann aber auch die Personen, die mit der Rechnungsprüfung betraut sind, also vor allem die von der GV. der AG. gemäß § 266 HGB. und die von dem Revisionsverband (vgl. § 54ff. GenGes.) für die Revision und Prüfung der Einrichtungen der Geschäftsführung einer Genossenschaft aufgestellten Revisoren, bei welch letzteren übrigens natürlich nur eine Entlastung von seiten des Revisionsverbandes in Frage kommt (vgl. *Bachmann* a. a. O. 5), schließlich auch die besonderen Prozeßvertreter nach §§ 268, II HGB., 46 Z. 8 GmbH.-Ges., 39, III Gen.-Ges. Alle diese Personen sollen der Kürze halber hier als „Verwaltungsmitglieder“ bezeichnet werden. Alle diese Verwaltungsmitglieder sind Organe der Körperschaft. Die Entlastung stellt also ein sozialrechtliches Rechtsgeschäft dar. Daher kann von Entlastung im Sinne der Stimmenthaltungsvorschriften keine Rede sein bei der Feststellung des Nichtbestehens von Ansprüchen gegen Prokuristen, Reisende, Agenten, besondere Vertreter für einzelne Angelegenheiten z. B. nach § 30 BGB. usw., d. h. also Personen, welche nicht zu den Organen der Körperschaft gehören. Hier handelt es sich um individualrechtliche Rechtsgeschäfte, die daher in aller Regel von den Vertretungsorganen der Körperschaft vorgenommen werden. (Vgl. Staub-Hachenburg Anm. 17 zu § 47.) Soweit aber die Mitgliedervers. über ihre Vornahme Beschluß faßt, gelten in bezug auf die Stimmenthaltung entsprechende Grundsätze wie bei der Entlastung.

Bei der AKG. haben die Komplementare die Stellung des Vorstandes einer AG. Zu der Entlastung der Komplementare bedarf es hier grundsätzlich der Zustimmung der Komplementare gem. § 327, II HGB. (vgl. Schreiber 164), bei Entlastung des Aufsichtsrats dagegen ist zu unterscheiden: Soweit er die Kommanditistengesamtheit vertritt, haftet er nur ihr gegenüber, insoweit ist daher auch nur die GV. zur Entlastung berechtigt. Soweit er dagegen die AKG. vertritt, haftet er auch dieser gegenüber; insoweit ist zu seiner Entlastung die Zustimmung der Komplementare erforderlich. (Vgl. Staub Anm. 94 und 106 zu §§ 320 und 5b zu 327.) Zur Entlastung der Revisoren, Liquidatoren oder der besonderen Prozeßvertreter ist wohl gleichfalls die Zustimmung der Komplementare erforderlich. Der Ausschluß der Komplementare vom Stimmrecht ist hier aber auch, soweit ein Beschluß ihrer Zustimmung bedarf, nicht von großer praktischer Bedeutung, weil sie ja durch Verweigerung ihrer Zustimmung die Entlastung höchstens verhindern könnten.

Ob bei der Beschlußfassung ausdrücklich von Entlastung die Rede ist oder nicht, ist für die Erteilung der Entlastung nicht maßgebend; diese kann auch stillschweigend erfolgen. (Vgl. RG. 106, 258ff. und in JW. 1924, 1143.) Wie schon erwähnt, liegt u. U. eine Entlastung für eine bestimmte Handlung auch in der Ermächtigung oder Beauftragung des Vertretungsorgans der Körperschaft durch die Mitgliederversammlung zur Vornahme dieser Handlung.

Grundsätzlich scharf von der Entlastung zu unterscheiden ist die Bilanzgenehmigung. Die Entlastung wird allerdings meist auf der Grundlage der Bilanzgenehmigung erfolgen. Aber einerseits ist Entlastung ohne Bilanzgenehmigung (wenn auch in der Regel nicht ohne Bilanzvorlage und Bilanzprüfung, möglich, andererseits kann die Entlastung trotz Bilanzgenehmigung versagt werden; denn die Bilanzgenehmigung enthält ja nicht etwa auch eine Genehmigung der Geschäftsführung der Verwaltungsmitglieder. Grundsätzlich haben also die zu Entlastenden bei der Beschlußfassung über die Bilanzgenehmigung das Stimmrecht. (Vgl. RG. 44, 67; 49, 146; KG. in Holdheim 5, 138; Bachmann 4; Staub Anm. 8 zu § 260; Staub-Hachenburg Anm. 23 zu § 46; Brodmann Anm. 6 zu § 46, S. 175, I; Isay 726; ZAG. 29, 103ff.) Wird über Bilanzgenehmigung und Entlastung zugleich Beschluß gefaßt, so sind die zu Entlastenden vom Stimmrecht ausgeschlossen. (Vgl. Makower Anm. V a zu § 252.) Doch hat jedes Mitglied bis zum Beginn der Abstimmung einen Anspruch auf gesonderte Beschlußfassung. (Vgl. Makower a. a. O.) Unter Umständen kann auch, ohne daß ausdrücklich von Entlastung die Rede ist, in der Bilanzgenehmigung die Entlastung liegen. Auch eine Satzungsbestimmung, wonach in der Bilanzgenehmigung zugleich stets die Entlastung liegen soll, ist nicht als ungültig zu erachten. (A. A. Rosendorff, Die stillen Reserven der AG., Berlin 1917, 37; Steinmetz 55.) Denn im Gesetz ist die gesonderte Beschlußfassung nicht vorgeschrieben.

Abgesehen von diesen Fällen können freilich z. B. die Vorstands- und Aufsichtsratsmitglieder sowie auch die Gründer einer AG. mit Rücksicht auf ihre in den §§ 202, 204, 209 HGB. bestimmte Haftung ein gewisses Interesse an der Feststellung der Bilanz haben. Aber von einer Entlastung oder Befreiung von einer Verbindlichkeit kann hiebei nicht die Rede sein, denn die Feststellung der Bilanz hat nicht notwendig einen Einfluß auf die Geltendmachung oder Nichtgeltendmachung eventueller Ansprüche gegen jene Personen. Über die Frage des Stimmrechtsausschlusses Gewinnanteils- oder Tantièmeberechtigter bei der Beschlußfassung über die Bilanzgenehmigung vgl. unten S. 147, 149.

Besonders bestritten ist nun die Frage, ob, wenn ein Verwaltungsorgan aus mehreren Mitgliedern besteht, über die Entlastung der einzelnen Verwaltungsmitglieder gesondert abgestimmt werden kann und ob dann bei der Entlastung jedes Verwaltungsmitglieds die übrigen Verwaltungsmitglieder mitstimmen dürfen oder nicht. Damit hängt auch die Frage zusammen, inwieweit bei Entlastung des Vorstands einer AG. oder einer e. Gen. oder eines VersVer. a. Gegens. oder der Geschäftsführer einer GmbH. oder der Komplementare der AKG. die Aufsichtsratsmitglieder der betr. Körperschaft mitzustimmen berechtigt sind.

Was die erste Frage anlangt, so hat das RG. in einer Entscheidung vom 6. Juni 1903 (RG. 55, 75ff.) mit Bezug auf die Entlastung des Aufsichtsrats einer AG. ausgesprochen, daß über die Entlastung der Organe nur einheitlich abgestimmt werden könne, daß daher auch bei der Entlastung eines Organs dessen Mitglieder alle vom Stimmrecht ausgeschlossen seien, da es sich bei der Entlastung nicht darum handle, ob gegen dieses oder jenes Mitglied Ansprüche beständen, sondern vielmehr darum, ob die der GV. durch die Vorlagen vorgeführte, in dem verflossenen Geschäftsjahr entfaltete Verwaltungstätigkeit eines Organes für einwandfrei erklärt werden solle oder nicht. Diese Entscheidung wurde in einem späteren Urteil des RG. (65, 241 ff.) in ganz willkürlicher Weise dahin gedeutet, jenes Urteil habe nur den regelmäßigen Fall im Auge gehabt, daß die durch die Rechnungslegung vor Augen geführte Tätigkeit der Organe im letzten Geschäftsjahr für einwandfrei erklärt werden sollte. Anders sei dagegen zu entscheiden, wenn — sei es durch die Vorlagen selbst, sei es durch die in der GV. gestellten Anträge — hinsichtlich der Verantwortlichkeit für die Tätigkeit des Organes unter den einzelnen Mitgliedern unterschieden werde. Hier sei getrennte Beschlußfassung, insoweit als die Organsmitglieder eine verschiedene Tätigkeit zu vertreten hätten, möglich und insoweit seien auch bei der Entlastung von Organsmitgliedern jeweils die übrigen Organsmitglieder, soweit darnach ihre Verantwortlichkeit von der der zu Entlastenden verschieden sei, stimmberechtigt. (Ebenso RG. 75, 309.)

Die herrschende Meinung steht heute zunächst insoferne auf dem Standpunkt dieser letzteren Entscheidung des RG., als sie grundsätzlich die getrennte Beschlußfassung über die Entlastung der einzelnen Organsmitglieder zuläßt.

Vgl. Staub Anm. 10 zu § 260; Horrwitz 389; Pinner in DJZ. 03, 470 f. und in JW. 1925, 1893; Gareis in DJZ. 04, 578; Fischer 308 ff.; Ritter

Anm. 5a zu § 252; Lehmann-Ring Nr. 6 zu § 252; Goldschmit 235; Brodmann 175, I; Staub-Hachenburg Anm. 6 zu § 46; Steinmetz 55 f.; Dahmann 72 f.; Schifferer 39; ROHG. 20, 222; OLG. Köln vom 22. Dez. 1902 in Holdheim 12, 214; dagegen Makower Anm. IVd zu § 260; Goldmann, Anm. 22 zu § 252; J. v. Gierke in ZHR. 84, 252; Sontag 52 f.; Haselberger 31; ZAG. 31, 76 f.; OLG. Stuttgart vom 3. April 1925 in LZ. 1925, 722 ff. = JW. 1925, 1893; nach dieser letzten Entsch. soll nur gestattet sein, daß dem einen Entlastung erteilt wird, dem anderen nicht, dagegen keine Einzelabstimmung.

Nicht entschieden wird von den meisten Vertretern der herrschenden Meinung die Frage, ob in allen Fällen getrennte Abstimmung über die Entlastung möglich ist. (Vgl. jedoch Fischer a. a. O. und Staub a. a. O.)

Eine andere Frage ist es aber nun, inwieweit bei getrennter Abstimmung über die Entlastung einzelner Verwaltungsmitglieder die übrigen Verwaltungsmitglieder vom Stimmrecht ausgeschlossen sind. Nach Pinner (in JW. 1925, 1893) haben, wenn nur ein Aufsichtsratsmitglied einer AG. von der GV. verantwortlich gemacht wird, die übrigen Aufsichtsratsmitglieder, soweit sie von der GV. nicht mitverantwortlich gemacht werden, das Stimmrecht. (Ähnlich Staub a. a. O.) Nach der angeführten Entsch. des OLG. Köln soll bei der Entlastung von Aufsichtsratsmitgliedern einer AG. den übrigen im Besitze von Aktien befindlichen Aufsichtsratsmitgliedern solange das Stimmrecht zu versagen sein, als nicht von der GV. festgestellt ist, daß sich die Entlastung nur auf ein ausschließlich von dem einzelnen Aufsichtsratsmitglied zu vertretendes Geschäft bezieht. (Ähnlich Brodmann a. a. O. und 188, II; Lehmann-Ring a. a. O.; Staub-Hachenburg Anm. 18 zu § 47.) Nach Fischer (a. a. O.) kann bei der Entlastung von Verwaltungsmitgliedern der AG. ein Stimmrecht der übrigen Verwaltungsmitglieder nur insoweit in Frage kommen, als erlaubtermaßen durch Statut oder Beschluß der GV. die Tätigkeit der Organsmitglieder nicht gleichförmig gestaltet ist und daher von vornherein feststeht, daß die Verantwortlichkeit der Einzelnen nicht die gleiche zu sein braucht. Aber auch insoweit gewährt Fischer nur den jeweils schon entlasteten Verwaltungsmitgliedern das Stimmrecht. Schifferer (a. a. O.) scheint darauf abzustellen, ob die übrigen Verwaltungsmitglieder an dem für die zu entlastenden Mitglieder günstigen Beschluß interessiert sind oder nicht; eine allgemeine Norm läßt sich daher nach ihm nicht aufstellen. Nach Goldschmit (a. a. O.) haben bei Entlastung eines Aufsichtsratsmitglieds die übrigen Aufsichtsratsmitglieder dann kein Stimmrecht, wenn die Entlastung für sie Bedeutung hat.

Es ist zunächst klar, daß, wenn eine einheitliche Beschlußfassung über die Entlastung sämtlicher Mitglieder eines Verwaltungsorganes stattfindet, diese auch sämtliche vom Stimmrecht ausgeschlossen sind. Nun fragt es sich aber, ob und inwieweit getrennte Abstimmung über die Entlastung der einzelnen Verwaltungsmitglieder zulässig ist; maßgebend ist m. E. die rechtliche Natur der Entlastung als eines negativen Anerkennungsvertrags. Wie erwähnt, sind Kontrahenten dieses Vertrages auf der einen Seite die Körperschaft, auf der anderen Seite aber die einzelnen zu entlastenden Personen (vgl. Schifferer 25 ff.), nicht etwa das Organ selbst, d. h. die Gesamtheit der Vorstands- oder Aufsichtsratsmitglieder, Geschäftsführer, Revisoren, Liquidatoren oder Prozeßvertreter. Aus dem Wortlaut des § 260 HGB., wo von der „Entlastung des Vorstands und Aufsichtsrats" die Rede ist, ist nicht etwa das Gegenteil zu entnehmen, da das HGB. zwischen den Ausdrücken Vorstand und Aufsichtsrat einerseits und Vorstands- und Aufsichtsratsmitglieder andererseits nicht immer scharf unterscheidet. (Ebenso Staub Anm. 9 zu § 260; Schreib 26.) Andererseits geht aber aus dem Wesen der Entlastung hervor, daß sie nur einzelnen Personen erteilt werden kann, nicht etwa einem „Organ", das ja keine juristische Persönlichkeit besitzt. Die Entlassung hat aber nicht etwa notwendigerweise die Bedeutung einer Genehmigung der Geschäftsführung, denn sie kann auch dann, wenn die Mitgliederversammlung durchaus nicht mit der Geschäftsführung des zu Entlastenden einverstanden ist, erteilt werden; sie bedeutet vielmehr nur die Feststellung, daß Ansprüche gegen das entlastete Verwaltungsmitglied nicht bestehen. Die Ansprüche aber, deren Nichtbestehen durch die Entlastung festgestellt wird, sind Ansprüche der Körperschaft gegen die einzelnen Verwaltungsmitglieder; denn diese, nicht etwa die Organe oder Gesamtheiten der Verwaltungsmitglieder, haften auf Grund ihrer Anstellungsverhältnisse für die Erfüllung ihrer Verpflichtungen. (Vgl. vor allem §§ 241, 249 HGB., 43, 52 GmbH.-Ges., 41, 43 GenGes.) § 27, III BGB., der vom „Vorstand" spricht, aber nur die einzelnen Vorstandsmitglieder meinen kann, spricht nicht gegen, sondern für unsere Auffassung.

Da also die Entlastung den einzelnen Verwaltungsmitgliedern erteilt wird, ist auch in allen Fällen getrennte Abstimmung über die Entlastung der einzelnen Verwaltungsmitglieder zulässig.

Was nun die Frage des Stimmrechtsausschlusses der übrigen Verwaltungsmitglieder bei der Entlastung einzelner Verwaltungsmitglieder anlangt, so ist davon auszugehen, daß nach den Ausschlußvorschriften derjenige vom Stimmrecht ausgeschlossen ist, der „entlastet werden soll". Bei getrennter Entlastung wird aber immer nur derjenige durch den Entlastungsbeschluß entlastet, auf den sich der Entlastungsbeschluß unmittelbar bezieht; denn die Entlastung ist ein Erlaßvertrag; die Mitglieder des Verwaltungsorgans einer Körperschaft haften aber für Erfüllung ihrer Verpflichtungen in aller Regel als Gesamtschuldner (vgl. §§ 427, 431 BGB., 241, 249, 298 HGB., 43 II, 52, 71, I GmbHGes., 34, II, 41, II, 89 GenGes., 34, 35 VAG.); es ist daher § 423 BGB. anwendbar. Darnach wirkt ein zwischen einem Gläubiger und einem Gesamtschuldner vereinbarter Erlaß nur dann für die übrigen Gesamtschuldner, wenn die Vertragsschließenden das ganze Schuldverhältnis aufheben wollen. Wird aber ausdrücklich nur einem Verwaltungsmitglied Entlastung erteilt, so kann keine Rede davon sein, daß damit auch die event. Verbindlichkeiten der übrigen Verwaltungsmitglieder erlöschen sollen. Soweit den einzelnen Mitgliedern eines Verwaltungsorgans von der Mitgliederversammlung verschiedene Obliegenheiten zugeteilt werden, was nicht unzulässig zu sein braucht, wirkt der Erlaß gegenüber einem von ihnen erst recht nicht gegenüber den anderen.

Dennoch wäre es äußerst unbefriedigend, wenn bei Entlastung der einzelnen Verwaltungsmitglieder in allen Fällen allen übrigen Verwaltungsmitgliedern das Stimmrecht zustünde. Damit würde das Stimmverbot für die Fälle der Entlastung meist überhaupt illusorisch. Denn wohl in den meisten Fällen werden die Mitglieder desselben Verwaltungsorgans sich gegenseitig bei der Entlastung ihre Stimmen geben, sei es nun auf Grund enger persönlicher Beziehungen der Verwaltungsmitglieder untereinander, sei es auf Grund einer gewissen Solidarität der Interessen, etwa um das Renommee des betr. Verwaltungsorgans zu wahren oder aber vor allem, um sich selbst die Entlastung zu sichern; daß daher zuweilen selbst bei Exzessen eines Verwaltungsmitgliedes die übrigen geneigt sein werden, dieses Mitglied zu decken, hat das OLG. Köln (a. a. O.) mit Recht hervorgehoben. Es kann freilich Fälle geben, in denen ein Verwaltungsmitglied etwa als Großaktionär viel mehr Interesse an der Geltendmachung von Schadensersatzansprüchen gegen ein anderes Verwaltungsmitglied als an der Befreiung dieses Verwaltungsmitgliedes von seinen Verbindlichkeiten hat. Aber in aller Regel sind die übrigen Verwaltungsmitglieder an der Entlastung eines Verwaltungsmitgliedes doch erheblich interessiert; denn die Entlastung bedeutet zwar, wie erwähnt, rein juristisch betrachtet, nur die Feststellung, daß Ansprüche gegen den Entlasteten aus seiner Geschäftsführung nicht bestehen, materiell aber doch in der Regel gleichzeitig die Genehmigung der Geschäftsführung des Entlasteten, so daß, wenn dem einen Organsmitglied Entlastung erteilt wird, die übrigen Organsmitglieder, sofern sie für dieselbe Tätigkeit mitverantwortlich sind und wenn nicht besondere Umstände dagegen sprechen, zwar nicht immer, aber doch in aller Regel auch mit ihrer Entlastung rechnen können, während diese bei Nichtentlastung eines Verwaltungsmitgliedes meist in Frage gestellt ist. Es ist daher der herrschenden Lehre insoweit beizustimmen, als sie hier eine ausdehnende Auslegung der Ausschlußvorschriften tätigt. M. E. sind, zum mindesten nach Treu und Glauben, bei der Entlastung eines Organsmitgliedes die übrigen Mitglieder desselben Organs grundsätzlich vom Stimmrecht ausgeschlossen, es sei denn, daß aus besonderen Gründen feststeht, daß eines der übrigen Mitglieder dieses Organs eine Mitverantwortlichkeit für die Tätigkeit des zu entlastenden Verwaltungsmitglieds nicht treffen kann. Das ist z. B. dann der Fall, wenn einem Verwaltungsmitglied in zulässiger Weise von der Mitgliederversammlung ein ganz anderer Geschäftsbereich als dem zu Entlastenden zugeteilt wurde oder auch dann, wenn ein Verwaltungsmitglied zur Zeit der Vornahme der fraglichen Handlungen des zu Entlastenden vom Dienst beurlaubt war, oder wenn es in dieser Zeit bereits aus dem Verwaltungsorgan ausgeschieden war, oder wenn auf Grund anderer Tatsachen feststeht, daß ein Verwaltungsmitglied ein Verschulden in bezug auf die fragliche Tätigkeit des zu Entlastenden nicht treffen kann, dagegen z. B. nicht schon dann, wenn die Verwaltungsmitglieder untereinander ihre Aufgaben geteilt hatten, da damit die Mitverantwortlichkeit der einzelnen Mitglieder für die Tätigkeit der anderen gegenüber der Körperschaft nicht erlischt, insbesondere die Überwachungspflicht der einzelnen gegenüber der Tätigkeit der anderen bestehen bleibt. Liegen dabei die besonderen Umstände, auf Grund derer bei der Entlastung eines Mitgliedes eines Verwaltungsorgans andere Mitglieder dieses Organs stimmberechtigt sind, nicht offen zutage, so braucht die Mitgliederversammlung diese Mitglieder nicht zur Abstimmung zuzulassen, wenn ihr nicht das Bestehen solcher besonderer Umstände nachgewiesen wird; denn eine besondere Prüfung und Untersuchung kann der Mitgliederversammlung in dieser Beziehung ebensowenig wie dem Vorsitzenden zugemutet werden und ist mit dem Bedürfnis nach einer möglichst einfachen, glatten Abwicklung des Beschlußverfahrens nicht vereinbar.

Nach ähnlichen Grundsätzen ist auch die Frage zu entscheiden, ob bei der Entlastung der Mitglieder des Vorstands oder der Geschäftsführer einer Körperschaft bzw. der Komplementare einer AKG. die Aufsichtsratsmitglieder derselben stimmberechtigt sind oder nicht. Die Frage hat in Literatur und Rechtsprechung wenig Beachtung gefunden. Nach Parisius-Crüger (Anm. 28 zu § 43) haben sich die Aufsichtsratsmitglieder der e. Gen. bei Entlastung der Vorstandsmitglieder dieser Körperschaft der Stimme zu enthalten. Nach Pinner (JW. 1925, 1893) haben bei der Entlastung eines Mitgliedes des Vorstandes einer AG. die Aufsichtsratsmitglieder der AG. das Stimmrecht, soweit sie nicht mitverantwortlich gemacht werden. Nach Staub (Anm. 10 zu § 260) können die Vorstandsmitglieder bei der Entlastung des Aufsichtsrates und die Aufsichtsratsmitglieder bei der Entlastung des Vorstandes mitstimmen, es sei denn, daß es sich um Verfehlungen handelt, für die der Aufsichtsrat gemeinsam mit dem Vorstand haftet. Wird über die Entlastung des Vorstandes oder der Geschäftsführer und des Aufsichtsrats in einer Beschlußfassung abgestimmt, so sind selbstverständlich sämtliche Mitglieder der beiden Verwaltungsorgane vom Stimmrecht ausgeschlossen. Im übrigen aber ist zu beachten, daß die Aufsichtsratsmitglieder mit den Vorstandsmitgliedern oder Geschäftsführern in aller Regel solidarisch haften (vgl. insbesondere §§ 249, II HGB., 52, I Gm. bHGes., 41, II GenGes., 35 VAG.), soweit nämlich nicht in zulässiger Weise etwa den einzelnen Aufsichtsratsmitgliedern von der Mitgliederversammlung verschiedene Obliegenheiten übertragen sind, daß sie also in der Regel ein erhebliches Interesse an der Entlastung der Vorstandsmitglieder oder Geschäftsführer haben. Wird daher nur über die Entlastung des Vorstands oder der Geschäftsführer Beschluß gefaßt, so haben die Aufsichtsratsmitglieder kein Stimmrecht, wenn nicht aus besonderen Gründen feststeht (vgl. oben S. 112), daß ein Aufsichtsratsmitglied für die Tätigkeit des zu Entlastenden keine Verantwortlichkeit bzw. Mitverantwortlichkeit trifft.

Soll dagegen umgekehrt über die Entlastung des Aufsichtsrats Beschluß gefaßt werden, so wird man grundsätzlich den Vorstandsmitgliedern, auch soweit sie noch nicht entlastet sind, dabei das Stimmrecht gewähren müssen, da die Entlastung oder Nichtentlastung des Aufsichtsrats für die Entlastung der Vorstandsmitglieder in der Regel nicht von großer Bedeutung sein wird.

In allen diesen Fällen kann übrigens auch ein Stimmrechtsausschluß nach Treu und Glauben z. B. deswegen in Frage kommen, weil ein Verwaltungsmitglied ausdrücklich oder stillschweigend verpflichtet ist, im Sinne eines anderen Verwaltungsmitglieds zu stimmen; jedoch sind diese Fälle deshalb nicht von großer praktischer Bedeutung, weil der Nachweis solcher Verpflichtungen gerade hier in der Regel nicht leicht zu führen sein wird.

Nach Treu und Glauben ist aber ferner bei der Entlastung eines Verwaltungsmitgliedes vom Stimmrecht ausgeschlossen, wer der Körperschaft gegenüber eine Garantie oder Bürgschaft für dieses Verwaltungsmitglied übernommen hat; denn durch den Entlastungsbeschluß könnte hier ein Recht der Körperschaft gegen den Garanten vereitelt werden.

(Vgl. oben S. 53; ferner Sontag 52; Behrend § 113 Anm. 18; Goldmann § 205 Nr. 6; Ritter § 205 Nr. 1; aber auch Makower Anm. V b 2 zu § 252; Staub Anm. 2 zu § 205; Lehmann-Ring Nr. 1 zu § 205; Pinner Anm. III zu § 205; Küntzel 69.) Ebenso ist nach Treu und Glauben bei der Entlastung eines Verwaltungsmitglieds vom Stimmrecht ausgeschlossen, wer diesem gegenüber eine Regreßpflicht übernommen hat. Die „ernstliche Gefährdung" der Körperschaftsinteressen ist ja immer als gegeben zu betrachten, wenn durch einen Beschluß ein Recht der Körperschaft vereitelt oder undurchführbar gemacht werden könnte. (Vgl. oben a. a. O.) Aber auch ein erhebliches unmittelbares Interesse des betreffenden regreßpflichtigen Körperschaftsmitgliedes ist hier immer anzunehmen, da auch hier die Entlastung für dasselbe die Befreiung von einer allenfallsigen Verbindlichkeit (wenn auch nicht gegenüber der Körperschaft) bedeutet. (Vgl. dagegen Staub-Hachenburg Anm. 20 zu § 47.) Dagegen hat das RG. (in Holdheim 04, 296) mit Recht einen Entlastungsbeschluß für gültig erklärt, wo Gegenstand der Entlastung das schuldhafte Verhalten bei Nichteinziehung rückständiger Einlagen war und wo bei Fassung des Beschlusses nur Aktionäre mitstimmten, die mit Teilen ihrer Einlagen im Rückstande waren. (Vgl. Steinmetz 56.) Hier kann man keineswegs von einem unmittelbaren Interesse der beschließenden Aktionäre an der Entlastung der Verwaltungsmitglieder reden; denn die Entlastung befreite ja die Aktionäre in keiner Weise von ihrer Einlagenverbindlichkeit und stand auch der Geltendmachung der Ansprüche der AG. gegen sie nicht im Wege.

Bei der AG. gewährt § 268 HGB. der Aktionärminderheit einen gewissen Schutz gegen ungerechtfertigte Entlastung. Wegen Sittenwidrigkeit eines die Interessen der Körperschaft schädigenden Entlastungsbeschlusses vgl. RG. 68, 314 ff.

2. Bei den Personenverbänden ohne Rechtspersönlichkeit.

Auch bei den Personenverbänden ohne Rechtspersönlichkeit kann eine Entlastung von Geschäftsführern oder sonstigen mit der Geschäftsführung oder Rechnungsprüfung betrauten Personen, also von „Verwaltungsmitgliedern", mögen sie nun „Organe" des Personenverbandes sein oder nicht, in Frage kommen; dabei ist zu beachten, daß die rechtliche Natur der Entlastung hier ebenso zu beurteilen ist, wie bei den Körperschaften, vor allem aber, daß die Entlastung eine Verfügung darstellt; es kommen hier daher für die Frage des Stimmrechtsausschlusses nur solche Ansprüche in Betracht, welche dem Personenverband selbst, zu dem also auch der zu Entlastende gehört, d. h. also allen Mitgliedern des Personenverbandes zu gesamter Hand zustehen. Denn bei Ansprüchen, die etwa allen übrigen Mitgliedern gegen den Geschäftsführer zustehen, kann von einem Stimmrecht desselben überhaupt nicht die Rede sein, da er selbst ja gar nicht zur Verfügung über solche Ansprüche berechtigt ist. Ebenso scheiden Ansprüche aus, die den Teilhabern als „schlichten Mitgläubigern" nach Maßgabe des § 432 BGB. in der Weise zustehen, daß jeder Gläubiger die Leistung verlangen, aber jeder nur Leistung an alle fordern kann, da solche Ansprüche durch Vereinigung von Forderung und Schuld in einer Person erlöschen, da also auch hier der zu Entlastende nicht Gläubiger sein und daher auch selbst über die

Forderung nicht mitverfügen könnte. Das gleiche gilt auch für die Fälle der Gesamtgläubigerschaft. (Vgl. § 428 BGB.)

Ein Stimmrecht des zu Entlastenden (und daher auch ein Stimmrechtsausschluß desselben) bei seiner Entlastung ist daher nur bei solchen Ansprüchen in Betracht zu ziehen, welche zu einem gesamthänderischen Vermögen gehören, da diese durch Konfusion nicht erlöschen (vgl. für die Erbengemeinschaft Staudinger Anm. 5 zu § 2032; Cosack, Lehrb. des bürgerl. Rechts II, 1 und 2. Aufl. § 386, II), also zum Vermögen einer bürgerlichrechtlichen Gesellschaft, o. HG., KG., Reederei, Erbengemeinschaft oder fortgesetzten Gütergemeinschaft. (Bei der letzteren kann allerdings höchstens der Fall in Frage kommen, daß einer der gemeinschaftlichen Abkömmlinge Geschäfte für die Gemeinschaft auf Grund einer Vereinbarung der Teilhaber zu führen hat.) Die Ersatzansprüche gegen die „Verwaltungsmitglieder" aus deren Geschäftsführung gehören aber bei den soeben genannten Personenverbänden, bei der Erbengemeinschaft allerdings nur nach Maßgabe des § 2041 BGB., zum gesamthänderischen Sondervermögen der Teilhaber. (Vgl. Oertmann, Schuldverhältnisse Anm. 5 zu § 713 und 2 c zu § 718; Staudinger Anm. III, 1, d zu § 718; Düringer-Hachenburg Anm. 145 S. 124; dagegen Planck Anm. 3 zu § 713 und Knoke 70.) Über derartige Ersatzansprüche können daher die Teilhaber dieser Personenverbände nur gemeinsam verfügen. An sich ist also zur Entlastung der Verwaltungsmitglieder hier die Mitwirkung aller Teilhaber geboten, auch der von der Geschäftsführung ausgeschlossenen; denn die Entlastung gehört nicht zu den Angelegenheiten der Geschäftsführung. Von Gesetzes wegen ist für die Entlastung bei jenen Personenverbänden Einstimmigkeit vorgeschrieben (auch bei der Reederei, trotz der Bestimmung des § 491 S. 2 HGB.; vgl. § 499 S. 2 HGB. und oben S. 62 f.), durch den Gesellschaftsvertrag kann aber bei allen fraglichen Personenverbänden das Mehrheitsprinzip auch für Entlastungsbeschlüsse festgesetzt werden. Nur insoweit das Majoritätsprinzip gilt, hat die Frage des Stimmrechtsausschlusses bei der Entlastung hier größere praktische Bedeutung, da ja andernfalls jeder Teilhaber durch Verweigerung seiner Zustimmung die Entlastung verhindern kann.

Daß auch bei den Personenverbänden ohne Rechtspersönlichkeit derjenige, der entlastet werden soll, vom Stimmrecht ausgeschlossen ist, ergibt sich aus der entsprechenden Anwendbarkeit der Ausschlußvorschriften auf diese Personenverbände. (Vgl. Düringer-Hachenburg Anm. III zu § 119, wo ausgeführt ist, daß wenigstens in der Regel das Stimmrecht des zu Entlastenden ausgeschlossen sein soll.) Die Frage der getrennten Abstimmung über die Entlastung der einzelnen Verwaltungsmitglieder, sowie die des Stimmrechtsausschlusses der übrigen Verwaltungsmitglieder bei der Entlastung eines Verwaltungsmitgliedes ist in gleicher Weise wie für die Körperschaften zu beantworten. Bemerkt sei hier nur, daß auch bei den Personenverbänden ohne Rechtspersönlichkeit die Verwaltungsmitglieder in aller Regel gesamtschuldnerisch haften werden (vgl. §§ 427, 431 BGB.), daß aber auch hier den einzelnen Verwaltungsmitgliedern verschiedene Obliegenheiten übertragen sein können.

Bei der KG. liegt in der Regel die Geschäftsführung in den Händen der Komplementare. Meist werden also hier die Kommanditisten allein über die Entlastung zu beschließen haben.

§ 13.

II. Die Befreiung von einer Verbindlichkeit.

1. Bei den Körperschaften.

Der Stimmrechtsausschluß desjenigen, der durch eine Beschlußfassung von einer Verbindlichkeit befreit werden soll, ist in den Ausschlußvorschriften des HGB., des GmbHGes. und des GenGes. ausdrücklich ausgesprochen. Wie bereits früher bemerkt, muß aber ein solcher Stimmrechtsausschluß auch beim rechtsfähigen Verein des BGB. stattfinden. Soweit es sich um die Befreiung von einer individualrechtlichen Verbindlichkeit handelt und die Befreiung, was wohl fast immer der Fall ist, durch ein Rechtsgeschäft gegenüber dem zu Befreienden geschieht, ergibt sich der Stimmrechtsausschluß beim rechtsfähigen Verein des BGB. schon aus dem Wortlaut des § 34 BGB. Aber auch in anderen Fällen, also insbesondere dann, wenn es sich um eine sozialrechtliche Verbindlichkeit handelt, ist dasjenige Vereinsmitglied, über dessen Befreiung Beschluß gefaßt werden soll, wenn nicht auf Grund der Analogie, so doch nach den Grundsätzen über Treu und Glauben vom Stimmrecht ausgeschlossen, da die in seinem Interesse liegende Beschlußfassung hier immer ein Recht der Körperschaft gegen ihn vereiteln könnte.

In aller Regel wird, wie erwähnt, die Befreiung von einer Verbindlichkeit durch Rechtsgeschäft gegenüber dem zu Befreienden erfolgen, und zwar durch einen Erlaß- oder negativen Anerkennungsvertrag gemäß § 397 BGB. Denkbar ist aber auch, daß die Befreiung in anderer Weise geschieht (vgl. Brodmann 187 Anm. 6 zu § 47), so z. B. durch Vernichtung eines Wertpapieres durch den Gläubiger.

Wie die Befreiung von einer Verbindlichkeit ist auf Grund der Analogie mit Bezug auf den Stimmrechtsausschluß zu beurteilen das pactum de non petendo, das den Schuldner nicht von seiner Verbindlichkeit befreit, ihm aber eine Einrede gegen die Geltendmachung des Anspruchs durch den Gläubiger gewährt, ebenso aber auch die Stundung sowie die Gestattung der Aufrechnung (vgl. RG. in „Recht" 1914 Nr. 252f.). Letztere ist mit Bezug auf Einlagenverbindlichkeiten bei der AG., GmbH. und e. Gen. nicht ausgeschlossen, sondern nur gegen den Willen der Körperschaft unzulässig. (Vgl. Biberfeld in ZAW. 1900, 33f.; RG. 18, 5.)

Gleichgültig ist zunächst, ob die Verbindlichkeit eine sozialrechtliche oder eine individualrechtliche ist, d. h. ob sie auf der Mitgliedschaft beruht oder nicht. Das ist wohl unbestritten. Von sozialrechtlichen Verpflichtungen haben hier selbstverständlich diejenigen auszuscheiden, von denen die Mitglieder überhaupt nicht befreit werden können, also z. B. die Verpflichtung der Aktionäre zur Leistung von Kapitaleinlagen mit Ausnahme des Falles der Herabsetzung des Grundkapitals, sowie die Verpflichtung der Rechtsvorgänger von im Kaduzierungsverfahren ausgeschlossenen Aktionären zur Zahlung des eingeforderten, von seinen Rechtsnachfolgern nicht zu erlangenden Betrages. (Vgl. §§ 211, 220, 221 HGB.) Entsprechendes gilt gemäß §§ 19, II, 22, 25 GmbHGes. für die Gesellschafter der GmbH. (Vgl. auch §§ 24 GmbHGes., 22, II GenGes.)

In Betracht kommen dagegen z. B. allgemein die sozialrechtlichen Verpflichtungen von Mitgliedern eines rechtsfähigen Vereins oder eines Vers.-Ver. a. Gegens. (soweit nicht durch die Vereinssatzung etwa ein Verbot der Befreiung ausgesprochen ist), dann die Verpflichtung von Aktionären zu wiederkehrenden Leistungen, sowie zur Zahlung von Vertragsstrafen gemäß § 212 HGB., die Verpflichtung der Gesellschafter einer GmbH. zur Zahlung von Nachschüssen gemäß § 26 GmbHGes. sowie sonstige nicht in der Zahlung von Stammeinlagen oder Nachschüssen bestehende Verpflichtungen der Gesellschafter einer GmbH. (§ 3, II GmbHGes.) oder der Genossen einer e. Gen.

Sollen durch den Beschluß sämtliche Mitglieder von einer Verbindlichkeit befreit werden, so findet gemäß dem früher über die gleichheitliche Befangenheit aller Mitglieder Gesagten kein Stimmrechtsausschluß statt. (Vgl. Makower Anm. Vb zu § 252; Staub-Hachenburg Anm. 25 zu § 47; Hachenburg 463; Steinmetz 56.) Handelt es sich aber um Verbindlichkeiten, welche auf verschiedenem Rechtsgrunde beruhen, und ist getrennte Beschlußfassung möglich, so hat jedes Mitglied bis zum Beginne der Abstimmung einen Anspruch auf gesonderte Beschlußfassung. Darauf, ob die Verpflichtungen im übrigen etwa absolut oder im Verhältnis zu den Anteilen am Stamm- oder Grundkapital gleich hoch sind, oder nicht, kann es nicht ankommen. Auch wenn alle Mitglieder gleichartige Verpflichtungen übernommen haben, kann u. U. ein Stimmrechtsausschluß stattfinden (in dieser Hinsicht ungenau Makower und Steinmetz a. a. O.); denn es kann z. B. sehr wohl der Fall sein, daß zwar sämtliche Mitglieder gleichartige individualrechtliche Verpflichtungen gegenüber der Körperschaft übernommen haben, daß aber nur ein Mitglied von einer solchen Verpflichtung befreit werden soll. Bei sozialrechtlichen Verpflichtungen freilich, die aus dem gleichen Rechtsgrunde auf allen Mitgliedern ruhen, bedarf es, wenn nur einzelne Mitglieder befreit werden sollen, der Zustimmung aller übrigen Mitglieder mit Rücksicht auf den Grundsatz der gleichheitlichen Behandlung der Körperschaftsmitglieder. Das schließt aber die Stimmenthaltung des zu Befreienden nicht aus und macht sie immerhin auch nicht völlig bedeutungslos. (Vgl. oben S. 69f.)

Gleichgültig ist weiterhin der Inhalt der Verpflichtung. In ZAG. 6, 169ff. ist der Fall geschildert, daß der Vorstand einer AG. nach der Satzung verpflichtet war, den Weisungen des Aufsichtsrats allenthalben Folge zu leisten. Diese Satzungsbestimmung sollte durch Beschluß gestrichen werden. Bei diesem Beschluß stimmte der Vorstand mit seinem Großaktienbesitz mit. Entgegen der in ZAG. 6, 193ff. vertretenen Ansicht ist das Mitstimmen des Vorstandes in diesem Falle für unzulässig zu erachten. Es handelte sich zunächst zweifellos um eine rechtliche Verpflichtung des Vorstandes gemäß § 235, I HGB. (Vgl. Staub Anm. 9 zu § 235.) Daß im vorliegenden Falle eine Rechtspflicht des Vorstandes gewollt war, geht aus dem Wortlaut der Satzungsbestimmungen hervor; diese Pflicht aber bestand gegenüber der AG., nicht gegenüber dem Aufsichtsrat; denn eine Verpflichtung des Vorstandes gegenüber dem Aufsichtsrat hätte in der Satzung der AG. nichts zu suchen. Bei Aufhebung jener Satzungsbestimmung handelte es sich freilich um eine Satzungsänderung und um eine allgemeine Regelung der Beziehungen der AG. zu einem Organ, gleichzeitig aber um die Befreiung von einer Verbindlichkeit (bei deren Vorliegen ja immer der Stimmrechtsausschluß stattzufinden hat). Diese Befreiung betraf zunächst allgemein den Vorstand als Organ der AG., sie betraf insbesondere aber auch die gegenwärtigen Vorstandsmitglieder. Im allgemeinen freilich sind Rechte und Pflichten des Vorstands einer AG. teils im Gesetz, teils im Anstellungsvertrag normiert. Sind diese Rechte und Pflichten auch in der Satzung festgesetzt, so wirken solche Festsetzungen dem Vorstande gegenüber nur insoweit, als er sich ihnen in seinem Anstellungsvertrag unterworfen hat. Werden diese Festsetzungen der Satzung abgeändert oder aufgehoben, so wirkt das jedenfalls nicht unmittelbar gegenüber dem gegenwärtigen Vorstand; es bedarf vielmehr zur Abänderung seiner Rechte und Pflichten regelmäßig eines Vertrages (gemäß § 305 BGB.) zwischen dem Vorstande und der AG. Eine Ausnahme hievon bewirkt aber die Bestimmung des § 235, I HGB. insofern, als danach der Vorstand kraft Gesetzes einer gewissen Art von Anordnungen, welche in der Satzung getroffen sind, unterworfen ist; ob er sich ihnen in seinem Anstellungsvertrag unterwirft oder nicht, ist gleichgültig. Anders ist es nur, wenn der Inhalt des Anstellungsvertrages mit den auf Grund des § 235, I getroffenen Bestimmungen der Satzungen in Widerspruch steht. (Vgl. Staub-Hachenburg Anm. 3 zu § 37.) Ist das aber nicht der Fall und werden die auf Grund des § 235, I getroffenen Bestimmungen der Satzung geändert oder aufgehoben oder werden solche Bestimmungen neu festgesetzt, so wirkt die Satzungsänderung unmittelbar gegenüber dem jeweiligen Vorstand. Im vorliegenden Falle bedeutete daher die Aufhebung jener Bestimmungen des Gesellschaftsvertrages unmittelbar die Befreiung des gegenwärtigen Vorstands von einer Verpflichtung gegenüber der AG. Der Vorstand war daher vom Stimmrecht ausgeschlossen. (Vgl. auch §§ 37 GmbHGes., 27 GenGes., 34 VAG.)

Bestritten ist es, ob dann, wenn durch Beschlußfassung der GV. einer AG. auf die Ansprüche gegen die nach den §§ 202, 203 HGB. haftenden Personen verzichtet werden soll, die Vorstands- und Aufsichtsratsmitglieder vom Stimmrecht ausgeschlossen sind. (Dagegen Makower Anm. V b 2 zu § 252; Staub Anm. 2 zu § 205; Pinner Anm. III zu § 205; Lehmann-Ring Nr. 1 zu § 205; Küntzel 69; a. A. Behrend Anm. 18 zu § 113; Goldmann Nr. 6 zu § 205; Ritter Nr. 1 zu § 205; Sontag 52.) Grundsätzlich ist hier m. E. der Stimmrechtsausschluß aus mindestens ebenso guten Gründen zu bejahen wie bei der Entlastung einzelner Verwaltungsmitglieder für die übrigen Verwaltungsmitglieder; denn die Möglichkeit liegt stets nahe, daß ein Verzicht auf die gemäß §§ 202, 203 HGB. der AG. zustehenden Ansprüche die Vorstands- und Aufsichtsratsmitglieder von einer Verbindlichkeit befreit. Jedenfalls aber verhindert ein solcher Verzicht stets die Geltendmachung von Ansprüchen aus § 204 HGB. gegen diese Verwaltungsmitglieder. Grundsätzlich müssen sie also in diesen Fällen, zum mindesten nach Treu und Glauben, vom Stimmrecht ausgeschlossen sein, es sei denn, daß feststeht, daß sie bei der ihnen durch die §§ 192, 193 HGB. auferlegten Prüfung die Sorgfalt eines ordentlichen Geschäftsmannes nicht außer Acht gelassen haben, oder aber daß feststeht, daß eine subsidiäre Haftung der Vorstands- oder Aufsichtsratsmitglieder deshalb nicht in Betracht gekommen wäre, weil der Ersatz des Schadens von den nach den §§ 202, 203 verpflichteten Personen zu erlangen gewesen wäre. Der Beweis jener ihr Stimmrecht rechtfertigenden Umstände muß aber auch hier von den das Stimmrecht begehrenden Mitgliedern, also den Vorstands- oder Aufsichtsratsmitgliedern, nicht etwa der GV., erbracht werden; wird er nicht erbracht, braucht auch hier die GV. diese Verwaltungsmitglieder nicht zur Abstimmung zuzulassen. Für die AG. ist in § 327, III HGB. ausdrücklich bestimmt, daß Beschlüsse der GV. der Kommanditistengesamtheit, welche die Geltendmachung von Ansprüchen der AG. aus der Gründung betreffen, nicht der Zustimmung der Komplementare bedürfen. Nach der ratio legis muß das gleiche auch für Beschlüsse der GV. gelten, welche die Befreiung einer der AG. aus der Gründung verpflichteten Person (§§ 202—204, 327 HGB.) von ihren Verbindlichkeiten oder einen Vergleich mit ihr wegen ihrer Verbindlichkeiten betreffen. (Vgl. § 205 HGB.; ebenso Staub Anm. 5 b zu § 327 und Schreiber 85.) In solchen Angelegenheiten sind also sämtliche Komplementare vom Stimmrecht ausgeschlossen, auch wenn z. B. feststeht, daß sie bei der ihnen nach den §§ 192, 193 HGB. auferlegten Prüfung die erforderliche Sorgfalt angewendet haben.

Aus entsprechenden Gründen ist bei der Beschlußfassung über Befreiung eines Schuldners der Körperschaft von einer Verbindlichkeit derjenige, welcher für den Schuldner eine Bürgschaft oder Garantie gegenüber der Körperschaft übernommen hat, sowie aber auch derjenige, gegen welchen der Schuldner event. Regreßansprüche hat, vom Stimmrecht ausgeschlossen. Dagegen wird man, wenn einer von mehreren einer Körperschaft solidarisch haftenden Personen von ihrer Verbindlichkeit befreit werden soll, grundsätzlich den anderen Gesamtschuldnern, soweit sie Mitglieder sind, das Stimmrecht nicht absprechen können (natürlich abgesehen von dem Sonderfall der Entlastung), es sei denn, daß durch die Befreiung des einen Gesamtschuldners das ganze Schuldverhältnis aufgehoben werden soll (vgl. § 423 BGB.) oder daß aus anderen Gründen mit Bestimmtheit zu erwarten ist, daß auch die übrigen Gesamtschuldner von ihrer Verbindlichkeit befreit werden, etwa weil alle Gesamtschuldner ein ganz gleiches Verschulden trifft, oder daß aus anderen Gründen der Stimmrechtsausschluß nach Treu und Glauben geboten ist.

2. Bei den Personenverbänden ohne Rechtspersönlichkeit.

Bei den Personenverbänden ohne Rechtspersönlichkeit kommen hier wie bei der Entlastung aus den oben im Zusammenhang mit der Entlastung dargelegten Gründen nur Ansprüche, welche den Teilhabern zu gesamter Hand zustehen, in Betracht. Das können auch hier einmal Ansprüche sein, welche sich gegen einen Teilhaber als Dritten, also unabhängig von seiner Zugehörigkeit zum Personenverbande richten, so z. B. auch Ansprüche, welche auf Grund eines zum Gesamthandsvermögen gehörenden Rechts oder als Surrogate für die Zerstörung, Schädigung oder Entziehung eines dem Gesamthandsvermögen angehörenden Gegenstands erworben werden. (Vgl. §§ 718, II, 2041 BGB.) Von „sozialrechtlichen“ Ansprüchen dagegen, d. h. solchen, die sich gegen die Teilhaber auf Grund ihrer Mitgliedschaft richten, kommen hier wohl nur Ansprüche auf Mitgliederbeiträge bei den „Gesellschaften“ in Betracht, soweit durch den Gesellschaftsvertrag festgesetzt ist, daß sie zum Gesellschaftsvermögen gehören sollen. (Vgl. Staudinger Anm. III 1 a zu § 718 und die dort angeführte Rechtsprechung und Lit.) Im übrigen finden hier die für die Körperschaften geltenden Grundsätze entsprechende Anwendung. (Vgl. insbesondere RG. 32, 256.)

§ 14.

III. Die Einleitung oder Erledigung eines Rechtsstreits.

Der schärfste Fall der Interessenkollision ist der Fall der Einleitung oder Erledigung eines Rechtsstreits. Wie wir sahen, muß daher in diesem Falle auch bei Beschlußfassungen der GV. der e. Gen., obwohl er in der Ausschlußvorschrift des GenGes. nicht erwähnt ist, der Stimmrechtsausschluß stattfinden, da er unbedingt hier auf Grund der Analogie, ev. aber auch nach den Grundsätzen über den Stimmrechtsausschluß nach Treu und Glauben, geboten ist.

Bezüglich der AKG. ist zu beachten, daß kraft ausdrücklicher Vorschrift des § 327, III HGB. Beschlüsse der GV. des Kommanditistenverbandes, welche die gerichtliche Geltendmachung von Ansprüchen aus der Gründung oder Geschäftsführung betreffen, nicht der Zustimmung der Komplementare bedürfen, diese also in solchen Angelegenheiten kein Stimmrecht haben, gleichgültig ob die Ansprüche gegen sie selbst geltend gemacht werden sollen oder nicht. Anders ist es dagegen bei einem sonstigen Rechtsstreit gegenüber einzelnen Komplementaren z. B. wegen individualrechtlicher Ansprüche; hier sind dann nur diejenigen Komplementare vom Stimmrecht ausgeschlossen, in deren Person die Voraussetzungen des Stimmrechtsausschlusses wegen Interessenkollision erfüllt sind.

Auch bei den Personenverbänden ohne Rechtspersönlichkeit findet der Stimmrechtsausschluß im Fall der Einleitung oder Erledigung eines Rechtsstreits des Personenverbandes gegenüber einzelnen seiner Teilhaber statt. Rechtsstreitigkeiten zwischen einzelnen Gruppen von Mitgliedern untereinander oder etwa eines Mitgliedes gegen alle übrigen Mitglieder kommen hier nicht in Betracht.

Unter Rechtsstreit ist zu verstehen jeder Streit, der von einem Richter, sei es einem staatlichen, sei es einem freiwilligen als Schiedsrichter, zu entscheiden ist. (Vgl. Horrwitz 137.) Welcher Natur der Rechtsstreit ist, ist belanglos; insbesondere macht es keinen Unterschied, ob der Rechtsstreit eine sozialrechtliche oder eine individualrechtliche Angelegenheit betrifft. (Vgl. Staub-Hachenburg Anm. 20 zu § 47.) Z. B. findet auch bei Beschlußfassung über Erhebung einer Feststellungsklage, daß ein Mitgliederbeschluß gültig ist sowie bei der Beschlußfassung darüber, ob über einen Anspruch ein Schiedsgericht entscheiden soll, der Stimmrechtsausschluß statt. (Vgl. Staub-Hachenburg a. a. O.)

Unter den Begriff der „Einleitung oder Erledigung“ eines Rechtsstreits fällt jede prozessuale Handlung, aber auch außerprozessuale

Handlungen, soweit sie unmittelbar der Einleitung eines Rechtsstreits dienen. Das kann z. B. der Fall sein bei der Mahnung (§ 284 BGB.) oder bei einer Fristsetzung nach den §§ 283, 326, I Satz 1 oder 634, I Satz 1 BGB. Ferner gehört hieher aber auch die Wahl besonderer Prozeßvertreter zur Führung von Prozessen gegen Verwaltungsmitglieder (vgl. §§ 268 HGB., 46 Ziff. 8 GmbHGes., 39, III GenGes.), sowie der Abschluß, die Abänderung und die Aufhebung der Ausstellungsverträge mit solchen Prozeßvertretern. Diejenigen Personenverbandsmitglieder, gegen die sich der Rechtsstreit richten soll, können bei solchen Beschlüssen nicht mitstimmen. (Vgl. Sontag 52.) Beschlüsse der GV. einer AKG., welche die Bestellung oder „Anstellung" besonderer Prozeßvertreter zur Geltendmachung von Ansprüchen aus der Gründung oder Geschäftsführung betreffen, bedürfen nicht der Zustimmung der Komplementare (§ 327, III HGB.). Diese sind also hier sämtliche vom Stimmrecht ausgeschlossen, auch wenn der Rechtsstreit sich nicht gegen sie oder nur gegen einzelne von ihnen richtet.

Prozessuale Handlungen, durch die ein Rechtsstreit erledigt wird, sind Klagezurücknahme, Vergleich, Anerkenntnis, Einlegung oder Zurücknahme von Rechtsmitteln, Ruhenlassen bis zur Prozeßverjährung usw.

Auch die Nebenintervention ist Führung eines Rechtsstreits, aber selbstverständlich nur gegenüber dem Prozeßgegner. Die Streitverkündung dient nicht der Einleitung eines Rechtsstreits gegenüber demjenigen, dem der Streit verkündet wird. Ausgeschlossen ist ein Mitglied dagegen beim Beschluß über den Eintritt des Personenverbandes als Hauptintervenient in einem von einem Mitglied geführten Prozeß. Es versteht sich wohl von selbst, daß der Fall der bloßen Unterstützung eines Rechtsstreits zwischen einem Mitglied und einem Dritten durch den Personenverband nicht hieher gehört. In Betracht käme z. B. eine Beschlußfassung über Zahlung der Kosten für eine Partei in einem derartigen Prozeß. (Vgl. Horrwitz 188.) Doch kann hier aus anderen Gründen, ev. z. B. weil die Beschlußfassung die Vornahme eines Rechtsgeschäfts gegenüber dem Mitglied betrifft, ein Stimmrechtsausschluß in Frage kommen.

Handelt es sich um einen Rechtsstreit gegenüber mehreren Mitgliedern aus demselben Rechtsgrunde, also z. B. wegen eines mit ihnen abgeschlossenen Rechtsgeschäfts, und sollen sie zusammen verklagt werden, so sind sie alle vom Stimmrecht bei der Beschlußfassung, die diesen Rechtsstreit betrifft, ausgeschlossen. Hier kann nicht etwa getrennte Beschlußfassung stattfinden. Der Fall liegt anders als bei der Entlastung, weil sich hier die geplante Handlung tatsächlich gegen alle betreffenden Mitglieder zusammen richtet. (Vgl. Staub-Hachenburg Anm. 20 zu § 47.) Auch dann sind sie alle vom Stimmrecht ausgeschlossen, wenn zwar verschiedene Prozesse gegen sie geführt werden sollen, aber in einer einzigen Beschlußfassung über alle diese Prozesse abgestimmt werden soll. Soweit aber die einzelnen Prozesse unabhängig voneinander geführt werden können und nicht auf demselben Rechtsgrunde beruhen, hat jedes Mitglied das Recht, getrennte Beschlußfassung zu verlangen. Findet getrennte Beschlußfassung statt, so kann prinzipiell jedes Mitglied mitstimmen, gegen das sich der jeweils in Frage stehende Rechtsstreit nicht richtet, soweit nicht etwa ein Stimmrechtsausschluß nach Treu und Glauben in Frage kommt. Nach Treu und Glauben muß aber hier ein Mitglied immer schon dann vom Stimmrecht ausgeschlossen sein, wenn es an der Ablehnung des Antrages auf Einleitung oder Erledigung eines Rechtsstreits gegen ein anderes Mitglied unmittelbar und erheblich interessiert ist, ohne daß hier noch das Vorliegen der „ernstlichen Gefährdung" der Gemeinschaftsinteressen besonders geprüft werden müßte; denn bei der Beschlußfassung über Einleitung oder Erledigung eines Rechtsstreits müssen die Interessen des Personenverbandes immer als durch eine im Interesse des ev. oder tatsächlichen Prozeßgegners ausfallende Beschlußfassung ernstlich gefährdet angesehen werden.

Nach Treu und Glauben müssen vor allem auch die nach § 204 HGB. haftenden Vorstands- und Aufsichtsratsmitglieder einer AG. bei der Beschlußfassung über Einleitung oder Erledigung eines Rechtsstreits gegenüber den nach §§ 202, 203 HGB. der AG. verpflichteten Personen vom Stimmrecht ausgeschlossen sein, es sei denn, daß feststeht, daß sie bei der ihnen durch die §§ 192, 193 HGB. auferlegten Prüfung die Sorgfalt eines ordentlichen Geschäftsmannes nicht außer Acht gelassen haben oder aber, daß feststeht, daß ihre subsidiäre Haftung deshalb nicht in Betracht kommt, weil der Ersatz von den nach §§ 202, 203 verpflichteten Personen sicher zu erlangen ist.

Aus denselben Gründen müssen auch Mitglieder, welche für einen Schuldner des Personenverbandes eine Garantie oder Bürgschaft gegenüber dem Personenverband übernommen haben, bei der Beschlußfassung über Einleitung oder Erledigung eines Rechtsstreits gegenüber dem Schuldner vom Stimmrecht ausgeschlossen sein, es sei denn, daß sie auf die Einrede der Vorausklage verzichtet haben, ebenso auch diejenigen, gegen welche der Schuldner ev. Regreßansprüche hat. (Vgl. Horrwitz 137; dagegen Staub-Hachenburg Anm. 20 zu § 47.)

Soll dagegen über Einleitung oder Erledigung eines Rechtsstreits gegenüber einem von mehreren dem Personenverband verpflichteten Gesamtschuldnern Beschluß gefaßt werden, so sind die übrigen Gesamtschuldner zur Abstimmung zuzulassen, es sei denn, daß sie aus besonderen Gründen nach Treu und Glauben hiebei vom Stimmrecht ausgeschlossen sind; das ist aber z. B. dann der Fall, wenn nach Lage der Umstände mit Bestimmtheit damit zu rechnen ist, daß, wenn gegen einen Gesamtschuldner ein Rechtsstreit angestrengt wird, auch gegen die übrigen Gesamtschuldner ein Rechtsstreit eingeleitet wird. (Gegen den Ausschluß solidarisch haftender Mitglieder Staub Anm. 24a zu § 252; Staub-Hachenburg Anm. 18 zu § 47; Schreib 70; Steinmetz 61.)

§ 15.

IV. Individualrechtliche Rechtsgeschäfte.

Hier sollen solche Fälle besprochen werden, in denen die Beschlußfassung die Vornahme eines individualrechtlichen Rechtsgeschäfts gegenüber einem Mitglied eines Personenverbandes betrifft, gleichgültig ob etwa gleichzeitig auch eine sozialrechtliche Angelegenheit Gegenstand der Beschlußfassung ist oder nicht, wobei aber selbstverständlich diejenigen Geschäfte, welche die Regelung der Beziehungen der Personenverbände zu ihren Organen betreffen, da sie ja zu den rein sozialrechtlichen Angelegenheiten gehören, ausscheiden.

1. Bei den Körperschaften.

a) Daß in bezug auf die Stimmenthaltung wegen Interessenkollision kein Unterschied zwischen ein- und zweiseitigen Rechtsgeschäften, welche gegenüber einem Mitglied vorgenommen werden sollen, zu machen ist, wurde bereits früher ausgeführt.

Weiterhin fragt es sich aber, ob die Ausschlußvorschriften nicht auch auf andere juristische Handlungen entsprechende Anwendung finden müssen, welche zwar nicht unter den Begriff des Rechtsgeschäfts fallen, aber den Rechtsgeschäften nahe verwandt sind; das ist im allgemeinen zu bejahen mit Bezug auf die sogenannten „Rechtshandlungen" im engeren Sinne (vgl. Oertmann Anm. 2 d α zu § 34), ferner mit Bezug auf diejenigen „Willensäußerungen", welche streng genommen keine Rechtsgeschäfte sind (vgl. Manigk 644ff.), diesen aber doch sehr nahe stehen. Jedenfalls sind die Ausschlußvorschriften auch auf einen Antrag zu einem Vertrag oder die Annahme eines solchen, die Anfechtung einer Willenserklärung, die Zustimmung zu einem Rechtsgeschäft nach den §§ 182ff. BGB. (vgl. Staudinger I zu § 182), sowie auf die Zustimmung nach § 177 BGB. anwendbar. Diese letztere spielt allerdings keine große Rolle, weil die Vertretungsmacht der Vertretungsorgane der Körperschaften mit Ausnahme des Vorstandes des rechtsfähigen Vereins nicht eingeschränkt werden kann (vgl. §§ 26, II BGB., 235, II HGB., 37, II GmbHGes., 27, II GenGes., 34 VAG.), doch kann sie z. B. bei der Gestattung des Selbstkontrahierens des Vertreters einer Körperschaft in Frage kommen oder da, wo das Vertretungsorgan die Wirksamkeit des Geschäftes von der Zustimmung der Mitgliederversammlung abhängig macht. Eine Zustimmung nach § 182 BGB. liegt z. B. in der Genehmigung der Veräußerung des Geschäftsanteils einer GmbH. durch deren Gesellschafterversammlung. Ob derartige Zustimmungen zu einem Vertrag dem einen oder anderen Teil gegenüber erklärt werden, ist hiebei für die Frage des Stimmrechtsausschlusses belanglos. So ist z. B. bei einer Zustimmung nach § 177, wo also im Namen der Körperschaft ein Vertrag abgeschlossen worden ist, der Geschäftsgegner auch dann vom Stimmrecht ausgeschlossen, wenn die Genehmigung dem Vertreter der Körperschaft gegenüber erklärt werden soll und bei einer Zustimmung nach § 182 BGB. sind grundsätzlich beide Teile vom Stimmrecht ausgeschlossen, gleichgültig wem gegenüber die Zustimmung erklärt werden soll.

b) Zu den individualrechtlichen Rechtsgeschäften gehört die Erteilung eines Auftrages oder einer Vollmacht an ein Mitglied zu irgendeiner rechtsgeschäftlichen Handlung (vgl. Goldmann Anm. 23 zu § 252; Lehmann-Ring Nr. 8 zu § 252; Schreib 67f.); denn eine solche Vollmacht oder ein solcher Auftrag könnte auch jedem Dritten erteilt werden und das Mitglied wird dadurch noch nicht zum Organ der Körperschaft. Gleichgültig ist, daß die Vollmachtserteilung nur ein einseitiges Rechtsgeschäft ist, abzulehnen jedenfalls die Konstruktion Goldmanns (a. a. O.), daß das Stimmen des zu Beauftragenden für die Übertragung der Vollmacht gleichzeitig die Übernahme der Vertretung bedeute.

c) Auch die Übernahmeverträge des § 186 HGB., d. h. diejenigen Verträge, durch die vereinbart wird, daß „vorhandene oder herzustellende Anlagen oder sonstige Vermögensgegenstände von der zu errichtenden" AG. übernommen werden sollen, sind individualrechtliche Rechtsgeschäfte der AG. mit den Inferenten, obwohl sie in der Satzung festgesetzt werden müssen, da sie auch mit Dritten abgeschlossen werden könnten, im Gegensatz zu den „Einbringungsverträgen", d. h. Vereinbarungen über nicht in Barzahlung zu leistende Einlagen von Aktionären. (Vgl. Staub Anm. 4 und 9 zu § 186.) Diese letzteren sind rein sozialrechtliche Rechtsgeschäfte, sie sind ein Teil des Gesellschaftsvertrages; das gleiche gilt auch von den Festsetzungen über Gründerbelohnungen. Für die zu errichtende AG. werden solche Übernahmeverträge von den Gründern der AG. abgeschlossen, bei der Simultangründung geschieht das nach den Grundsätzen des Vertragsrechts, es ist also Zustimmung aller Gründer erforderlich, von einer Beschlußfassung kann dabei keine Rede sein; bei der Sukzessivgründung dagegen bedürfen die Übernahmeverträge der Genehmigung durch die konstituierende GV. Dabei käme also ein Stimmrechtsausschluß der Inferenten nach den Ausschlußvorschriften wohl in Frage. Im Allg. D.HGB. von 1861 in der Fassung der Aktiennovelle des Jahres 1871 war in den Art. 180 § 2 und 209 b § 3, wie schon erwähnt, ausdrücklich der Stimmrechtsausschluß für diese Fälle bestimmt. Durch die Aktiennovelle von 1884 wurden diese Bestimmungen beseitigt, aber Art. 190, III auch auf die Beschlußfassungen der konstituierenden GV. für anwendbar erklärt. Es war daher bis zum Inkrafttreten des neuen HGB. von 1897 zweifelhaft, ob die Inferenten bei der Beschlußfassung der Errichtungsversammlung über die Übernahmeverträge vom Stimmrecht ausgeschlossen seien. (Dafür Behrend 751 Anm. 35; Völderndorff 399; Petersen-Pechmann 65; dagegen Ring 109; Hergenhahn 123.) Nach dem jetzigen Recht ist ziemlich allgemein anerkannt, daß die Inferenten in der Errichtungsversammlung das Stimmrecht haben. (Vgl. Lehmann-Ring Nr. 8 c zu § 252; aber auch Pinner Anm. VI, 1 zu § 252.) Auch heute gelten zwar die Ausschlußvorschriften des § 252, III HGB. grundsätzlich auch für die Errichtungsversammlung (vgl. § 197 HGB.), aber nur, „soweit in den §§ 190, 196 nichts anderes bestimmt ist". Nun enthält aber § 196, IV und V einige Sonderbestimmungen für die Beschlußfassung der Errichtungsversammlung über die einzelnen Aktionären nach Maßgabe des § 186 HGB. eingeräumten Sondervorteile. Aus § 196, IV geht unzweifelhaft hervor, daß die Inferenten bei der Beschlußfassung über Genehmigung der Übernahmeverträge nicht vom Stimmrecht ausgeschlossen sind. Das Gesetz hat hier durch sehr vorsichtige Festsetzungen einer qualifizierten Majorität einen ausreichenden Schutz gegen egoistische Abstimmung der nach Maßgabe des § 186 besonders interessierten Aktionäre geschaffen. Es wäre ja auch eine unerträgliche Härte, Aktionäre nicht über die Errichtung der AG. mitstimmen zu lassen, insbesondere gerade diejenigen, welche in aller Regel für die Gründung verantwortlich sind. (Vgl. Denkschr. HGB., Mugdan 295.) Abgesehen davon würde in den meisten Fällen die vom Gesetz geforderte Mehrheit von einem Viertel des Grundkapitals ohne die Stimmen jener beteiligten Aktionäre gar nicht zu erreichen sein. (Vgl. Haselberger 33.) Ebenso aber sind die Inferenten nicht vom Stimmrecht wegen Interessenkollision ausgeschlossen, wenn die konstituierende GV. die Übernahmeverträge zu

Lasten der Gesellschaft erweitert oder überhaupt erst abschließt. Das ergibt sich aus § 196, V HGB.

In der konstituierenden GV. der AKG. gilt für die Kommanditisten das hier für die Aktionäre der AG. Gesagte; die Komplementare haben in der Errichtungsversammlung zwar das Teilnahme-, nicht aber das Stimmrecht. (Vgl. Horrwitz 485.)

Bei den übrigen Körperschaften gibt es nach dem Gesetz keine Errichtungsversammlungen, und Mehrheitsbeschlußfassungen über Gründungsgeschäfte werden wohl kaum in Frage kommen. Ein Ausschluß vom Stimmrecht bei Beschlußfassung über den Abschluß von Übernahmeverträgen mit einzelnen Mitgliedern könnte aber jedenfalls auch hier nur da stattfinden, wo nicht zugleich über die Errichtung der Körperschaft Beschluß gefaßt werden soll.

Wird dagegen von einer bestehenden AG. ein Übernahmevertrag abgeschlossen, so ist dieser wie ein gewöhnliches individualrechtliches Rechtsgeschäft der AG. mit einem Aktionär zu beurteilen, daher ist der Jnferent hier nach § 252, III HGB. vom Stimmrecht ausgeschlossen. Solche Übernahmeverträge können selbstverständlich auch bei den anderen Körperschaften abgeschlossen werden und auch hier findet der Stimmrechtsausschluß statt.

Auch wenn der Abschluß solcher Übernahmeverträge bei der AG. oder der GmbH. im Zusammenhang mit der Kapitalerhöhung beschlossen wird, sind die Inferenten vom Stimmrecht ausgeschlossen. Ebenso aber sind es diejenigen, mit denen bei der Kapitalerhöhung „Einbringungsverträge“ abgeschlossen werden, d. h. Vereinbarungen über nicht in Barzahlungen zu leistende Einzahlungen auf die neuen Anteile oder solchen Vereinbarungen gleichkommende Verträge über die Anrechnung einer Vergütung für von der Gesellschaft übernommene Vermögensgegenstände auf neue Einlagen; denn derartige Verträge sind zwar sozialrechtliche Rechtsgeschäfte, zugleich aber sind sie hier auch individualrechtliche Verträge mit den Sacheinlegern, die auch mit Dritten, sofern sie die neuen Anteile bekommen, abgeschlossen werden können, zumal solche Vereinbarungen immer den Ausschluß des gesetzlichen Bezugsrechts bedeuten und daher die Sacheinleger hier der Gesellschaft wie Dritte gegenüberstehen. (Vgl. Staub Anm. 2 zu § 282.)

Bei der AKG. bedarf der Kapitalerhöhungsbeschluß der Zustimmung der Komplementare (vgl. Horrwitz 327). Soll nun z. B. mit einem Komplementar selbst, welcher neue Aktien übernimmt, ein Übernahmevertrag oder ein Vertrag über eine Sacheinlage abgeschlossen werden, so ist er vom Stimmrecht ausgeschlossen, d. h. seine Zustimmung wie auch die Verweigerung seiner Zustimmung ist unbeachtlich.

d) Der Kapitalerhöhungsbeschluß der AG. als solcher betrifft immer eine sozialrechtliche Angelegenheit, ebenso der Beschluß über die Begebung neuer Aktien; er kann aber gleichzeitig auch die Vornahme individualrechtlicher Rechtsgeschäfte gegenüber einzelnen Aktionären betreffen, nicht nur in dem vorerwähnten Fall des Abschlusses von Übernahmeverträgen, sondern vor allem in dem Fall des Ausschlusses des gesetzlichen Bezugsrechts. Dieser ist aber auch z. B. dann schon gegeben, wenn zwar die neuen Aktien den alten Aktionären, aber zu ungleichen Bedingungen, angeboten werden sollen. Ist das gesetzliche Bezugsrecht ausgeschlossen, so betrifft die Beschlußfassung über die

Begebung der neuen Aktien an einzelne Aktionäre stets die Vornahme eines individualrechtlichen Rechtsgeschäftes; denn die Begebung an die betreffenden Aktionäre geschieht dann nicht auf Grund ihrer Mitgliedschaft. (Wegen des Falles, daß das Vertretungsorgan ermächtigt wird, die neuen Aktien nach seinem Ermessen zu begeben, s. oben S. 73ff.) Die beteiligten Aktionäre sind daher bei dieser Beschlußfassung vom Stimmrecht ausgeschlossen. (Vgl. oben S. 36ff.; ferner Staub Anm. 11b zu § 278 und Heilbrunn in Holdheim 15, 129ff.) Jedoch ist zu beachten, daß, wenn allen Aktionären neue Aktien angeboten werden, wegen gleichheitlicher Befangenheit aller der Stimmrechtsausschluß niemals stattfinden kann. Sollen die neuen Aktien zwar den alten Aktionären, aber zu ungleichen Bedingungen, angeboten werden, so ist mit Rücksicht auf den Grundsatz der Gleichbehandlung der Aktionäre die Zustimmung der benachteiligten Aktionäre erforderlich und schon von diesem Gesichtspunkt aus ein Stimmrechtsausschluß unmöglich.

Bei der GmbH. gilt das Entsprechende mit der Maßgabe, daß ein gesetzliches Bezugsrecht der alten Gesellschafter überhaupt nicht besteht (§ 55, II GmbHGes.), daß aber trotzdem, sofern die Zuteilung der neuen Anteile an alle Gesellschafter gleichmäßig nach Verhältnis ihrer alten Anteile geschieht, die Zuteilung an sie als Gesellschafter, also auf Grund ihrer Mitgliedschaft erfolgt, daher ein rein sozialrechtliches Rechtsgeschäft ist. Anders dagegen, wenn die Zuteilung ungleichmäßig erfolgt. Ein Stimmrechtsausschluß kommt auch hier nur dann in Frage, wenn nicht allen Gesellschaftern neue Anteile angeboten werden sollen. (Darüber, daß zu einem Kapitalerhöhungsbeschluß bei der GmbH. nicht etwa gem. § 53, III GmbHGes. ein einstimmiger Beschluß aller Gesellschafter erforderlich ist, vgl. Brodmann 207, Anm. 1 zu § 55; RG. 93, 253.) Für die Begebung von Genußscheinen an Aktionäre oder Gesellschafter einer GmbH. gilt das über die Zuteilung neuer Anteile an die Gesellschafter einer GmbH. Ausgeführte in entsprechender Weise. (Vgl. dazu Urt. des RG. vom 30. März 1926 in JW. 26, 1814.)

e) Die Fusion zweier AG.en oder einer AG. mit einer AKG. oder zweier AKG.en nach § 305 HGB. stellt zweifellos sowohl für die veräußernde als auch für die erwerbende Gesellschaft ein sozialrechtliches Rechtsgeschäft dar, für die Übernehmerin deshalb, weil für sie eine solche Fusion stets mit einer Kapitalerhöhung verbunden ist; für die Veräußerin aus dem Grunde, weil die Fusion ihre Auflösung und damit eine hervorragend sozialrechtliche Angelegenheit bedeutet. Gleichzeitig aber stellt die Fusion für beide Gesellschaften auch ein individualrechtliches Rechtsgeschäft dar; denn die Vermögensveräußerung wie die Vermögensübernahme sind Rechtsgeschäfte, welche auch mit Dritten, d. h. Nichtmitgliedern der betr. Körperschaft, abgeschlossen werden können und sogar wohl in der Regel mit Dritten abgeschlossen werden. Es ist daher einmal die übernehmende Gesellschaft, wenn sie Mitglied der veräußernden Gesellschaft ist, bei der Beschlußfassung über die Fusion von Stimmrecht gem. § 252, III HGB. ausgeschlossen. (Vgl. oben S. 36ff.; ferner RG. 85, 172; Flechtheim 565; Staub Anm. 6 zu § 305.) Gleichgültig ist dabei, ob die veräußernde Gesellschaft sich schon im Zustande der Liquidation befindet oder nicht, da für die Liquidationsgesellschaft in bezug auf die Stimmenthaltung dieselben Grundsätze gelten wie für die lebende Gesellschaft. Weiterhin ist aber auch der umgekehrte Fall denkbar, daß nämlich die übertragende Gesellschaft Mitglied der übernehmenden Gesellschaft ist. Bei der Beschlußfassung der übernehmenden Gesellschaft über die Vermögensübernahme und Kapitalerhöhung ist dann die übertragende Gesellschaft vom Stimmrecht ausgeschlossen. Ist die übertragende Gesellschaft Komplementarin der übernehmenden AKG., so ist auch diese Komplementarin, deren Zustimmung an sich zur Vermögensübernahme erforderlich ist, vom Stimmrecht ausgeschlossen.

Auch diejenigen Mitglieder der übernehmenden Körperschaft, welche zugleich Mitglieder der veräußernden Körperschaft sind, haben bei der Beschlußfassung der übernehmenden Gesellschaft über die Fusion kein Stimmrecht, weil die Beschlußfassung auch die Begebung neuer Anteile der übernehmenden Gesellschaft an sie betrifft. (So anscheinend auch Flechtheim a. a. O., der aber die zit. RGEntsch. unrichtig auch auf diesen Fall bezieht.)

Eine Fusion kann auch zwischen zwei Gesellschaften m. b. H. (vgl. § 60, II GmbHGes.) sowie zwischen zwei eing. Genossensch. (vgl. §§ 93a—d GenGes.) stattfinden. Hier gelten in bezug auf den Stimmrechtsausschluß die soeben dargelegten Grundsätze in entsprechender Weise. Entsprechende Grundsätze gelten aber auch sonst bei Beschlüssen der Mitgliederversammlungen von Körperschaften, welche sich auf eine Veräußerung des Körperschaftsvermögens als Ganzen beziehen, gleichgültig ob ein solcher Beschluß die Auflösung der Körperschaft herbeiführt oder nicht.

2. Bei den Personenverbänden ohne Rechtspersönlichkeit.

Auf die Personenverbände ohne Rechtspersönlichkeit finden die für die Körperschaften geltenden Grundsätze entsprechende Anwendung, wobei freilich die in dem Vorausgehenden erwähnten Rechtsgeschäfte bei den Personenverbänden ohne Rechtspersönlichkeit zum Teil überhaupt nicht in Frage kommen.

§ 16.

V. Rein sozialrechtliche Angelegenheiten.

Bei den rein sozialrechtlichen Angelegenheiten kommt ein Stimmrechtsausschluß der Personenverbandsmitglieder, wie wir wissen, nur auf Grund von Treu und Glauben in Betracht, gleichgültig ob es sich um ein Rechtsgeschäft gegenüber einem Mitglied handelt oder nicht. Es ist unmöglich, hier allgemein gültige, alle Möglichkeiten umfassende Grundsätze aufzustellen. Im Folgenden sollen daher nur die wichtigsten in Betracht kommenden Fälle herausgegriffen werden.

1. Die Regelung der Beziehungen eines Personenverbandes zu seinen Organen und die Bildung derselben.

a) Bei den Körperschaften.

aa) Daß bei der Wahl der Organe auf den zu Wählenden die Ausschlußvorschriften nicht anwendbar sind, wurde bereits früher ausgeführt. (Vgl. die oben S. 27 angeführte Lit. und Rechtspr., ferner z. B. KGJ. 40, A 76; Staub Anm. 26 zu § 252; Horrwitz 136; Brodmann 146f.; Cosack BR. 89; v. Tuhr 521, Anm. 4; Bondi in DJZ. 05, 493; sowie die übrigen einschlägigen Kommentare und systematischen Darstellungen.) Welche Arten von Angestellten einer Körperschaft der Begriff des „Organs" umfaßt, wurde bereits oben im Zusammenhang mit der Entlastung dargelegt. Keine Organe sind darnach Prokuristen und Handlungsbevollmächtigte für den ganzen Geschäftsbetrieb. Soweit deren Bestellung aber der Mitgliederversammlung obliegt (vgl. § 46 Ziff. 5 GmbHGes., aber auch § 238 HGB.), finden auch hier die Ausschlußvorschriften auf den zu Bestellenden keine Anwendung, weil auch die Bestellung derartiger Vertreter, wie übrigens auch die Regelung ihrer Anstellungsverhältnisse, aus den gleichen Gründen wie die Bestellung der eigentlichen Organe zu den rein sozialrechtlichen Rechtsgeschäften zu zählen ist. (Vgl. oben S. 37; im Ergebnis übereinstimmend Brodmann 176f.) Anders ist es aber, wie schon erwähnt, wenn einem Mitglied ein Auftrag oder eine Vollmacht für einzelne bestimmte Handlungen erteilt wird; hier liegt ein individualrechtliches Rechtsgeschäft gegenüber dem zu Beauftragenden vor. Die Bestellung des Vorstandes der AG. erfolgt übrigens in der Regel nicht durch die GV. (Vgl. § 190, III HGB.)

Wann im einzelnen nach Treu und Glauben der Stimmrechtsausschluß des zu Wählenden gerechtfertigt ist, kann nicht allgemein festgelegt werden. Mit Hachenburg (465) ist aber anzunehmen, daß das z. B. dann der Fall ist, wenn ein Mitglied gewählt werden soll, das sich wegen Verrats von Geschäftsgeheimnissen nicht zum Organ eignet oder das schon einmal eine Organstellung bekleidet hat und wegen Untreue entlassen wurde. (Vgl. Staub-Hachenburg Anm. 22 zu § 47.) Andernfalls könnte sich z. B. ein aus wichtigem Grund entlassenes Mitglied u. U. sofort wieder zum Organ bestellen.

Nach Staub Anm. 26 zu § 252 soll ein Beschluß, durch den z. B. ein vorbestrafter Verbrecher seine Stimmenmehrheit mißbraucht, um sich zum Organ zu wählen, u. U. nach § 138 BGB. nichtig sein, nicht dagegen soll jener Verbrecher vom Stimmrecht ausgeschlossen sein, so daß er event. das Zustandekommen eines gültigen Beschlusses verhindern könnte.

Keinen Schutz gewähren dagegen die Grundsätze des Stimmrechtsausschlusses nach Treu und Glauben in der Regel bei der Wahl von Vertrauensmännern. (Vgl. oben S. 34.) Auch in einem Fall wie in dem von Sontag (16f.) geschilderten der Gottesberger Kohlen- und Kokswerke wäre mit den Stimmenthaltungsvorschriften keine Abhilfe zu schaffen. Hier hatten zwei Gesellschaften die Mehrheit der Aktien erworben und wählten dann ihre Beamten zu Organen der AG. Diese schlossen mit ihren Gesellschaften im Namen der AG. Verträge ab, die für die letztere nicht nur nachteilig, sondern geradezu katastrophal waren. In solchen Fällen ist der geschädigte Personenverband oder sind seine geschädigten Mitglieder auf ev. Schadensersatzansprüche gegen die betr. Organe oder ihre Auftraggeber angewiesen.

Daß bei der Bestellung besonderer Prozeßvertreter durch die Mitgliederversammlung zur Führung eines Rechtsstreits gegen Verwaltungsmitglieder diejenigen, gegen welche der Rechtsstreit geführt werden soll, nicht mitstimmen dürfen, wurde bereits früher erwähnt.

bb) Auch bei denjenigen Geschäften, welche die Regelung der Beziehungen einer Körperschaft zu ihren Organen betreffen, kann ein Stimmrechtsausschluß der Organe oder derer, welche zu Organen bestellt werden sollen, wie wir wissen, nur nach den Grundsätzen über

Treu und Glauben stattfinden. In Betracht kommt einmal die Abberufung des Organsmitgliedes, dann aber auch der Abschluß, die Abänderung und die Aufhebung des Anstellungsvertrages. Dieser ist, wie ebenfalls bereits ausgeführt, von der Bestellung juristisch scharf zu unterscheiden. Die herrschende Meinung in Rechtsprechung und Literatur steht heute auf dem Standpunkt, daß in diesen Fällen die Ausschlußvorschriften nicht anwendbar sind.

Vgl. Staub Anm. 26 zu § 252 und die dort angeführte Lit.; ferner Lehmann AG. II 362; Fischer 188; Esser Anm. 7 zu § 252; Staub-Hachenburg Anm. 22 f. zu § 47; Parisius-Crüger Anm. 29 zu § 43; Marcus bei Holdheim 15, 313; Hachenburg 460; Stranz in DJZ. 08, 800; Steinmetz 59 ff.; Schreib 66 ff.; Dahmann 77 ff.; KG. vom 9. April 1920 in Naumburg. AK. 20, 27; KG. vom 10. Nov. 1913 in OLG. 28, 362; ZAG. 21, 243; 25, 71; 31, 34; 32, 29; Bank-Arch. 7, 335. Dagegen Planck Anm. 1 zu § 34; Cosack BR. 89; Staudinger Anm. 5 zu § 34; Warneyer Anm. 6 zu § 34; Lehmann-Ring Anm. 28 zu § 252; Horrwitz 135; Isay 583; Goldschmit 242; Brodmann 146 f., der bei Abschluß und Abänderung des Anstellungsvertrages sowie bei Abberufung aus wichtigem Grund das Stimmrecht für ausgeschlossen hält. Vgl. auch für das frühere Recht Bauer in „Der Handelsgesellschafter" 2, 115 und in ZAG. 13, 66.

Die Gründe, aus denen die Ausschlußvorschriften in diesen Fällen nicht anwendbar sind, wurden bereits früher erörtert. (Vgl. oben S. 37.)

Was insbesondere die Abberufung eines Organsmitgliedes anlangt, d. h. den Widerruf seiner Bestellung, so ist dieser von der Aufhebung des Anstellungsvertrages juristisch scharf zu unterscheiden. (So auch die herrschende Meinung; dagegen Brodmann Anm. 1 zu § 38 GmbHGes.) In bezug auf den Stimmrechtsausschluß wegen Interessenkollision ist dieser Unterschied aber belanglos. Insbesondere ist es unrichtig, wenn Horrwitz (135 f.) zwischen Abberufung und Widerruf der Bestellung unterscheidet, wobei er offenbar unter Abberufung den Entschluß der GV. die Bestellung des Organsmitgliedes zu widerrufen verstanden wissen will; denn der Beschluß über den Widerruf der Bestellung ist freilich in erster Linie nur ein Akt der Willensbildung, ein „Entschluß" der Körperschaft. Das hat er aber mit jedem anderen Beschluß, welcher die Vornahme eines Rechtsgeschäfts betrifft, gemeinsam. Muß der Widerruf der Bestellung nach der Satzung durch ein anderes Organ als die Mitgliederversammlung erfolgen, so enthält der Abberufungsbeschluß eben eine Ermächtigung oder Beauftragung an jenes Organ zur Vornahme des Widerrufs; andernfalls wäre der Beschluß ja überhaupt inhaltslos. Jnwieweit der Beschluß dann freilich den Widerruf der Bestellung eines bestimmten Organsmitglieds „betrifft", ist eine andere Frage. Ist dagegen, wie es wohl die Regel ist, die Mitgliederversammlung selbst zum Widerruf der Bestellung berechtigt, so tritt die Mitgliederversammlung hiebei als Vertreterin der Körperschaft auf, der Beschluß wirkt also dann, wenn er in Anwesenheit des Abzuberufenden gefaßt wird, sofort, andernfalls muß die Willenserklärung, welche in dem Beschluß liegt, dem Abzuberufenden noch durch einen Boten zugehen.

Bestandteil des Anstellungsvertrages ist vor allem die Gehaltsfestsetzung oder Gehaltsneuregelung eines Organsmitglieds. Als Festsetzung des Gehalts ist aber z. B. auch die Festsetzung einer einmaligen Vergütung, die in der Satzung nicht erwähnt ist, aber der Satzung auch nicht widerspricht, zu betrachten, ebenso auch die Festsetzung der Vergütung für den ersten Aufsichtsrat einer AG. Das gleiche gilt für die Abänderung der Satzungsbestimmungen über die Höhe des Gehalts, insbesondere über die Berechnung der Tantième, die Einführung einer garantierten Mindesttantième oder die Übernahme der Tantièmesteuer. (Vgl. Flechtheim 566.) U. U. kann eine Gehaltsfestsetzung von Verwaltungsmitgliedern einer AG. auch in der Gewährung eines günstigen Bezugsrechts für neue Aktien erblickt werden (vgl. RG. 108, 326); auch hier sind also die Ausschlußvorschriften nicht anwendbar. (Vgl. Flechtheim a. a. O.)

Nach Treu und Glauben vom Stimmrechte ausgeschlossen ist nun ein Mitglied z. B. da, wo seine Organsbestellung aus wichtigem Grunde widerrufen oder sein Anstellungsvertrag aus wichtigem Grunde aufgehoben werden soll (vgl. §§ 27, II, 626 BGB., 38 GmbHGes.; dagegen insbesondere RG. 81, 37; OLG. 22, 17). Hier kann man das betr. Mitglied um so unbedenklicher vom Stimmrecht ausschließen, als ihm der Prozeßweg zur Geltendmachung etwaiger Ansprüche gegen die Körperschaft offensteht. Wann ein wichtiger Grund vorliegt, ist nach den allgemeinen für das Rechtsverhältnis der Organsmitglieder zur Körperschaft geltenden Grundsätzen zu beurteilen. Ein wichtiger Grund ist z. B. auch dann als gegeben anzusehen, wenn das Organsmitglied, wie z. B. in dem in RG. 81, 37ff. entschiedenen Fall, mehrere Prozesse gegen die Körperschaft angestrengt hat. Sollen mehrere Verwaltungsmitglieder aus dem gleichen wichtigen Grund entlassen werden, so wird man keinem von ihnen bei der Beschlußfassung über die Entlassung der anderen das Stimmrecht zubilligen dürfen, weil jedes von ihnen in aller Regel an der Nichtentlassung der anderen erheblich und unmittelbar interessiert ist. (Vgl. Staub-Hachenburg Anm. 25 zu § 47.) Im übrigen aber hat das betr. Mitglied bei seiner Abberufung oder Entlassung grundsätzlich das Stimmrecht. Es ist nicht etwa so, daß mit der Abberufung oder Entlassung regelmäßig die Einleitung eines Rechtsstreits wegen ev. Entschädigungsansprüche Hand in Hand ginge. Das kann der Fall sein (vgl. RG. 75, 236), muß es aber durchaus nicht; denn ein solcher Rechtsstreit kann einerseits auch ohne Abberufung oder Entlassung eingeleitet werden, andererseits braucht die Abberufung oder Entlassung keinen solchen Rechtsstreit nach sich zu ziehen. (Vgl. dagegen Marquardt 1033 und Horrwitz 136.) Wenn die beiden einzigen Gesellschafter einer GmbH. gleichzeitig Geschäftsführer sind, und sich gegenseitig absetzen, so entscheiden die Stimmen desjenigen, der den größten Geschäftsanteil hat. Bei Stimmengleichheit ist eine Entlassung nicht erfolgt. (Vgl. Staub-Hachenburg Anm. 23 zu § 47; LZ. 2, 633; RJA. 10, 262; OLG. 28, 262.)

Nach Treu und Glauben hat dagegen ein Mitglied weiterhin z. B. dann kein Stimmrecht, wenn ihm als Organsmitglied durch eine Beschlußfassung ein der ganzen Sachlage nach übermäßig hoher Gehalt festgesetzt werden soll, ebenso dann nicht, wenn mit ihm ein fester Gehalt für eine bestimmte Zeit vereinbart ist und über eine Gehaltserhöhung Beschluß gefaßt werden soll (vgl. Hachenburg 465f.; Staub-Hachenburg a. a. O.); anders nur, wenn das Mitglied sich für den Fall besseren Geschäftsganges die Beantragung eines höheren Gehaltes vorbehalten hat. Dagegen kann ein Organsmitglied nicht deswegen vom Stimmrecht wegen Interessenkollision ausgeschlossen sein, weil über Festsetzung seines Gehalts Beschluß gefaßt werden und der Gehalt so bemessen sein soll, daß er einen großen Teil des Reingewinns verschlingt und daher den Anspruch aller Körperschaftsmitglieder auf die Dividende mindert. (A. M. Hachenburg a. a. O.) Hier handelt es sich nicht um eine Kollision zwischen den Interessen des betr. Mitgliedes und denen der Körperschaft. Ein solcher Beschluß kann aber event. gegen die guten Sitten verstoßen. (Vgl. RG. in JW. 1916, 575 Nr. 3.)

Wie der Anstellungsvertrag ist mit Bezug auf den Stimmrechtsausschluß wegen Interessenkollision auch die Erteilung eines besonderen Auftrags oder einer Vollmacht an ein Organsmitglied zu beurteilen. (Vgl. Staub-Hachenburg Anm. 24 zu § 47; Biberfeld in ZAW. 1900, 189ff.; RG. in Recht 06, 1150 Nr. 275.)

Ist das Rechtsverhältnis zwischen Organ und Körperschaft in der Satzung geregelt und ist es gesellschaftsrechtlicher Natur, was z. B. bei der GmbH. der Fall sein kann, wogegen aber die Vermutung spricht (vgl. RG. 44, 95 und in JW. 1919, 313; LZ. 09, 75), so kann z. B. eine Abänderung dieses Rechtsverhältnisses eine Satzungsänderung bedeuten; jedenfalls aber gelten hier für den Stimmrechtsausschluß des betr. Organsmitglieds dieselben Grundsätze, wie wenn seine Rechtsbeziehungen zur Körperschaft in einem Anstellungsvertrag geregelt wären.

cc) Bei der AKG. gelten, soweit es sich um die Regelung der Beziehungen der AKG. zu den Komplementaren als Geschäftsführungsorgan der Gesellschaft handelt, die im folgenden für die oHG. dargelegten Grundsätze. Soweit es sich dagegen um andere Organe handelt, sind analog die für die AG. geltenden Grundsätze anzuwenden, also insbesondere, wenn es sich handelt um den Aufsichtsrat, um Revisoren oder um Prozeßstellvertreter zur Führung von Prozessen der Gesellschaft gegen die Komplementare. Der Hauptunterschied ist der, daß Beschlüsse der GV. über die Bestellung dieser Organe sowie solche über die Regelung der Beziehungen der AKG. zu ihnen der Zustimmung der Komplementare nicht bedürfen (vgl. §§ 327, I, III HGB.; Lehmann-Ring Nr. 3 zu § 327; Horrwitz 474ff.), weil diese Organe zwar auch Organe der Gesellschaft sind, aber doch hauptsächlich der Wahrung der Interessen des Kommanditistenverbandes gegenüber den Komplementaren dienen (vgl. Horrwitz 474), während Beschlüsse über die Bestellung der Komplementare zu Geschäftsführern oder über die Regelung ihrer Beziehungen als Geschäftsführungsorgane zu der AKG. grundsätzlich der Zustimmung der Komplementare bedürfen. Die Wahl besonderer Liquidatoren und wohl auch der Abschluß oder die Abänderung des Anstellungsvertrages mit ihnen steht der GV. allein zu (vgl. § 331, I HGB.); dagegen bedarf die Abberufung oder Entlassung der Liquidatoren grundsätzlich der Zustimmung der Komplementare (vgl. § 147 HGB.; Horrwitz 476). Deren eventueller Stimmrechtsausschluß bestimmt sich nach den im folgenden für die oHG. dargelegten Grundsätzen.

b) Bei den Personenverbänden ohne Rechtspersönlichkeit.

aa) Bei der bürgerlichrechtlichen Gesellschaft und der oHG. kommen als Verwaltungs- und Vertretungsorgane hauptsächlich die Geschäftsführer, u. U. auch die Liquidatoren und besondere Prozeßvertreter in Betracht. Wird dagegen irgendeinem Gesellschafter oder einem Dritten ein Auftrag oder eine Vollmacht erteilt, so handelt es sich grundsätzlich um ein individualrechtliches Rechtsgeschäft der Gesellschaft gegenüber dem zu Beauftragenden. Die Rechtsstellung der Organe der Gesellschaft beruht in aller Regel nicht auf einem Vertrag der Gesellschaft mit dem zu bestellenden oder schon bestellten Organsmitglied; doch ist es denkbar, daß ein Gesellschafter oder Nichtgesellschafter durch individualrechtlichen Vertrag als Geschäftsführer oder Liquidator angestellt wird. (Vgl. insbesondere § 146 I HGB.) Das kann u. U. durch Mehrheitsbeschluß der Gesellschafter geschehen. Auch hiebei handelt es sich dann um eine Regelung der Beziehungen des Personenverbandes zu seinen Organen, also um eine rein sozialrechtliche Angelegenheit.

In der Regel aber werden bei den „Gesellschaften" die Geschäftsführer und sonstigen Organe aus der Reihe der Gesellschafter gewählt und die Rechtsstellung der Organe ist dann meist eine gesellschaftsrechtliche, beruht also auf dem Gesetz oder dem Gesellschaftsvertrag. Die „Bestellung" und „Anstellung" der Organe kann dann nur durch Änderung des Gesellschaftsvertrages erfolgen; eine solche geschieht nach den Grundsätzen des Vertragsrechts, d. h. es ist Zustimmung aller Gesellschafter erforderlich, soferne nicht nach dem Gesellschaftsvertrag für die Erledigung derartiger Angelegenheiten ein Beschlußverfahren (mit Einstimmigkeit oder Mehrheitsprinzip) festgesetzt ist. Nur in diesem Falle kann dann ein Stimmrechtsausschluß überhaupt in Frage kommen.

Jedenfalls aber können auch auf die Mitglieder der Personenverbände ohne Rechtspersönlichkeit bei Beschlußfassungen, welche die Organsbestellung oder die Regelung der Beziehungen der Organe zu dem Personenverbande betreffen, nicht die Ausschlußvorschriften, sondern nur die Grundsätze des Stimmrechtsausschlusses nach Treu und Glauben zur Anwendung gelangen. Das gilt also vor allem in bezug auf die Bestellung, die Festsetzung der Vergütung, die Abberufung und die Erteilung eines Auftrages oder einer Vollmacht an ein Organsmitglied.

Was insbesondere die Abberufung der Geschäftsführer oder, wie sie hier heißt, die Entziehung der Befugnis zur Geschäftsführung und Vertretung anlangt, so ist hier zwar im Gegensatz zu den Körperschaften die Entziehung der Vertretungsbefugnis ohne die Entziehung der Geschäftsführungsbefugnis denkbar, dagegen kann hier, soweit die Rechtsstellung der Geschäftsführer gesellschaftlich ist, nicht zwischen Widerruf der Bestellung und Auflösung des Anstellungsverhältnisses unterschieden werden. Im übrigen liegen die Verhältnisse bei der bürgerlichrechtlichen Gesellschaft hier etwas anders als bei der oHG.

Bei der bürgerlichrechtlichen Gesellschaft kann, wenn die Geschäftsführung nicht auf dem Gesellschaftsvertrag, sondern auf dem Gesetz beruht, normalerweise eine Entziehung der Geschäftsführungs- und Vertretungsbefugnis ohne Zustimmung des Abzurufenden nicht stattfinden, da eine solche Entziehung eine Änderung des Gesellschaftsvertrages und in der Regel Entziehung eines Sonderrechts bedeutet. Insoweit kommt daher auch ein Stimmrechtsausschluß des Abzuberufenden nicht in Frage. (Vgl. auch Cosack, BR. 1. u. 2. Aufl. 376.) Geht aber aus dem Gesellschaftsvertrag ausdrücklich hervor, daß die Rechtsstellung der Geschäftsführer nicht als Sonderrecht zu gelten hat, sowie, daß der Gesellschaftsvertrag, wenigstens mit Bezug auf die Geschäftsführung oder Vertretungsbefugnis durch Beschlußfassung, sei es durch einstimmigen oder durch Mehrheitsbeschluß, abgeändert werden kann, so ist auch hier der Abzuberufende bei der Beschlußfassung über die Entziehung stimmberechtigt, er ist aber dann vom Stimmrecht ausgeschlossen, wenn die Entziehung seiner Geschäftsführungs- oder Vertretungsbefugnis aus einem wichtigen Grunde erfolgen soll, oder wenn für bestimmte Fälle der Gesellschaftsvertrag ausdrücklich den Stimmrechtsausschluß vorsieht. Beruht dagegen die Geschäftsführungs- und Vertretungsbefugnis auf dem Gesellschaftsvertrag (diesem Fall steht derjenige gleich, daß nach § 709, II BGB. für die Beschlüsse der Geschäftsführer das Mehrheitsprinzip festgesetzt ist, sowie derjenige, daß jeder Geschäftsführer allein zu handeln berechtigt ist; vgl. Staudinger Anm. II zu § 709), so kann nach der ausdrücklichen Vorschrift der §§ 712, 715 BGB. dem Geschäftsführer die Geschäftsführungs- oder Vertretungsbefugnis aus wichtigem Grunde durch Beschluß der „übrigen" Gesellschafter entzogen werden, wobei der Abzuberufende also kein Stimmrecht hat; diese Bestimmung hat nach allgemein vertretener Ansicht zwingende Geltung. Von den Fällen des Vorliegens eines wichtigen Grundes abgesehen, ist auch hier ein Stimmrechtsausschluß des Abzuberufenden nur insoweit möglich, als nach ausdrücklicher Bestimmung des Gesellschaftsvertrages dieser, wenigstens in bezug auf die Vertretungs- und Geschäftsführungsbefugnis, durch Beschlußfassung abgeändert werden kann, die Geschäftsführungs- und Vertretungsbefugnis der Gesellschafter kein Sonderrecht darstellt und für bestimmte Fälle der Ausschluß einzelner Gesellschafter vom Stimmrecht festgesetzt ist.

Bei der oHG. wie auch bei der KG. kann einem Gesellschafter die Geschäftsführungs- oder Vertretungsbefugnis, gleichgültig ob sie auf dem Gesetz oder auf dem Gesellschaftsvertrag beruht, gemäß §§ 117, 127 HGB. auf Antrag der „übrigen" Gesellschafter entzogen werden, wenn ein wichtiger Grund vorliegt. Bei einer etwaigen Beschlußfassung über die Stellung eines solchen Antrags hat also der Abzuberufende kein Stimmrecht. In sonstigen Fällen ist bei der oHG. der Stimmrechtsausschluß des Abzuberufenden bei der Beschlußfassung über die Entziehung der Geschäftsführungs- oder Vertretungsbefugnis oder über die Stellung eines Antrags auf eine solche Entziehung durch das Gericht nur unter denselben Bedingungen möglich wie bei der bürgerlichrechtlichen Gesellschaft.

Besonders geregelt ist in den §§ 146, 147 HGB. die Bestellung und Abberufung der Liquidatoren einer oHG. Daß bei ihrer Bestellung durch Beschluß der Gesellschafter der zu bestellende Gesellschafter, wenn nicht sein Stimmrechtsausschluß nach Treu und Glauben geboten ist, mitstimmen kann, bedarf keiner weiteren Erläuterung mehr. Das gleiche gilt für die Abberufung eines Liquidators. Wird diese nicht ausnahmsweise durch das Gericht verfügt, so erfolgt sie gemäß § 147 HGB. durch einstimmige Beschlußfassung der durch § 146, II, III Beteiligten, zu welchen u. U. auch ein Nichtgesellschafter gehören kann. (Vgl. § 146, II, 2.) Wie dieser in bezug auf den Stimmrechtsausschluß zu behandeln ist, wurde früher ausgeführt. (Vgl. oben S. 22, 55 f.)

bb) Für die Bestellung und Abberufung des Korrespondentreeders gilt § 492 HGB. Darnach erfolgt, soweit der Gesellschaftsvertrag nichts anderes vorschreibt, die Bestellung sowohl als der Widerruf der Bestellung des Korrespondentreeders durch Mehrheitsbeschluß der Mitreeder. Es wird allgemein angenommen, daß hiebei der Korrespondentreeder, sofern er selbst Mitreeder ist, mitstimmen kann. (Vgl. Makower-Löwe Anm. 2 zu § 492.) Das ist insoweit richtig, als der Korrespondentreeder nicht nach Treu und Glauben vom Stimmrecht ausgeschlossen ist; das gleiche muß aber auch für die Abänderung und Aufhebung des Anstellungsvertrages gelten, welch letztere hier von dem Widerruf der Bestellung juristisch wohl zu unterscheiden ist.

cc) Auch bei den übrigen Personenverbänden ohne Rechtspersönlichkeit, insbesondere bei der Erbengemeinschaft, kann eine Bestellung von „Organen", z. B. von Geschäftsführern, vorkommen. Auch hier hat dann ein Stimmrechtsausschluß der Organe selbst, soweit sie Teilhaber des Personenverbandes sind, bei einer etwaigen Beschlußfassung nur nach den Grundsätzen über Treu und Glauben stattzufinden. In der Regel wird es sich aber hier nur um Bevollmächtigte und Beauftragte handeln. Ihre Bestellung oder Anstellung oder die Regelung der rechtlichen Beziehungen des Personenverbandes zu ihnen stellen dann individualrechtliche Rechtsgeschäfte des Personenverbandes ihnen gegenüber dar. Die Grenze wird im einzelnen nicht leicht zu ziehen sein.

2. Besondere Vereinbarungen bei der Gesellschaftsgründung.

Es ist heute wohl kaum mehr bestritten, daß in der konstituierenden GV. der AG. die Gründer beim Errichtungsbeschluß nicht vom Stimmrecht ausgeschlossen sind, auch diejenigen Gründer nicht, welche Sacheinlagen machen, oder sich sonstige besondere Vorteile, insbesondere eine Gründervergütung ausbedungen haben, gleichgültig, ob derartige Festsetzungen durch die Errichtungsversammlung genehmigt oder abgeändert oder neu getroffen werden sollen. (Vgl. Lehmann-Ring Nr. 8c zu § 252.) Das ergibt sich eindeutig aus § 196, IV, V HGB., müßte aber auch ohne diese gesetzlichen Bestimmungen gelten, da es sich bei diesen Angelegenheiten nicht um Rechtsgeschäfte der zu errichtenden AG. mit den Gründern handelt, sondern um Festsetzungen des Gesellschaftsvertrages, da übrigens außerdem auch die Gründer hier nicht als Dritte, sondern in ihrer Eigenschaft als Aktionäre der zukünftigen AG. beteiligt sind. (Vgl. oben S. 124 f.; Staub Anm. 4 zu § 186; Ring 109; Rosenkranz 36 f.) Anders ist es, wie schon ausgeführt, mit den Übernahmeverträgen". Nicht um einen solchen, sondern um die Vereinbarung einer Sacheinlage handelt es sich aber, wenn festgesetzt wird, daß eine Vergütung für Vermögensgegenstände, welche die Gesellschaft übernimmt, auf Einlagen angerechnet werden soll. (Wegen der Beschlußfassung von Errichtungsversammlungen bei den übrigen Körperschaften vgl. oben S. 125.) Werden von der bestehenden Gesellschaft einzelnen Aktionären besondere Vorteile, also insbesondere die Gewährung von Sacheinlagen oder eine Anrechnung von Vergütungen für übernommene Gegenstände auf Einlagen gewährt, so handelt es sich gleichfalls um rein sozialrechtliche Angelegenheiten, da die betreffenden Aktionäre hier nur auf Grund ihrer Mitgliedschaft interessiert sind;

anders ist es dagegen, wenn über eine Kapitalerhöhung Beschluß gefaßt und gleichzeitig einzelnen alten Aktionären, welche neue Aktien übernehmen wollen, auf die neuen Aktien Sacheinlagen zu leisten gestattet werden soll. (Vgl. oben S. 125.)

Das Entsprechende gilt auch für die GmbH.

3. Auferlegung von Verpflichtungen, Entziehung von Rechten.

a) Bei den Körperschaften.

aa) Die Begründung individualrechtlicher Verpflichtungen von Körperschaftsmitgliedern gegenüber der Körperschaft scheidet hier aus, da sie niemals durch einseitigen Akt der Körperschaft geschehen kann und da sie keine rein sozialrechtliche Angelegenheit ist. Aber auch eine sozialrechtliche Verpflichtung, welche nicht alle Körperschaftsmitglieder gleichmäßig trifft, kann einem Mitglied nicht ohne seine Zustimmung aufgelegt, noch können seine sozialrechtlichen Verpflichtungen in abweichender Weise von demjenigen der übrigen Mitglieder ohne seine Zustimmung erweitert werden, sofern das nicht durch die Satzung in zulässiger Weise bestimmt ist. Aber selbst dann, oder auch in den Fällen, in welchen alle Mitglieder in gleichmäßiger Weise von der Beschlußfassung betroffen sind, kann ein Mitglied bei der Auferlegung oder Erweiterung von Verpflichtungen niemals vom Stimmrecht ausgeschlossen sein (es käme hier selbstverständlich nur ein Stimmrechtsausschluß nach Treu und Glauben in Frage), da das eine unerträgliche Härte für ein Körperschaftsmitglied bedeuten würde und sicherlich gegen Treu und Glauben verstieße. Bei der AG. und GmbH. ist durch das Gesetz ausdrücklich zur Auferlegung und Erweiterung von sozialrechtlichen Verpflichtungen der Mitglieder, soweit eine solche überhaupt zulässig ist, die Zustimmung der von der Verpflichtung Betroffenen für erforderlich erklärt. (§§ 276 HGB., 53, III GmbHGes.)

bb) Entsprechendes gilt auch für die Entziehung oder Beeinträchtigung von sozialrechtlichen Rechten der Mitglieder. (Die individualrechtlichen Rechte der Mitglieder scheiden bei dieser Betrachtung naturgemäß aus.) Daß ein Mitglied bei der Beschlußfassung über eine Entziehung oder Beeinträchtigung eines ihm zustehenden Sonderrechts sowie dann, wenn durch eine Beschlußfassung sein Recht auf gleichheitliche Behandlung verletzt werden soll, niemals vom Stimmrecht ausgeschlossen ist, wurde bereits in anderem Zusammenhange ausgeführt; aber auch im übrigen kann grundsätzlich bei der Entziehung sozialrechtlicher Rechte ein Mitglied aus Gründen der Billigkeit nicht vom Stimmrecht ausgeschlossen sein. Davon gelten aber Ausnahmen insoweit, als die Körperschaft ein Recht auf Entziehung des Rechtes des Mitgliedes hat; denn hier könnte durch die im Interesse des Mitgliedes ausfallende Beschlußfassung u. U. ein Recht der Körperschaft vereitelt oder undurchführbar gemacht werden. Hier wird der Stimmrechtsausschluß, wenn auch nicht immer, so doch in den meisten Fällen nach Treu und Glauben gerechtfertigt sein.

In Betracht kommen vor allem der Ausschluß aus einer Körperschaft, bzw. die Entziehung des Anteils an einer AG. oder GmbH. Die umstrittene Frage, ob die Mitgliedschaft bei Vereinen, die nicht reine Vermögensgesellschaften sind, ein Recht oder gar ein Sonderrecht ist, soll hiebei aber nur insoweit entschieden werden, als es zur Lösung der hier gestellten Frage erforderlich ist. Als Vereine der genannten Art kommen in Betracht der rechtsfähige Verein des BGB. und die e. Gen. Für die letztere sind in § 68, II GenGes. besondere Bestimmungen über den Ausschluß eines Mitgliedes aus der Gen. festgesetzt, beim rechtsfähigen Verein des BGB. fehlen derartige besondere Bestimmungen.

Bei der e. Gen. kann ein Mitglied gemäß § 68, I und II GenGes. aus bestimmten, im Gesetz oder der Satzung bezeichneten Gründen durch „Beschluß" (vgl. Abs. III des § 68) aus der Gen. ausgeschlossen werden. Der Abs. III des § 68, der bestimmt, daß der Beschluß, durch den ein Genosse ausgeschlossen wird, diesem schriftlich mitzuteilen ist, läßt darauf schließen, daß das Gesetz selbst hier nicht an ein Mitstimmen des betr. Genossen über seinen eigenen Ausschluß denkt; dennoch wird aber der Stimmrechtsausschluß nicht schon stets in den Fällen, in denen die Ausschließung aus der Gen. nach der Satzung zulässig ist, stattzufinden haben, sondern nur da, wo die Ausschließung aus der Gen. wegen eines wichtigen Grundes erfolgen soll, also z. B. aus den in § 68, I angeführten Gründen oder wegen eines ehrlosen oder die Gen. schädigenden Verhaltens. Die Ausschließung eines Genossen aus der Gen. kann ferner auch nach Maßgabe des § 67, II GenGes. aus dem in § 67, I bezeichneten Grunde durch schriftliche Erklärung der Genossenschaft an den Genossen, daß er zum Schlusse des Geschäftsjahrs auszuscheiden habe, erfolgen. Über eine solche Erklärung hat gemäß § 43, I GenGes. die GV. zu beschließen. Auch bei dieser Beschlußfassung hat das auszuschließende Mitglied kein Stimmrecht.

Beim rechtsfähigen Verein des BGB. ist die Mitgliedschaft nur dann als Sonderrecht zu betrachten, wenn das in der Satzung bestimmt ist oder wenn auf Grund der Mitgliedschaft vermögensrechtliche Ansprüche des Mitgliedes gegen den Verein bestehen. Auch hier kann aber ein Mitglied (kraft analoger Anwendung der §§ 737, 723 BGB.) ohne seine Zustimmung aus wichtigem Grunde aus dem Verein ausgeschlossen werden. Um so mehr ist das der Fall, wenn die Mitgliedschaft kein Sonderrecht ist. In diesem letzteren Falle ist jedoch im übrigen der Ausschluß eines Mitglieds aus dem Verein ohne seine Zustimmung nur aus den in der Satzung festgesetzten Gründen möglich. (Vgl. zu alledem Staudinger Anm. IV, 1 und 2 zu § 35 BGB.) Das Stimmrecht ist aber dem auszuschließenden Mitglied in jedem Fall nur dann zu versagen, wenn der Ausschluß aus dem Verein aus einem wichtigen Grunde, etwa wegen schwerer Verletzung der Vereinspflichten, erfolgen soll. In den anderen Fällen erscheint ein Stimmrechtsausschluß um so bedenklicher, als eine sachliche richterliche Nachprüfung der Ausschließungsgründe eines Mitgliedes, sofern die Ausschließung satzungsgemäß stattgefunden hat und nicht in dem Vorgehen gegen das Mitglied eine offenbare Unbilligkeit liegt, unzulässig ist. (Vgl. Staudinger Anm. IV, 2 zu § 35 und die dort angeführte Lit. und Rechtspr.)

Bei der AG. und der GmbH. gibt es einen Ausschluß aus der Gesellschaft in dem Sinne wie etwa beim rechtsfähigen Verein des BGB. nicht. Hier ist ja die Mitgliedschaft nicht nach Personen, sondern nach Aktien oder Geschäftsanteilen individualisiert. (Vgl. Brodmann 130.) Zu unterscheiden ist hier die Einziehung eines Anteils, die sog. Amortisation (vgl. §§ 227 HGB., 34 GmbHGes.) von der Entziehung eines Anteilsrechts, der sog. Kaduzierung (vgl. §§ 219f. HGB., 21 ff. GmbH.-Ges.). Beide Institute unterscheiden sich vor allem dadurch voneinander, daß bei der Amortisation der eingezogene Anteil untergeht, während bei der Kaduzierung der entzogene Anteil weiterbesteht. Sowohl die Kaduzierung als auch die Amortisation sind aber Rechtsgeschäfte der Gesellschaft gegenüber dem betr. Gesellschafter. (Vgl. Brodmann 91 Anm. 4 zu § 21 und 132 Anm. 3 zu § 34; aber auch Staub-Hachenburg Anm. 1 zu § 34 und Anm. 20 zu § 33; Staub Anm. 9 zu § 227.) Bei beiden handelt es sich um rein sozialrechtliche Angelegenheiten.

Inwieweit bei der Amortisation überhaupt die Zuständigkeit der GV. bzw. der Gesellschaftervers. gegeben ist, ist streitig. (Vgl. Horrwitz 444; Staub Anm. 9 zu § 227.) Jedenfalls aber bedarf es zur Amortisation dann der Beschlußfassung der GV. bzw. der Gesellschafterversammlung, wenn die Amortisation nach den Vorschriften über die Kapitalherabsetzung zu erfolgen hat, sowie dann, wenn sie für den fraglichen Fall in der Satzung nicht genau vorgesehen ist; denn in solchen Fällen stellt die Amortisation zweifellos eine Satzungsänderung dar. (Vgl. Horrwitz a. a. O.; Brodmann 137 Anm. 5 zu § 46; fernerhin § 46 Z. 4 GmbHGes.) Zu unterscheiden ist bei der Amortisation zwischen der „Zwangsamortisation“ und der „freiwilligen“ Amortisation. Von letzterer spricht man einmal in den Fällen, in denen die Amortisation nur mit Zustimmung des anteilsberechtigten Gesellschafters erfolgen kann. Soweit in der Satzung nichts anderes bestimmt ist, kann aber die Amortisation sowohl bei der GmbH. als auch bei der AG. nur mit Zustimmung des anteilsberechtigten Gesellschafters erfolgen. (Vgl. §§ 227 HGB., 34, I und II GmbHGes.) In diesen Fällen der freiwilligen Amortisation kann von einem Stimmrechtsausschluß des Berechtigten bei der Beschlußfassung über die Amortisation keine Rede sein. „Freiwillig“ ist die Amortisation aber auch dann, wenn sie durch den „Ankauf“ von Anteilen durch die Gesellschaft oder durch „Schenkung“ oder durch „Hingabe an Erfüllungs Statt“ oder ein ähnliches Rechtsgeschäft zwischen dem Berechtigten und der Gesellschaft erfolgt. (Hiebei handelt es sich aber niemals um einen echten Kauf oder eine echte Schenkung usw., da durch die Amortisation ja stets der eingezogene Anteil untergeht.) Der Beschluß über eine derartige Amortisation betrifft also in aller Regel zugleich auch ein solches Rechtsgeschäft gegenüber dem berechtigten Mitglied. Dennoch handelt es sich aber auch hier stets um eine rein sozialrechtliche Angelegenheit, weil ja das Mitglied hier notwendigerweise auf Grund seiner Mitgliedschaft beteiligt ist; dem Mitglied ist also auch hier das Stimmrecht zu gewähren, es sei denn, daß es etwa aus besonderen Gründen nach Treu und Glauben, z. B. weil die Aktien von der AG. zu einem übermäßig hohen Preis erworben werden sollen, vom Stimmrecht auszuschließen ist.

Auch bei der Zwangsamortisation, derjenigen Amortisation also, welche ohne Zustimmung des Mitgliedes, z. B. durch Auslosung oder Kündigung (vgl. § 227 HGB.), erfolgen kann, ist das berechtigte Mitglied nicht stets ohne weiteres vom Stimmrecht ausgeschlossen, auch dann z. B. noch nicht, wenn der Anteilsberechtigte etwa an der Amortisation interessiert sein sollte, weil die Rückzahlung der Einlage für ihn einen Vorteil bedeutet. (Vgl. Hachenburg 470.) Vielmehr kann der

Stimmrechtsausschluß auch hier nur insoweit stattfinden, als er nach Treu und Glauben geboten erscheint; das ist z. B. m. E. dann der Fall, wenn die Zwangsamortisation wegen Nichterfüllung der gesellschaftlichen Verpflichtungen oder wegen eines ehrlosen oder die Gesellschaft schädigenden Verhaltens des Anteilsberechtigten erfolgen soll. Mit Recht wurde daher m. E. in einer Entsch. des LG. I Berlin vom 19. Okt. 1925 (mitgeteilt im Berl. Tagbl. 1925 Nr. 495) bei einem Beschluß über den Antrag auf Einziehung von Schutzaktien, die auf Grund eines angeblich ungültigen Beschlusses ausgegeben waren, den Eigentümern dieser Aktien das Stimmrecht zugesprochen.

Das RG. (in DJZ. 1919, 757) hat allgemein dem anteilsberechtigten Gesellschafter einer GmbH., dessen Anteil eingezogen werden soll, bei der Beschlußfassung über die Amortisation das Stimmrecht zugesprochen. Brodmann (133 Anm. 5 zu § 34) erkennt das nur insoweit an, als die Amortisation nicht wegen Nichterfüllung gesellschaftlicher Verpflichtungen stattfinden soll. Nach Hachenburg (a. a. O.) hat der Stimmrechtsausschluß des Anteilsberechtigten bei der freiwilligen Amortisation niemals, bei der Zwangsamortisation immer stattzufinden. (Ebenso Staub-Hachenburg Anm. 25 zu § 47.)

In bezug auf die Kaduzierung eines Anteils ist zu unterscheiden zwischen der Einleitung des Kaduzierungsverfahrens, d. h. der Androhung der Verfallserklärung und der Verfallserklärung selbst. Zuständig zur Abgabe dieser Willenserklärungen der Gesellschaft ist ihr gesetzliches Vertretungsorgan, also der Vorstand bzw. die Geschäftsführer. Doch kann die Satzung auch die Zuständigkeit der Mitgliederversammlung festsetzen. (Vgl. Brodmann 90 Anm. 1 zu § 21; Staub Anm. 2 zu § 219.) Jedenfalls können aber auch bei der Zuständigkeit des gesetzlichen Vertretungsorgans zur Abgabe jener Willenserklärung Beschlußfassungen, welche die Abgabe der Erklärungen „betreffen", vorkommen, z. B. wenn der Vorstand selbst um die Zustimmung der GV. nachsucht. Bei allen Beschlüssen aber, welche die Kaduzierung betreffen, muß das betroffene Mitglied vom Stimmrecht nach Treu und Glauben ausgeschlossen sein; denn es darf nicht das Recht der Gesellschaft vereiteln können, sich gegen säumige Mitglieder des Mittels der Kaduzierung, insbesondere auch der anderweitigen Verwertung des kaduzierten Anteils zu bedienen, um sich vor Schaden zu bewahren.

Als unmittelbar interessiert an der Beschlußfassung über die Kaduzierung sind auch in aller Regel diejenigen Gesellschafter anzusehen, welche der Gesellschaft gegenüber als Rechtsvorgänger des auszuschließenden Gesellschafters gemäß §§ 220 HGB., 22 GmbHGes. für die von ihm, bzw. für die von ihren Rechtsnachfolgern nicht gezahlten oder nicht zu erlangenden Beträge haftet; die Inanspruchnahme jener Gesellschafter hängt von der rechtsgültig erfolgten Kaduzierung ab. Bei der AG. sind also auch sie grundsätzlich vom Stimmrecht ausgeschlossen, es sei denn, daß feststeht, bzw. daß der Nachweis von den das Stimmrecht begehrenden Gesellschaftern geführt wird (vgl. oben S. 112f.), daß die Erlangung der Zahlung von ihren Rechtsnachfolgern mit Sicherheit zu erwarten ist. Bei der GmbH. kann ein Stimmrechtsausschluß der Rechtsvorgänger des im Kaduzierungsverfahren auszuschließenden Gesellschafters aber überhaupt nicht in Frage kommen, weil hier gemäß § 24 GmbHGes. auch die „übrigen" Gesellschafter subsidiär zur Zahlung herangezogen werden können. Auch diese sind hier also in ähnlicher Weise interessiert wie die Rechtsvorgänger des auszuschließenden Gesellschafters. In aller Regel sind die „übrigen" Gesellschafter alle Gesellschafter. Hier liegt dann also ein Fall der gleichheitlichen Befangenheit aller Mitglieder vor. Gerade in jenen (übrigens seltenen) Fällen aber, wo die „übrigen" Gesellschafter im Sinne des § 24 GmbHGes. nicht alle Gesellschafter sind (vgl. darüber Brodmann Anm. 3, II und IV zu § 24), wäre ein Stimmrechtsausschluß der „übrigen" Gesellschafter völlig untragbar. Ein besonderes Kaduzierungsverfahren ist bei der GmbH. gemäß §§ 27, 28 bei Nichtzahlung der gemäß § 26 im Gesellschaftsvertrag festgesetzten Nachschüsse vorgesehen. Der Anteilsberechtigte ist auch hier bei Beschlußfassungen über Einleitung oder Durchführung der Kaduzierung vom Stimmrecht ausgeschlossen, ebenso aber auch, soweit die §§ 21—23 GmbHGes. hier Anwendung finden, die Rechtsvorgänger des Anteilsberechtigten unter denselben Voraussetzungen wie die Rechtsvorgänger eines im Kaduzierungsverfahren auszuschließenden Aktionärs.

Dagegen sind die Rechtsvorgänger eines im Kaduzierungsverfahren ausgeschlossenen Anteilsberechtigten nicht vom Stimmrecht ausgeschlossen bei einer Beschlußfassung über den Verkauf des kaduzierten Anteils. Hier ist einer jener wenigen Fälle gegeben, wo Personenverbandsmitglieder an einer gleichzeitig sozialrechtlichen und individualrechtlichen Angelegenheit nur in ihrer Eigenschaft als Mitglieder, nicht etwa als Dritte interessiert sind, so daß die Angelegenheit also für diese Mitglieder eine rein sozialrechtliche Angelegenheit ist. Mit dem Verkauf des kaduzierten Anteils ist allerdings die Haftung der Rechtsvorgänger erledigt (vgl. Brodmann Anm. 2 zu § 24 S. 99), aber das ist sie in aller Regel auch schon vor dem Verkauf (vgl. §§ 220, III HGB., 23 GmbHGes.); vor allem aber kann die Voraussetzung der „ernstlichen Gefährdung" der Körperschaftsinteressen hier kaum je gegeben sein, da der Verkauf des kaduzierten Anteils ja grundsätzlich nur zum Börsenpreis oder durch öffentliche Versteigerung erfolgen darf, bei der GmbH. auch deswegen nicht, weil die Haftung der „übrigen" Gesellschafter nach § 24 auch nach dem Verkauf noch bestehen bleibt.

Bei der AKG. gelten bei Beschlüssen über die Amortisation oder Kaduzierung die für die AG. dargelegten Grundsätze über den Stimmrechtsausschluß wegen Interessenkollision in entsprechender Weise, die Komplementare haben in diesen Angelegenheiten kein Stimmrecht. In bezug auf die Ausschließung von Komplementaren aus der Gesellschaft und die dabei geltenden Grundsätze über den Stimmrechtsausschluß ist auf das im folgenden über die oHG. Gesagte zu verweisen.

cc) Auch eine Entziehung oder Beeinträchtigung von Rechten oder eine Auferlegung oder Erweiterung von Pflichten der Organe stellt, wie wir wissen, eine rein sozialrechtliche Angelegenheit dar. Liegt dem Anstellungsverhältnis des Organsmitgliedes ein Anstellungsvertrag zugrunde, so kann das Anstellungsverhältnis auch grundsätzlich nur auf dem Wege der Vertragsänderung, also selbstverständlich nur mit Zustimmung des betr. Organsmitglieds geändert werden. Beruht dagegen, wie das z. B. bei der GmbH. der Fall sein kann, das Anstellungsverhältnis auf dem Gesellschaftsrecht, so kann allerdings das Anstellungsverhältnis auch zu Lasten des Organsmitgliedes u. U. durch Beschluß der Mitgliederversammlung geändert werden, wobei aber keine Sonderrechte des Organsmitgliedes und auch nicht das Prinzip der gleichheitlichen Behandlung aller Körperschaftsmitglieder ohne Zustimmung des betr. Organsmitglieds verletzt werden dürfen. Auch abgesehen davon wird man das Organsmitglied, das zugleich Körperschaftsmitglied ist, in aller Regel bei einer Erweiterung seiner Pflichten oder Beschränkung seiner Rechte als Organsmitglied nicht vom Stimmrecht ausschließen können. Das gilt auch in den Fällen, wo etwa den Geschäftsführern einer GmbH. oder dem Vorstand einer AG. Beschränkungen nach Maßgabe der §§ 37, I GmbHGes. bzw. 235, I HGB. auferlegt werden sollen, da ja derartige Beschränkungen gegenüber dem jeweiligen davon betroffenen Organ wirken, ohne daß es einer Änderung seines Anstellungsvertrages bedarf.

b) Bei den Personenverbänden ohne Rechtspersönlichkeit.

Bei den „Gesellschaften" bedeutet die Erweiterung der sozialrechtlichen Pflichten sowie die Einschränkung der sozialrechtlichen Rechte der Mitglieder stets eine Abänderung des Gesellschaftsvertrags. Soweit diese dann überhaupt durch Beschlußfassung geschehen kann, kann auch hier grundsätzlich bei derartigen Angelegenheiten das betroffene Mitglied nicht vom Stimmrecht ausgeschlossen sein.

Die Ausschließung aus einer Gesellschaft ist nach dem Gesetz nur unter ganz bestimmten Voraussetzungen zulässig; bei der bürgerlichrechtlichen Gesellschaft nach Maßgabe der §§ 737, 723 BGB.; hier ist das Ausschlußrecht ausdrücklich den „übrigen" Gesellschaftern eingeräumt, der Auszuschließende hat dabei also kein Stimmrecht. Bei der oHG. sind die „übrigen" Gesellschafter nach Maßgabe der §§ 140, 133 HGB. zur Ausschließung bzw. zur Antragstellung auf gerichtliche Ausschließung berechtigt. Eine Bestimmung des Gesellschaftsvertrages, wonach ein Gesellschafter außer in den vom Gesetz bestimmten Fällen durch Beschluß oder auf Antrag der übrigen Gesellschafter, also unter Ausschluß seines Stimmrechts, aus der Gesellschaft ausgeschlossen werden kann, ist gesetzwidrig. (Vgl. Staudinger Anm. 2c zu § 737; RG. 2, 216; 38, 120.)

Bei der Reederei findet gemäß § 505, III HGB. eine Ausschließung eines Mitreeders nicht statt. Doch kann der Gesellschaftsvertrag die Ausschließung aus bestimmten Gründen zulassen. (Vgl. § 490 HGB.) Soweit darnach eine Ausschließung aus wichtigem Grunde stattfinden kann, hat bei der Beschlußfassung der auszuschließende Mitreeder kein Stimmrecht.

In bezug auf die Erweiterung von Pflichten oder Beeinträchtigung von Rechten der Organe von Gesellschaften gelten die für die Körperschaftsorgane dargelegten Grundsätze. (Vgl. insbes. § 496, I HGB.)

Bei den übrigen Personenverbänden ohne Rechtspersönlichkeit kann die Ausschließung eines Teilhabers überhaupt nicht in Frage kommen. Eine Erweiterung von Pflichten oder Beeinträchtigung von Rechten der Teilhaber gegeneinander erfolgt in aller Regel nach den Grundsätzen des Vertragsrechts. Denkbar ist aber immerhin, daß einem Teilhaber auf Grund einer Vereinbarung oder eines Beschlusses der Teilhaber ein besonderes Recht an einem gemeinschaftlichen Gegenstande, z. B. ein besonderes Nutzungsrecht, eingeräumt ist, und daß ihm dieses Recht durch Beschluß der Teilhaber entzogen werden soll. Auch hier kann in derartigen Fällen ein Stimmrechtsausschluß nur ausnahmsweise, d. h. nur dann in Frage kommen, wenn er aus besonderen Gründen nach Treu und Glauben gerechtfertigt ist.

4. Einräumung eines sozialrechtlichen Vorteils, Erweiterung von sozialrechtlichen Rechten.

Bei Beschlußfassungen über Einräumung eines sozialrechtlichen Vorteils, also insbesondere über Einräumung oder Erweiterung sozialrechtlicher Rechte einzelner Mitglieder bestehen keine grundsätzlichen Bedenken gegen den Stimmrechtsausschluß, der aber auch hier selbstverständlich, soweit es sich um rein sozialrechtliche Angelegenheiten handelt, nur nach den Grundsätzen über Treu und Glauben stattfinden kann. Zufolge des Prinzips der Gleichbehandlung aller Körperschaftsmitglieder hat der Stimmrechtsausschluß hier in vielen Fällen keine besondere praktische Bedeutung. Doch gibt es Fälle, wo einem Mitglied besondere Vorteile oder Rechte eingeräumt werden, ohne daß dabei jenes Prinzip verletzt wird; es kann außerdem auch durch den Gesellschaftsvertrag wenigstens für bestimmte Fälle außer Kraft gesetzt sein.

Besonders bemerkenswert ist, wie schon an anderer Stelle hervorgehoben, die Entsch. des RG. vom 6. Juli 1907 (in LZ. 1907, 738), wo dem Gesellschafter einer oHG., dem ein besonderer gesellschaftsrechtlicher Vorteil zugewandt werden sollte, bei der Beschlußfassung darüber das Stimmrecht abgesprochen wurde. Im vorliegenden Fall war der Stimmrechtsausschluß offenbar nach Treu und Glauben gerechtfertigt; das muß aber nicht, wie man etwa aus der RGEntsch. schließen könnte, schon immer da, wo es sich um die Einräumung eines gesellschaftsrechtlichen Vorteils einem Mitglied gegenüber handelt, der Fall sein.

Zu beachten ist, daß, wenn ein besonderer Vorteil für ein Organ im Gesellschaftsvertrag oder in der Satzung festgesetzt wird, diese Festsetzung zwar dann das Organ als solches betrifft und insofern für jedes Personenverbandsmitglied vielleicht einmal von Interesse werden kann, daß aber als unmittelbar interessiert doch nur die jeweiligen Mitglieder zu erachten sind. Ebenso ist es, wenn im Gesellschaftsvertrag oder in der Satzung Festsetzungen getroffen werden, wonach jedem Mitglied unter ganz bestimmten Voraussetzungen, z. B. unter der Voraussetzung einer bestimmten Dauer der Mitgliedschaft, besondere Vorteile zustehen sollen. Aber auch hier können als unmittelbar interessiert nur diejenigen angesehen werden, in deren Person jene besondere Voraussetzung erfüllt ist.

aa) Beim Gewinnverteilungsbeschluß können keinesfalls die gewinnanteilsberechtigten Mitglieder, auch wenn etwa nicht alle Mitglieder gewinnanteilsberechtigt sind, oder wenn sie wenigstens in dem betr. Geschäftsjahr keinen Gewinnanteilsanspruch haben, vom Stimmrecht ausgeschlossen werden (vgl. Staub Anm. 5 zu § 260); denn das Gewinnanteilsrecht ist eines der allerwichtigsten Rechte der Personenverbandsmitglieder und das Recht der Gewinnanteilsberechtigten könnte dadurch, daß die Nichtgewinnanteilsberechtigten über die Höhe des zu verteilenden Gewinnes entscheiden, u. U. geradezu illusorisch gemacht werden. Außerdem wird es hier aber auch in aller Regel an der Voraussetzung der „ernstlichen Gefährdung" der Gemeinschaftsinteressen fehlen, weil gerade die Großanteilsbesitzer, die ja auch hier im allgemeinen entscheidend sein werden, am wenigsten geneigt sein werden, um ihres Gewinnanteils willen die gemeinschaftlichen Interessen hintanzustellen.

bb) Dagegen kann bei der Beschlußfassung über sonstige Zuwendungen aus dem Vermögen des Personenverbandes an ein Mitglied (wobei individualrechtliche Zuwendungen natürlich hier ausscheiden), z. B. über die Zurückzahlung eingezahlter Nachschüsse gemäß § 30, II GmbHGes., ein Stimmrechtsausschluß des betr. Mitglieds nach Treu und Glauben wohl gerechtfertigt und geboten sein.

Auch bei der AG. können Zurückzahlungen von Beträgen, welche auf Einlagen geleistet wurden, im Wege der Kapitalherabsetzung erfolgen. Dabei muß allerdings das Prinzip der gleichheitlichen Behandlung aller Aktionäre gewahrt bleiben. Es kann aber z. B. Herabsetzung des Nennbetrages der Aktien beschlossen und zugleich bestimmt werden, daß an diejenigen Aktionäre, welche über einen bestimmten Betrag hinaus Einzahlungen geleistet haben, Zurückzahlung der diesen Betrag übersteigenden Einlagen erfolgen soll. Darnach kann u. U. eine Zurückzahlung nur für einzelne Aktionäre in Betracht kommen.

Bei der Beschlußfassung über Gewährung einer Vergütung an einen Aktionär für wiederkehrende Leistungen gemäß § 216 HGB. kann ein Stimmrechtsausschluß nach Treu und Glauben geboten sein, das ist aber dann noch nicht der Fall, wenn etwa nur die Interessen der übrigen Aktionäre (z. B. in bezug auf ihre Dividende) gefährdet sind.

cc) In Rechtsprechung und Schrifttum ist heute allgemein anerkannt, daß durch qualifizierten Mehrheitsbeschluß bei der AG. und der GmbH. den bestehenden Aktien bzw. Geschäftsanteilen Vorrechte beigelegt werden können, vorausgesetzt „daß allen Gesellschaftern gleichmäßig entsprechend dem Verhältnis ihrer Beteiligung an der Gesellschaft die Möglichkeit gewährt wird, sich zu beteiligen" (vgl. Brodmann 40 Anm. 7 zu § 5), und daß die Einräumung solcher Vorzugsrechte nicht etwa gegen das Gesetz oder die guten Sitten verstößt. (Vgl. Brodmann a. a. O.; Horrwitz 408; RG. 52, 287ff.; 76, 155ff.; 80, 85.) Eine solche Einräumung von Vorrechten (in Frage kommen hauptsächlich Vorrechte in bezug auf das Stimmrecht, die Gewinnbeteiligung und Vorwegbefriedigung bei der Liquidation) dient häufig der Sanierung der Gesellschaft. Der Beschluß lautet dann in der Regel dahin, daß denjenigen Gesellschaftern, welche bis zu einem gewissen Zeitpunkt bestimmte Beträge eingezahlt haben, die Vorrechte eingeräumt werden. In solchen Fällen kommt ein Stimmrechtsausschluß einzelner Aktionäre nicht in Frage, da hier alle Gesellschafter in gleichheitlicher Weise interessiert sind. Anders aber lag es in dem in ZAG. 09, 245 geschilderten Fall: Hier hatten vier Aktionäre erklärt, sie verzichteten auf ihre Darlehensforderung an die AG. unter der Bedingung, daß ihre Aktien in Vorzugsaktien mit 4% Vorzugsdividende und weiteren Vorrechten umgewandelt würden. Mit Unrecht kommt Bauer (a.a.O.) auf Grund rechtspolitischer Erwägung zu dem Ergebnis, daß bei dem Beschluß über diese Angelegenheit die vier Aktionäre mitstimmen durften;

denn es muß angenommen werden, daß in der Beschlußfassung über die Schaffung der Vorzugsaktien gleichzeitig ausdrücklich oder stillschweigend auch die Beschlußfassung über die Annahme des Verzichtes der Aktionäre, also über die Vornahme eines individualrechtlichen Rechtsgeschäftes mit den Aktionären lag, denn nur durch einen solchen Vertrag konnte die AG. ja von ihrer Verbindlichkeit befreit werden. Will man das freilich nicht zugeben, so handelt es sich um eine rein sozialrechtliche Angelegenheit; dabei kann dann ein Stimmrechtsausschluß jener vier Aktionäre nur nach den Grundsätzen über Treu und Glauben in Frage kommen; ob darnach der Stimmrechtsausschluß hier geboten war oder nicht, muß darnach beurteilt werden, ob der im Interesse der vier Aktionäre ausfallende Beschluß im Zusammenhang mit dem Verzicht auf ihre Ansprüche die Interessen der Gesellschaft (nicht etwa nur die der übrigen Gesellschafter) „ernstlich zu gefährden" geeignet war oder nicht. Im übrigen bedurfte jener Beschluß, da er gegen das Prinzip der gleichheitlichen Behandlung der Aktionäre verstieß, der Zustimmung der benachteiligten Aktionäre.

5. Andere rein sozialrechtliche Angelegenheiten.

a) Die außerprozessuale Geltendmachung von sozialrechtlichen Ansprüchen.

aa) Bei den Körperschaften.

Von Ansprüchen kommen hier in Betracht vor allem die Verpflichtung zur Zahlung von Einlagen, von Nachschüssen und von Vertragsstrafen, ferner die Verbindlichkeiten der nach §§ 202—204, 208 HGB. der AG. haftenden Personen, die Verbindlichkeiten von Gesellschaftern oder Geschäftsführern einer GmbH. aus der Gründung (vgl. § 46 Ziff. 8 GmbHGes.), sonstige Verbindlichkeiten der Aktionäre (nach § 212, I HGB.) oder der Gesellschafter einer GmbH. (vgl. § 3 GmbH.-Ges.), dann auch Verbindlichkeiten der Organsmitglieder (vgl. §§ 241, 249 HGB., 43, II, 52 GmbHGes., 34, II, 41, II GenGes., 34, 35 VAG.); freilich sind die Verbindlichkeiten von Organsmitgliedern meist keine sozialrechtlichen Verbindlichkeiten, aber die Geltendmachung der gegen die Organsmitglieder als solche gerichteten Ansprüche der Körperschaft gehört zu den rein sozialrechtlichen Angelegenheiten. Unter außerprozessualer Geltendmachung von Ansprüchen ist die Einforderung von Leistungen, insbesondere auch die Mahnung nach § 284 BGB., dann aber auch eine Fristsetzung nach §§ 283 oder 326, I oder 634, I BGB. zu verstehen, die Mahnung und Fristsetzung aber nur, soweit sie nicht unmittelbar der Einleitung eines Rechtsstreits dienen sollen, da hier andernfalls der Stimmrechtsausschluß schon nach den Ausschlußvorschriften (wegen Einleitung eines Rechtsstreits gegenüber einem Mitglied) stattfinden muß.

Zur außerprozessualen Geltendmachung von Ansprüchen sind grundsätzlich die Vertretungsorgane befugt, dennoch gibt es Fälle, wo die Mitgliederversammlung zur Beschlußfassung über die Geltendmachung zuständig ist, so z. B. auch in Fällen, in welchen Ansprüche gegen Organsmitglieder geltend gemacht werden sollen. (Vgl. auch § 46 Ziff. 2 und 8 GmbHGes.) In manchen Fällen ist die Geltendmachung von Ansprüchen einer Körperschaft sogar davon abhängig, daß über die Geltendmachung die Mitgliederversammlung beschließt. So z. B. u. U. dann, wenn für die Einzahlung der Einlagen im Voraus kein fester Termin bestimmt ist. (Vgl. insbesondere §§ 46 Z. 2 GmbHGes., 50 GenGes.; Staub Anm. 10 zu § 218.) Ebenso kann die Geltendmachung von Ansprüchen der Körperschaft auch durch die Satzung an die Zustimmung der Mitgliederversammlung gebunden sein.

Nach der herrschenden Meinung kann bei der Geltendmachung von sozialrechtlichen Ansprüchen der Körperschaft gegen ihre Mitglieder kein Stimmrechtsausschluß derjenigen Mitglieder, gegen die sich die Ansprüche richten, stattfinden. (Vgl. RG. in JW. 1915, 195 Nr. 7; Staub Anm. 25 zu § 252; Brodmann Anm. 3, II zu § 46, letzterer aber nur mit Bezug auf die Stammeinlagen, anders mit Bezug auf Ansprüche gegen Gesellschafter oder gegen Geschäftsführer einer GmbH. aus der Gründung; vgl. Anm. 9 zu § 46. Gegen die herrschende Meinung Hachenburg 470 und Staub-Hachenburg Anm. 25 zu § 47.)

An der Beschlußfassung über die Geltendmachung von Ansprüchen der Körperschaft ist derjenige, gegen den sie gerichtet ist, in aller Regel unmittelbar interessiert, sei es, daß durch sie der Termin der Leistung festgesetzt wird, sei es, daß die Beschlußfassung überhaupt die Voraussetzung der Geltendmachung ist oder daß sie wenigstens von entscheidender Bedeutung für die Vornahme der Einforderung ist. Die Geltendmachung selbst ist ja ihrerseits meist für den Verpflichteten von großem Interesse dadurch, daß sie die Voraussetzung für den Eintritt des Verzugs oder für die in den §§ 283 oder 326, I oder 634, I BGB. bestimmten Folgen oder aber für gesellschaftsrechtliche Folgen in bezug auf die Leistungspflicht bildet. In letzterer Beziehung ist vor allem auf die §§ 218f. HGB. und 20ff. GmbHGes. zu verweisen, wo bestimmte Folgen (Verzugszinsen, Schadensersatzansprüche, Kaduzierung) an die Voraussetzung geknüpft sind, daß die Einlagen „eingefordert" worden sind. Derjenige, gegen den sich die Geltendmachung richten soll, muß daher nach Treu und Glauben vom Stimmrecht ausgeschlossen sein, da er andernfalls u. U. ein Recht der Körperschaft gegen ihn vereiteln oder undurchführbar machen könnte.

Wenn die Geltendmachung gegen alle Mitglieder gerichtet sein soll, so kommt ein Stimmrechtsausschluß wegen Interessenkollision auch dann nicht in Frage, wenn die Ansprüche, die gegen die einzelnen Mitglieder geltend gemacht werden sollen, sehr verschieden hoch sind, ja nicht einmal dann, wenn sie ihrem Wesen und Rechtsgrunde nach verschieden sind; nur wird in letzterem Falle in der Regel jedes Mitglied getrennte Beschlußfassung verlangen können. Trifft eine Verpflichtung alle Mitglieder in gleichheitlicher Weise, soll aber der Anspruch nur gegen Einzelne geltend gemacht werden, etwa weil die anderen schon erfüllt haben, so muß dagegen der Stimmrechtsausschluß stattfinden.

Bei der Beschlußfassung über die Geltendmachung von Ansprüchen gegen die nach den §§ 202, 203 HGB. der AG. haftenden Personen sind die Vorstands- und Aufsichtsratsmitglieder im Hinblick auf ihre subsidiäre Haftung (vgl. § 204 HGB.) vom Stimmrecht ausgeschlossen, es sei denn, daß feststeht, daß sie bei der ihnen durch die §§ 192, 193 HGB. auferlegten Prüfung die Sorgfalt eines ordentlichen Geschäftsmannes nicht außer acht gelassen haben, oder aber, daß feststeht, daß ihre subsidiäre Haftung deshalb nicht in Betracht kommt, weil der Ersatz von den nach den §§ 202, 203 verpflichteten Personen sicher zu erlangen ist. (Vgl. Sontag 52.) Beschlüsse des Kommanditistenverbandes einer AKG. über Geltendmachung solcher Ansprüche bedürfen der Zustimmung der Komplementare nicht; denn § 327, III HGB. bezieht sich doch wohl auch auf die außerprozessuale Geltendmachung von Ansprüchen. Die Frage, ob bei der Geltendmachung von Ansprüchen der Körperschaft gegen Mitglieder diejenigen, welche für diese Mitglieder eine Bürgschaft oder Garantie der Körperschaft gegenüber oder aber eine Regreßpflicht den Mitgliedern selbst gegenüber übernommen haben, sowie diejenigen, welche als Gesamtschuldner mit jenen Mitgliedern der Körperschaft gegenüber haften, vom Stimmrecht ausgeschlossen sind, bestimmt sich nach dem oben für die Einleitung oder Erledigung eines Rechtsstreits in solchen Fällen dargelegten Grundsätzen. (Vgl. oben S. 122.)

Der Geltendmachung von Ansprüchen der Körperschaft gegen die Verwaltungsmitglieder dient auch die Einsetzung von Revisoren nach § 266, I HGB. Die Vorstands- und Aufsichtsratsmitglieder können daher bei Bestellung und Abberufung dieser Revisoren, sowie bei Regelung ihrer Anstellungsbedingungen nicht mitstimmen. (§ 266, IV HGB. spricht nicht gegen, sondern für diese Auffassung.) Die Beschlußfassung der GV. des Kommanditistenverbandes einer AKG. über Bestellung solcher Revisoren und zweifellos auch über die Regelung ihrer Anstellungsbedingungen, sowie die Beschlußfassung der in § 266, II HGB. bestimmten Aktionärminderheit einer AKG. über die Stellung des Antrags auf gerichtliche Bestellung von Revisoren bedarf gemäß § 327, III HGB. nicht der Zustimmung der Komplementare.

bb) Bei den Personenverbänden ohne Rechtspersönlichkeit.

Hier können nur Ansprüche in Frage kommen, die zum Gesamtvermögen gehören, nicht etwa diejenigen, die den übrigen Teilhabern gegenüber einem Teilhaber oder einzelnen Teilhabern zustehen; denn über Geltendmachung solcher Ansprüche könnte der verpflichtete Teilhaber niemals selbst mitstimmen. Im übrigen finden die für die Körperschaften geltenden Grundsätze entsprechende Anwendung.

b) Vertragsstrafen. Konkurrenzverbote.

Sind im Gesellschaftsvertrag für bestimmte Fälle in rechtswirksamer Weise Vertragsstrafen vorgesehen und soll durch Beschluß der Mitgliederversammlung festgestellt werden, ob die Voraussetzungen der Verpflichtung eines Mitglieds zur Zahlung der Vertragsstrafe gegeben sind, so ist dieses Mitglied nicht notwendig an der Beschlußfassung interessiert, nämlich dann nicht, wenn diese Beschlußfassung auf die Geltendmachung des als Vertragsstrafe geschuldeten Anspruchs ohne Einfluß ist. In aller Regel wird das aber nicht der Fall sein, insbesondere dann nicht, wenn im Gesellschaftsvertrag bestimmt ist, daß wegen einer verhängten Vertragsstrafe der Rechtsweg erst dann zulässig ist, wenn eine solche nach Anhörung der Mitgliederversammlung festgestellt worden ist; denn in solchem Falle kann der Personenverband erst dann Klage auf Zahlung der Vertragsstrafe erheben, wenn die Mitgliederversammlung über den Antrag auf Festsetzung der Strafe sachlich entschieden hat; andernfalls müßte die Klage abgewiesen werden. (Ebenso RG. in LZ. 1913, 704 Nr. 12 und Brodmann Anm. 7 zu § 3 S. 21.) In aller Regel wird also das Mitglied, um dessen Leistungspflicht es sich handelt, bei derartigen Beschlußfassungen vom Stimmrecht ausgeschlossen sein, da es andernfalls u. U. ein Recht des Personenverbandes vereiteln oder undurchführbar machen könnte. (Vgl. Hachenburg 464.) Aber auch wenn man den Stimmrechtsausschluß nach den Grundsätzen über Treu und Glauben ablehnt, muß man einen Stimmrechtsausschluß hier wenigstens insoweit anerkennen, als die fragliche Beschlußfassung die Voraussetzung für einen gegen das verpflichtete Mitglied zu führenden Rechtsstreit bildet, da dann der Stimmrechtsausschluß schon nach den Ausschlußvorschriften geboten ist.

Hachenburg (a. a. O.) wirft die Frage auf, ob etwa auch derjenige Gesellschafter vom Stimmrecht auszuschließen ist, dem nach dem Gesellschaftsvertrag ein Teil der Vertragsstrafe zufließen soll. Diese Frage ist zu verneinen; denn dieses Mitglied ist ja an der positiven Feststellung der Vertragsstrafe interessiert, sein Interesse und dasjenige der Gesellschaft stimmen hier also wohl in allen Fällen überein, es sei denn, daß jener Teil der Vertragsstrafe, der statt auf die Gesellschaft auf das Mitglied fallen soll, erst durch die Gesellschafterversammlung festgesetzt werden soll. In diesem Falle kann allerdings u. U. ein Stimmrechtsausschluß nach Treu und Glauben in Frage kommen.

Nicht selten sind auch, insbesondere bei der GmbH., Konkurrenzverbote. Lautet ein solches dahin, daß die Mitglieder des Personenverbandes nicht ohne Zustimmung der Mitgliederversammlung Konkurrenzgeschäfte betreiben dürfen, so ist die Erteilung der Zustimmung an das Mitglied zwar eine rechtsgeschäftliche Willenserklärung, aber doch eine rein sozialrechtliche Angelegenheit. Dennoch wird das betreffende Mitglied in solchen Fällen in aller Regel vom Stimmrecht auszuschließen sein; denn auch hier handelt es sich um ein Recht des Personenverbandes (auf Unterlassung), das durch Mitstimmen des Mitgliedes vereitelt werden könnte. Ein Konkurrenzverbot besteht gemäß § 112, I HGB. auch für die Gesellschafter der oHG.[1]) Das Gesetz selbst erklärt hier die „Einwilligung der anderen Gesellschafter" als Voraussetzung der Erlaubnis zur Betreibung von Konkurrenzgeschäften oder Teilnahme an Konkurrenzgesellschaften. Die Frage, ob bei einer etwaigen Beschlußfassung über die Einwilligung hier der Gesellschafter, dem die Einwilligung erteilt werden soll, stimmberechtigt ist oder nicht, wird durch diese Bestimmung freilich nicht unmittelbar entschieden, ist aber angesichts der ratio legis zweifellos zu verneinen; sie hat übrigens nur geringe praktische Bedeutung.

Soll umgekehrt durch einen Beschluß ein Konkurrenzverbot eingeführt werden oder soll z. B. eine Satzungs- oder Gesellschaftsvertragsbestimmung getroffen werden, wonach ein für ein Konkurrenzunternehmen tätiger Gesellschafter sein Stimmrecht nur durch andere Gesellschafter ausüben kann, so wird im allgemeinen der Konkurrenz treibende Gesellschafter nach Treu und Glauben vom Stimmrecht ausgeschlossen sein.

c) Genehmigung der Veräußerung eines Anteils.

Die Veräußerung von Geschäftsanteilen einer GmbH. oder von Aktien, ebenso auch die Übertragung von Guthaben des Genossen einer

---

[1]) Für die Gesellschafter der bürgerl. rechtlichen Gesellschaft ergibt sich ein solches Verbot u. U. aus § 242 BGB.

e. Gen. kann durch die Satzung der betr. Körperschaft an die Zustimmung der Körperschaft gebunden sein. (Vgl. § 15, V GmbHGes., § 180, III HGB., § 76, I GenGes.) Daß bei der Beschlußfassung über die Zustimmung der Erwerber nicht mitstimmen darf, gleichgültig ob ihm oder dem Veräußerer gegenüber die Zustimmung erklärt wird, wurde bereits erwähnt. Wie steht es nun aber mit dem Stimmrecht des Veräußerers, der ja bis zur rechtsgültig erfolgten Zustimmung der Körperschaft jedenfalls noch Körperschaftsmitglied bleibt, für den es sich also bei derartigen Beschlußfassungen stets um eine rein sozialrechtliche Angelegenheit handelt? Das RG. hat dem Veräußerer eines Geschäftsanteils einer GmbH. das Stimmrecht bei der Beschlußfassung über Genehmigung der Veräußerung zugesprochen, andererseits auch eine Verpflichtung des Veräußerers gegenüber dem Erwerber, für die Genehmigung der Veräußerung zu stimmen, anerkannt. (Vgl. RG. in ZAG. 15, 179; ferner RG. in JW. 06, 401; Brodmann 61 Anm. 2 zu § 13; 71 Anm. 5 zu § 15; 181 Anm. 3 zu § 47; Staub-Hachenburg Anm. 25 zu § 47.) M. E. ist der Veräußerer bei der Beschlußfassung über die Zustimmung zu der Veräußerung vom Stimmrecht ausgeschlossen und zwar gerade deshalb, weil er auf Grund des Veräußerungsvertrags dem Erwerber gegenüber verpflichtet ist, für die Genehmigung der Veräußerung zu stimmen. Es ist hier einer jener Fälle gegeben, wo ein Mitglied verpflichtet ist, im Sinne eines anderen, in dessen Person die Voraussetzungen des Stimmrechtsausschlusses erfüllt sind, zu stimmen. Ein Widerspruch liegt nicht etwa darin, daß gerade, wenn eine Verpflichtung des Veräußerers zum Stimmen im Interesse des Erwerbers angenommen wird, die Erfüllung dieser Verpflichtung hier in der Regel nicht möglich ist; denn die Verpflichtung zu einer unmöglichen Leistung liegt hier trotzdem nicht vor, weil es ja sein kann, daß der Veräußerer zur Abstimmung zugelassen wird und daß auch der Beschluß, bei dem er mitgewirkt hat, unangefochten bleibt. Übrigens würde auch eine feste Zusage zwischen Veräußerer und Erwerber zum Ausschluß des Veräußerers vom Stimmrecht genügen.

Lehnt man diesen Ausschlußgrund des Veräußerers ab, so bleiben immerhin noch andere Fälle, wo nach Treu und Glauben der Stimmrechtsausschluß des Veräußerers geboten ist, z. B. der Fall, daß vom Eintritt des Erwerbers in die Gesellschaft eine ernstliche Gefährdung der Körperschaftsinteressen zu besorgen ist. Man wird hier mit dem Stimmrechtsausschluß nicht allzu ängstlich sein dürfen, weil der Sinn einer Satzungsbestimmung, wonach die Veräußerung von Anteilen von der Zustimmung der Mitgliederversammlung abhängt, doch gerade der ist, die Verfügung über die Anteile nicht in das Belieben des jeweiligen Anteilsberechtigten zu stellen; außerdem hat der Veräußerer in denjenigen Fällen, in denen er außer dem zu veräußernden Anteil keinen weiteren Anteil besitzt, in aller Regel kein besonderes Interesse mehr an dem Wohlergehen der Gesellschaft.

d) Die Bilanzgenehmigung.

Es kann sein, daß einzelne Mitglieder auf Grund ihrer Mitgliedschaft ein besonderes Interesse an der Bilanzfeststellung haben, weil sie in bezug auf die Gewinnverteilung besonders bevorrechtet sind. In Betracht kommen könnte ein Stimmrechtausschluß solcher Mitglieder bei der Beschlußfassung über die Bilanzgenehmigung nur da, wo nicht alle Mitglieder gewinnanteilsberechtigt sind. Er ist aber auch hier aus demselben Grunde wie beim Gewinnverteilungsbeschluß abzulehnen. (Vgl. oben S. 141 f.)

e) Ordnungsbeschlüsse.

Die Prüfung des Stimmrechts und des Rechtes zur Stimmrechtsausübung steht dem Vorsitzenden, in letzter Instanz der Mitgliederversammlung zu. Die Entscheidung der Mitgliederversammlung über die Zulassung eines Mitgliedes zur Abstimmung (wobei es sich nicht, wie Schreib 73 sich mißverständlich ausdrückt, um eine Beschlußfassung über die Entziehung des Stimmrechts eines Mitgliedes handelt), stellt einen sogen. Ordnungsbeschluß dar. Hier kann niemals ein Ausschluß vom Stimmrecht desjenigen, um dessen Zulassung es sich handelt, in Betracht kommen (vgl. Schreib a. a. O.; Hammer in JW. 09, 246), und zwar schon deshalb nicht, weil ein solcher Ordnungsbeschluß nur das Verfahren bei der Fassung eines „selbständigen" Beschlusses betrifft und dieser, soweit er ordnungswidrig zustandegekommen ist, mit der Anfechtungs- bzw. Nichtigkeitsklage angefochten werden kann. (Vgl. Hueck 43f.)

§ 17.

VI. Die übrigen Angelegenheiten.

Es sind nun nur noch diejenigen Angelegenheiten zu betrachten, bei welchen es sich nicht um individualrechtliche Rechtsgeschäfte gegenüber einem Mitglied handelt, wo aber doch die Beschlußfassung in die Individualsphäre eines Mitgliedes eingreift, mag die Angelegenheit gleichzeitig eine sozialrechtliche sein oder nicht. Ein Stimmrechtsausschluß des interessierten Mitgliedes kommt hier selbstverständlich nur nach den Grundsätzen über Treu und Glauben in Frage.

1. Dabei kann es sich also einmal um rein individualrechtliche Angelegenheiten handeln oder um solche Angelegenheiten, welche zwar gleichzeitig sozialrechtliche Angelegenheiten sind, bei welchen aber die Bedeutung des sozialrechtlichen Elementes hinter der des individualrechtlichen Elementes erheblich zurücktritt. Hieher gehört der von Oertmann (Anm. 2a zu § 34) angeführte Beispielsfall, daß über die Bebauung eines einem Verein gehörigen Grundstücks Beschluß gefaßt werden soll und die Bebauung auf das einem Vereinsmitglied gehörige Nachbargrundstück vor- oder nachteilig einwirkt. Ferner ist in diesem Zusammenhang der in RG. 9, 140ff. entschiedene Fall zu erwähnen, wo ein Korrespondentreeder für eine Reederei eine größere Schuld kontrahiert hatte und die Frage zu entscheiden war, ob der Korrespondentreeder als Mitreeder bei der Beschlußfassung der Mitreeder über die Erfüllung dieser Verbindlichkeit mitstimmen durfte. Diese Frage ist vor allem darnach zu beurteilen, ob der Korrespondentreeder an der Beschlußfassung irgendwie negativ oder positiv erheblich und unmittelbar interessiert war, etwa weil die Beschlußfassung für ihn die Entlastung für das fragliche Geschäft bedeutete oder weil er vielleicht bei Nichterfüllung der Verbindlichkeit durch die Reederei gegenüber dem Gläubiger etwa nach § 179 BGB. oder wegen unerlaubter Handlung zum Schadensersatz verpflichtet war; weiterhin müßte aber auch noch ge-

prüft werden, ob das im Interesse des Korrespondentreeders liegende Beschlußfassungsergebnis die Interessen der Reederei ernstlich gefährdete.

Ferner gehören auch Fälle hierher wie z. B. der, daß ein Personenverband mit einer AG. ein individualrechtliches Rechtsgeschäft abschließen will, ein Mitglied des Personenverbands aber Großaktionär der AG. ist, oder der, daß ein Personenverbandsmitglied für denjenigen, mit dem der Personenverband ein individualrechtliches Rechtsgeschäft abschließen will, eine Garantie übernommen hat, in welchem Fall das Mitglied allerdings in der Regel negativ an der Beschlußfassung interessiert sein wird (vgl. dazu auch Staub-Hachenburg Anm. 19 zu § 47), oder endlich der, daß einem Personenverbandsmitglied für den Fall des Zustandekommens eines Rechtsgeschäfts des Personenverbands mit einem Dritten ein Provisionsanspruch zusteht. Ob in solchen Fällen der Stimmrechtsausschluß nach Treu und Glauben stattzufinden hat, hängt von den näheren Umständen des Einzelfalles ab.

2. Etwas anders zu beurteilen sind diejenigen Angelegenheiten, bei welchen das sozialrechtliche Element im Vordergrund steht; hier bedeutet die Versagung des Stimmrechts meist eine große Härte für das betroffene Mitglied; nur eine vorsichtige Interessenabwägung kann hier daher, wie schon erwähnt (vgl. oben S. 55), zu billigen Ergebnissen führen.

Hieher gehört z. B. der Fall, daß ein Mitglied an der Umstellung des Unternehmens eines Personenverbandes aus Konkurrenzgründen erheblich und unmittelbar interessiert ist. Auch an der Bilanzgenehmigung oder an dem Gewinnverteilungsbeschluß können einzelne Mitglieder als Dritte, also unabhängig von ihrer mitgliedschaftlichen Rechtsstellung, interessiert sein. Es kann z. B. die Bilanzfeststellung auf Grund von Interessengemeinschaftsverträgen für den Gewinnausgleich zweier oder mehrerer Personenverbände maßgebend sein. Ist einer dieser Personenverbände Mitglied des anderen, dessen Bilanz festgestellt werden soll, so kann daher u. U. ein Stimmrechtsausschluß des ersteren Personenverbandes bei der Bilanzgenehmigung in Frage kommen. Ebenso kann auch u. U. bei der Bilanzfeststellung ein Mitglied vom Stimmrecht ausgeschlossen sein, das als Organsmitglied tantièmeberechtigt ist und daher ein Interesse an einer möglichst günstigen Bilanzfeststellung hat; ein solches Mitglied kann u. U. auch an dem Gewinnverteilungsbeschluß besonders interessiert sein, weil, wie das nicht selten der Fall ist, sich nach diesem die Höhe seiner Tantième bestimmt. Auch bei diesem Beschluß ist also wohl der Stimmrechtsausschluß eines Mitgliedes nach Treu und Glauben u. U. denkbar. Daß die Bilanzgenehmigung und Gewinnverteilung, wie auch die Umstellung des gesellschaftlichen Unternehmens Angelegenheiten von hervorragend sozialrechtlicher Bedeutung sind und daher ein Stimmrechtsausschluß hier die Mitglieder besonders empfindlich trifft, braucht wohl kaum hervorgehoben zu werden. Bei der Bilanzgenehmigung der AG. und GmbH. gewähren übrigens auch die genauen gesetzlichen Vorschriften über die Art der Bilanzaufstellung einen weitreichenden Schutz gegen die Feststellung einer allzu günstigen Bilanz.

J. Die Rechtsfolgen des unrechtmäßigen Ausschlusses bezw. Nichtausschlusses vom Stimmrecht in Fällen der Interessenkollision und der außerhalb der Stimmenthaltungsvorschriften bestehende Schutz gegen rechtswidrige oder „antisoziale" Ausübung des Stimmrechts.

§ 18.

I. Die Stimmabgabe.

Die Stimmabgabe eines nicht Stimmberechtigten ist ungültig, die von ihm abgegebenen Stimmen dürfen bei Feststellung des Beschlußergebnisses nicht mitgezählt werden; denn nur die Stimmen derjenigen, die berechtigt sind, an der Willensbildung der Körperschaft teilzunehmen, können Gültigkeit haben. (Vgl. RG. 106, 263; Staudinger Anm. XII, 1 zu § 32 BGB.)

Es kann aber auch noch aus anderen Gründen die Ungültigkeit der Stimmabgabe eines Nichtstimmberechtigten wie auch eines Stimmberechtigten gegeben sein. Das ist zunächst dann der Fall, wenn die Stimmabgabe gegen § 226 BGB. verstößt; denn die Stimmabgabe ist Ausübung eines Rechtes. Soweit diese Ausübung gegen § 226 BGB. verstößt, ist die Stimmabgabe gemäß § 134 BGB. nichtig, da sie eine rechtsgeschäftliche Willenserklärung ist und § 134 wenigstens analog auf sie angewendet werden muß. (Vgl. Staub Anm. 31b zu § 252; Düringer-Hachenburg 1107; Fischer in JW. 25, 153; RG. 81, 37.) Weiterhin ist eine Abstimmungserklärung ungültig, welche gegen die guten Sitten verstößt, so z. B. wenn der Abstimmende beabsichtigt, durch die Stimmabgabe den Personenverband oder andere Mitglieder desselben in einer gegen die guten Sitten verstoßenden Weise zu schädigen, wenn also in seiner Person der subjektive Tatbestand des § 826 BGB. erfüllt ist; denn auch § 138 BGB. muß zum mindesten analog auf die Stimmabgabe angewendet werden. (Vgl. Staub a. a. O.; Düringer-Hachenburg a. a. O. Dagegen Fischer a. a. O., der nur §§ 226 und 826 BGB. für anwendbar erklärt, und anscheinend auch Brodmann Anm. 2 zu § 47 S. 180.) Die Stimmabgabe muß nicht schon immer dann einen Verstoß gegen die guten Sitten darstellen, wenn das Mitglied in einem den Personenverband schädigenden Sinne stimmt. (Vgl. Steinmetz 22 gegen Jacobi in BankArch. 10, 84; Ratjen in BankArch. 10, 116; Schreib 72.) Es kann hingegen andererseits u. U. dann ein Verstoß gegen die guten Sitten in der Stimmabgabe zu erblicken sein, wenn das Mitglied vorsätzlich in einem die Interessen der übrigen Mitglieder schädigenden und gegen die guten Sitten verstoßenden Sinne stimmt. Gerade für den letzteren Fall hat der § 138 besondere Bedeutung, weil hier ein Grund zum Ausschluß vom Stimmrecht wegen Interessenkollision nicht gegeben zu sein braucht. Ohne praktische Bedeutung ist, wie schon früher bemerkt, der von Schreib (32) erwähnte Fall, daß ein Aktionär in einem die Gesellschaft schädigenden Sinne stimmen will. Eine Anwendung des § 134 BGB. auf die Stimmabgabe kommt außer bei einem Verstoß gegen § 226 BGB. hauptsächlich in den Fällen der §§ 316—318 HGB. in Betracht. Eine unter Verletzung dieser Vorschriften erfolgte Stimmabgabe ist, wie gleichfalls schon erwähnt, ungültig. Die Stimmabgabe eines Nichtstimmberechtigten oder dessen, der an seiner Stelle stimmt, ist dagegen nicht etwa deswegen schon nichtig, weil durch unlautere Machenschaften des Abstimmenden oder desjenigen, für den er abstimmt, die übrigen Mitglieder über die Unzulässigkeit der Stimmabgabe getäuscht werden sollen; zum mindesten muß dann noch das Bewußtsein des Abstimmenden von der Schädigung der Gemeinschaft oder einzelner anderer Mitglieder verlangt werden.

Weiterhin ist die Frage zu prüfen, ob eine Stimmabgabe deshalb ungültig sein kann, weil der Abstimmende durch sie gegen eine Verpflichtung verstößt. Eine solche Verpflichtung kann einmal individualrechtlicher Art sein, also unabhängig von der Mitgliedschaft des Abstimmenden einem Dritten oder auch einzelnen anderen Mitgliedern des Verbandes gegenüber bestehen. Daß in diesem Fall die Gültigkeit der Stimmabgabe von einer Verletzung dieser Verpflichtung nicht berührt wird, ist wohl unbestritten. (Vgl. Brodmann Anm. 3 zu § 47 S. 191; DJZ. 1914, 630; JW. 1911, 463.) Eine Verpflichtung sozialrechtlicher Art zur Abstimmung in gewissem Sinne oder etwa gar zur Stimmenthaltung (letzterer Fall ist scharf zu unterscheiden von demjenigen Fall, daß ein Mitglied etwa auf Grund der Grundsätze über Treu und Glauben kein Stimmrecht hat) besteht, wie wir früher sahen, im allgemeinen nicht. Nur bei einigen Personenverbänden sind, wie ebenfalls bereits ausgeführt wurde, die Mitglieder verpflichtet, sich bei ihrer Abstimmung von den Grundsätzen über Treu und Glauben leiten zu lassen. Verstößt die Stimmabgabe eines stimmberechtigten Gesellschafters gegen Treu und Glauben (daß der Fall durchaus denkbar ist, braucht hier nicht mehr ausgeführt zu werden), so ist seine Stimmabgabe gültig; denn es gibt keinen Rechtssatz, wonach die Ausübung eines Rechtes oder ein Rechtsgeschäft, das gegen eine Verpflichtung verstößt, ungültig wäre. (Arg. § 137 BGB.; vgl. weiterhin Jacobi in BankArch. 10, 84; Gierke, Gen. Theorie 707.)

Hat ein stimmberechtigter Gesellschafter einer „Gesellschaft“ ohne Rechtspersönlichkeit wider Treu und Glauben seine Zustimmung verweigert, so kann er zur Erteilung der Zustimmung verurteilt werden.

Vgl. Ludewig in JW. 1925, 2586; Wieland 571; Düringer-Hachenburg Anm. 108; Anm. 10 zu § 115; Oertmann Anm. 3 zu §§ 709; Knoke 57; RG. in Gruchot 49, 630; dagegen Goldmann-Lilienthal 744; Staub Anm. 9 zu § 115; Goldmann Nr. 19.

Verstößt ein stimmberechtigter Gesellschafter durch seinen Widerspruch gegen Treu und Glauben, so ist dieser Widerspruch (wie der eines Nichtstimmberechtigten) unbeachtlich. (Ebenso Ludewig a. a. O.; Wieland 569f.; Düringer-Hachenburg Anm. 5 zu § 115; RG. 12, 32; SeuffArch. 41 Nr. 20; dagegen Staub Anm. 4 zu § 115, der nur Schadensersatzklage zuläßt.) In dringenden Fällen kann ein geschäftsführender Gesellschafter eine einstweilige Verfügung erwirken, durch die er sich zur Vornahme der Handlung ermächtigen läßt. (Vgl. Ludewig a. a. O. und Düringer-Hachenburg Anm. 10 zu § 115.)

Auch bei der GmbH., dem rechtsfähigen Verein des BGB. und dem VersVer. a. Gegens. wird eine Verurteilung auf Abstimmung in gewissem Sinne, sofern ein Mitglied zu einer solchen nach Treu und Glauben verpflichtet ist, möglich sein. (Dagegen Brodmann 181; vgl. auch Jacobi a. a. O.)

§ 19.

II. Beschlußfassung bzw. Geschäftsführung.

1. Bei der AG.

a) Die Zulassung Nichtstimmberechtigter oder Nichtzulassung Stimmberechtigter in Fällen der Interessenkollision.

Daß grundsätzlich die Zulassung eines wegen Interessenkollision nicht Stimmberechtigten zur Abstimmung sowie die vom Gesichtspunkt der Interessenkollision aus erfolgende Nichtzulassung Stimmberechtigter nicht Nichtigkeit, sondern nur Anfechtbarkeit des Beschlusses gemäß § 271 HGB. zur Folge hat, ist unbestritten. (Vgl. RG. 40, 85; 75, 241 ff.; 91, 324; Fischer 205; Staub Anm. 23a zu § 252; Horrwitz 94; Hueck 80, 83f.) Dasselbe gilt auch für den Fall, daß ein Nichtstimmberechtigter sich der Stimme enthält, bei der Feststellung des Beschlußergebnisses aber der Mangel seiner Stimmberechtigung nicht berücksichtigt wird, sowie umgekehrt derjenige, daß Stimmen eines Stimmberechtigten nicht mitgezählt werden. Eine Ausnahme gilt nur für den Fall, daß sämtlichen Abstimmenden das Stimmrecht fehlt; hier ist, wie schon an anderer Stelle bemerkt, überhaupt kein Beschluß zustandegekommen. Ebenso ist der Beschluß nicht nur anfechtbar, sondern nichtig, wenn ganze Gruppen von Stimmberechtigten nicht zugelassen werden.

Das Anfechtungsverfahren ist in den §§ 271 ff. HGB. eingehend geregelt und kann hier nicht näher erörtert werden. Nur die Frage, inwieweit die Kausalität zwischen Gesetzesverletzung und Beschlußfassung die Geltendmachung der Anfechtbarkeit eines Beschlusses berührt, ist in diesem Zusammenhang von großer Bedeutung und soll daher kurz untersucht werden. Nach dem Gesetz ist Voraussetzung für die Anfechtungsklage, daß ein Generalversammlungsbeschluß vorliegt und daß dieser unter Verletzung des Gesetzes oder der Satzung zustandegekommen ist, nicht dagegen, daß der Beschluß auf der Verletzung des Gesetzes oder der Satzung beruht; d. h. der Kausalzusammenhang zwischen Beschlußfassung und Gesetzes- oder Satzungsverletzung ist nicht als positives Klageerfordernis im Gesetz bestimmt. Der Anfechtende braucht daher nur nachzuweisen, daß im Beschlußverfahren Gesetz oder Satzung verletzt worden sind. (Ebenso RG. 36, 26; 103, 65; LZ. 1916, 327; Fischer 207; Staub Anm. 4 zu § 271; Hueck 125; anderer Ans. Horrwitz 83, der die Beweislast dem Anfechtenden auferlegt.) Dennoch aber ist von der herrschenden Lehre anerkannt, daß der beklagten Gesellschaft der Einwand des mangelnden Kausalzusammenhangs zwischen Gesetzes- oder Satzungsverletzung und dem Beschlußergebnis zusteht, daß also, wenn die Gesellschaft den Nachweis des mangelnden Kausalzusammenhangs zu erbringen vermag, die Anfechtungsklage abzuweisen ist. (Vgl. RG. 65, 242; 90, 208; 103, 64; 104, 128; 106, 262; 108, 325; Staub Anm. 4 zu § 271; Fischer 207; Hueck 126; dagegen Lehmann-Ring Nr. 3 zu § 271; Rehm Bilanzen 800.) Der herrschenden Lehre ist beizustimmen, wenn auch im Gesetz ausdrücklich von einem derartigen der beklagten Gesellschaft zustehenden Einwand nicht die Rede ist. Freilich ist die Stellungnahme der herrschenden Lehre nicht mit dem allgemeinen Gesichtspunkt des RG. (65, 242) zu begründen, daß Anfechtungsklagen nicht zu begünstigen seien; denn sie sollen auch nicht erschwert werden. (Vgl. Horrwitz 82.) Aber der Zweck der Gesetzesbestimmung des § 271 ist doch der, die Anfechtung von Beschlüssen nur insoweit zu ermöglichen, als sie auf der Gesetzes- oder Statutverletzung beruhen, oder wenigstens sie insoweit nicht zu ermöglichen, als sie unzweifelhaft nicht darauf beruhen. „Es wäre ein zweckloser Formalismus," sagt Hueck (126), „den Beschluß wegen einer für die Beschlußfassung gar nicht maßgebenden Gesetzes- oder Statutverletzung zu beseitigen und so die Gesellschaft zu zwingen, den Beschluß in einer neuen GV. zum zweitenmale zu fassen, wodurch u. U. nicht unerhebliche Kosten, jedenfalls aber ein beträchtlicher Zeitverlust entstehen würde." Allerdings muß die beklagte Gesellschaft beweisen, daß die Gesetzes- oder Statutverletzung sicher ohne Einfluß auf das Beschlußfassungsergebnis gewesen ist. Solange auch nur die Möglichkeit eines Kausalzusammenhanges besteht, kann der Beschluß angefochten werden. Haben also z. B. Nichtstimmberechtigte bei der Beschlußfassung mitgestimmt, so genügt es nicht zum Nachweis des mangelnden Kausalzusammenhangs, wenn nachgewiesen wird, daß auch bei Wegfall der ungültigen Stimmen noch die erforderliche Mehrheit vorhanden war, sondern es muß auch nachgewiesen werden, daß bei Stimmenthaltung der Nichtstimmberechtigten nicht etwa andere Aktionäre in anderem Sinne abgestimmt hätten. (Ebenso die herrschende Meinung; vgl. Staub Anm. 4 zu § 271; RG. 106, 263.) Entsprechendes gilt auch bei der Nichtzulassung Stimmberechtigter, in welchem Fall der Nachweis, daß bei Zulassung der Stimmberechtigten bestimmt kein anderes Beschlußergebnis zustandegekommen wäre, oft überhaupt nicht zu erbringen sein wird. (Vgl. RG. vom 20. Dez. 1902 in Holdheim 12, 99; RG. 65, 242.)

In den Fällen, wo sich an der Beschlußfassung vom Stimmrecht wegen Interessenkollision ausgeschlossene Personen beteiligt haben, müssen zwei weitere Ausnahmen von der Anfechtbarkeit eines unter Gesetzes- oder Statutverletzung zustandegekommenen Beschlusses gemacht werden. Hier ist nämlich die Anfechtbarkeit dann nicht gegeben, wenn die beklagte Gesellschaft nachweist, daß die „befangenen" Aktionäre gegen ihr eigenes Interesse gestimmt haben oder daß der Beschluß zu ihren Ungunsten ausgefallen ist. Dabei ist von praktischer Bedeutung nur der Fall, in dem diese beiden Umstände zusammentreffen, daß nämlich die befangenen Aktionäre gegen ihr Privatinteresse gestimmt haben und daß der auf ihren Stimmen beruhende Beschluß zu ihren Ungunsten ausgefallen ist; denn soweit der Kausalzusammenhang zwischen ihrer Abstimmung und dem Beschlußergebnis fehlt, und der Beweis des mangelnden Kausalzusammenhangs von der beklagten Gesellschaft erbracht ist, ist ja ohnehin die Anfechtbarkeit ausgeschlossen.

In der Literatur ist zum Teil, allerdings meist nur für den Verein des BGB., anerkannt, daß in jenen zwei genannten Fällen eine Ausnahme von der Ungültigkeit bzw. Anfechtbarkeit des unter Gesetzes- oder Statutverletzung zustandegekommenen Beschlusses gemacht werden muß. (Vgl. Staudinger Anm. 4 zu § 34; Broicher in ArchBürgR. 24, 199; Hölder Bem. c zu § 34; RGRKomm. Anm. 1 zu § 34; Bondi in DJZ. 1921, 193; dagegen Oertmann Anm. 3a zu § 34; Planck 2 zu § 34; v. Tuhr 510.) Dabei wird aber zuweilen nicht scharf genug zwischen den beiden Fragen unterschieden, die hier in Betracht kommen, ob etwa in diesen Fällen die Stimmenthaltungsvorschriften ruhen oder aber ob nur eine Ausnahme von der Ungültigkeit bzw. Anfechtbarkeit der betr. Beschlüsse gegeben ist.

Daß die Stimmenthaltungsvorschriften auch dann zur Anwendung kommen, wenn der befangene Aktionär gegen sein Privatinteresse stimmt oder wenn der Beschluß zu seinen Ungunsten ausfällt, wurde bereits früher ausgeführt. Daß dennoch aber hier die Anfechtbarkeit des unter Mitwirkung des befangenen Aktionärs zustandegekommenen Beschlusses nicht gegeben ist, wenn der beklagten AG. der bezeichnete Nachweis gelingt (auch hier trifft die Beweislast selbstverständlich die AG. und nicht etwa den Anfechtungskläger), entspricht wohl einer vernünftigen Auslegung der Bestimmungen des § 271 sowie der Stimmenthaltungsvorschriften; denn durch diese soll nur vermieden werden, daß der befangene Aktionär dadurch, daß er sich von seinem Privatinteresse leiten läßt, die Interessen der Gesamtheit gefährdet. Hat er gegen sein eigenes Interesse gestimmt, so besteht kein Grund, die Anfechtung des unter seiner Mitwirkung zustandegekommenen Beschlusses zuzulassen, ebensowenig aber dann, wenn trotz seiner Mitwirkung der Beschluß zu seinen Ungunsten ausgefallen ist. Freilich wird im einzelnen Fall meist sehr schwer zu beweisen sein, in welchem Sinne der betr. Aktionär gestimmt hat. Haben bei der Beschlußfassung mehrere wegen Interessenkollision vom Stimmrecht ausgeschlossene Aktionäre mitgestimmt, so kann die hier aufgestellte Ausnahmeregel nicht durchgreifen, wenn die AG. auch nur bei einem von ihnen den Nachweis nicht zu erbringen vermag, daß er zu seinen Ungunsten abgestimmt hat, vorausgesetzt daß nicht der Beschluß zu Ungunsten der interessierten Aktionäre ausgefallen ist.

Die Konsequenz der hier vertretenen Auffassung ist die, daß ein Beschluß, welcher unter Mitwirkung nicht Stimmberechtigter, die gegen ihr Interesse gestimmt haben, zustandegekommen ist und welcher zu ihren Ungunsten ausgefallen ist, nicht wegen ihrer Mitwirkung angefochten werden kann, daß aber ihre Stimmen dennoch ungültig sind und daß daher, sofern ohne ihre Stimmen das gegenteilige Beschlußergebnis eingetreten wäre, dieses, nämlich ihnen günstige, Beschlußergebnis u. U. durch Feststellungsurteil festgestellt werden kann. Diese Konsequenz hat vielleicht Mißlichkeiten im Gefolge, weil etwa die Aktionäre sich auf die Richtigkeit des Beschlußergebnisses verlassen hatten; wollte man indes ein solches Ergebnis vermeiden, so müßte man den befangenen Aktionären, soweit sie gegen ihr Privatinteresse stimmen, das Stimmrecht zusprechen. Daß das unmöglich ist, wurde bereits früher ausgeführt. Eine ähnliche Rechtslage ist übrigens auch in den Fällen denkbar, wo etwa die Ausschlußfrist des § 271, II HGB. versäumt und daher die Anfechtbarkeit unmöglich ist, die Feststellungsklage aber noch erhoben werden kann. Außerdem ist zu beachten, daß, wenn Anfechtung in Fällen der oben geschilderten Art möglich wäre, in aller Regel eine neue Beschlußfassung ohne Mitwirkung der befangenen Aktionäre stattfinden würde, die dann normalerweise zu demselben Ergebnis führen würde, wie die Feststellungsklage. Dazu kommt, daß diejenigen Fälle, in denen die Feststellungsklage möglich ist, nicht allzu häufig sind.

Eine weitere Frage, die hier zu prüfen ist, ist diejenige, ob auch die Ablehnung oder Nichtannahme eines Antrages angefochten werden kann.

Es ist streitig, ob die Ablehnung eines Antrages als Beschluß angesehen werden kann. (Verneinend z. B. Staub Anm. 1 zu § 271; Fleischmann in DJZ. 02, 293; bejahend Lehmann-Ring Nr. 2 zu § 271; Brand Anm. 2 zu § 271; Fürst in LZ. 1912, 517; Hueck 47ff.; Wenck 17, der aber die Anfechtung nur ausnahmsweise zulassen will; nach Horrwitz 7 liegt ein Beschluß hier nur vor, wenn die GV. einen Antrag mit mindestens einfacher Stimmenmehrheit ablehnt.)

Die Frage ist zu bejahen. Freilich ist die Ablehnung kein Beschluß im Sinne des § 251 HGB.; denn hier ist allerdings eine positive Entschließung verlangt. Aber es ist nicht anzunehmen, daß § 271 HGB. nur eine solche treffen will; er umfaßt vielmehr nach zweckentsprechender und vernünftiger Auslegung alle selbständigen Entscheidungen der GV. Der Ablehnungsbeschluß ist zu protokollieren und ist, soweit er unter Verletzung des Gesetzes oder der Satzung zustandegekommen ist, gemäß §§ 271ff. anfechtbar. Die Ungültigkeit des Ablehnungsbeschlusses bedeutet zwar noch nicht die Annahme des Antrags, aber sie ist deswegen durchaus nicht in allen Fällen bedeutungslos. (Vgl. Hueck 48.) Insbesondere kann die Anfechtbarkeit dann von Bedeutung sein, wenn bei einem Beschluß Nichtstimmberechtigte mitgestimmt haben oder aber Stimmberechtigte nicht zugelassen worden sind; denn ohne die Anfechtung würde sich in vielen Fällen das gleiche Verfahren bei nochmaliger Abstimmung wiederholen. (Vgl. Hueck a.a.O.) Aus diesem Grunde läßt auch Staub (Anm. 1 und 8 zu § 271) die Anfechtung in solchen Fällen zu. Unrichtig ist es aber, wenn er behauptet, daß in dem Fall, daß Nichtstimmberechtigte mitgestimmt haben, das Ziel der Anfechtungsklage die Feststellung der Annahme des Antrages sei; das ist schon deshalb nicht richtig, weil die Anfechtungsklage des § 271 HGB. eine vom Gesetz besonders geregelte Rechtsgestaltungsklage ist (vgl. Hueck 169f.), mit dem Ziel, die Ungültigkeit des angefochtenen Beschlusses durch ein Konstitutivurteil (vgl. Hueck 193f.) herbeizuführen, während die Feststellung des Ergebnisses eines an sich gültigen Beschlusses, also der Annahme oder Ablehnung eines Antrags, durch Feststellungsklage nach § 256 ZPO. und Feststellungsurteil zu erfolgen hat.

Das führt aber zu der Frage, inwieweit das Mitstimmen Nichtstimmberechtigter das Ergebnis der Beschlußfassung zum Unterschied von der Gültigkeit der Beschlußfassung berührt und inwieweit die Möglichkeit gerichtlicher Feststellung dieses Ergebnisses gegeben ist. (Die Nichtzulassung Stimmberechtigter kann nur die Ungültigkeit, nicht aber ein „unrichtiges" Ergebnis der Beschlußfassung herbeiführen.) Was unter dem Ergebnis der Beschlußfassung zu verstehen ist, ist streitig. Nach der einen Ansicht ist maßgebend lediglich die Zahl der für und wider den Antrag abgegebenen Stimmen und die sich daraus ergebende Annahme oder Ablehnung des Antrags. (So Horrwitz 233 und mit gewissen Einschränkungen Staub Anm. 12 zu § 259.) Nach der anderen Ansicht ist das Ergebnis der Beschlußfassung dasjenige, was der Vorsitzende als Ergebnis der Beschlußfassung verkündet; diese Verkündung soll notwendiger Bestandteil der Willensbildung der GV. sein. (So RG. 82, 187; 75, 242; Fürst in LZ. 1912, 511ff.) Richtig ist aber m. E.

der folgende, von Hueck (54f., 48f.) vertretene, vermittelnde Standpunkt: Das Gesetz gebraucht den Ausdruck „Ergebnis der Beschlußfassung" im § 259 HGB., wo von der Protokollierung die Rede ist, gibt aber keinen Anhaltspunkt für die Auslegung jenes Begriffes; der Vorschrift des § 259 wird daher jedenfalls genügt, wenn entweder die Stimmenzahl oder die Verkündung der in dem Beschluß enthaltenen Entscheidung protokolliert ist. Für das tatsächliche Ergebnis der Beschlußfassung kann nun allerdings nur die Zahl der für und wider den Antrag abgegebenen gültigen Stimmen maßgebend sein, nicht dagegen die Feststellung durch den Vorsitzenden. Aus dem Gesetz ist auch nicht zu entnehmen, daß die Verkündung Voraussetzung einer gültigen Beschlußfassung der GV. ist. (Vgl. Hueck 54; dagegen Staub Anm. 5 zu § 259.) Ist aber die Verkündung der in dem Beschluß enthaltenen Entscheidung (also der Annahme oder der Ablehnung des Antrages) durch den Vorsitzenden protokolliert, dann muß als Beschlußergebnis das gelten, was als solches vom Vorsitzenden gemäß dem GV.-Protokoll verkündet worden ist. Denn durch die Verkündung wird das Beschlußfassungsergebnis nach außen hin zum Ausdruck gebracht; die Aktionäre verlassen sich auf sie und entschließen sich darnach, ob sie Anfechtungsklage erheben wollen oder nicht. Anders ist es hinwiederum, wenn aus dem Protokoll hervorgeht, daß das Abstimmungsverhältnis streitig geblieben ist; dann kommt es nur auf die wirkliche Zahl der gültigen Stimmen an, es muß aber dann die Zahl der abgegebenen Stimmen und ev. ein an der Gültigkeit einzelner Stimmen laut gewordener Zweifel protokolliert sein.

Wird nun bei der Abstimmung ein Nichtstimmberechtigter als stimmberechtigt oder ein Stimmberechtigter als nichtstimmberechtigt angesehen, so kann es sein, daß das bei der Beschlußfassung festgestellte Ergebnis „unrichtig" ist. Insoweit taucht die Frage auf, ob durch Feststellungsklage und Feststellungsurteil das tatsächliche, richtige Beschlußergebnis festgestellt werden kann. (Daß grundsätzlich die Feststellung eines Beschlußergebnisses durch eine Klage gemäß § 256 ZPO. geltend gemacht werden kann, obwohl das Beschlußergebnis streng genommen kein „Rechtsverhältnis" ist, ist wohl unbestritten.) Das ist aber insoweit nicht der Fall, als die Verkündung des sich aus der unrichtigen Stimmenzahl ergebenden Beschlußergebnisses durch den Vorsitzenden im Protokoll niedergelegt ist, ohne daß im Protokoll festgestellt ist, daß und warum Zweifel an der Zahl der Stimmen oder an dem Abstimmungsergebnis in der GV. laut geworden sind. (Vgl. Hueck 48f.; Ring in BankArch. 24, 324.) Dann steht das Beschlußergebnis fest und der Beschluß kann höchstens durch Anfechtungsklage beseitigt werden, sofern er nicht etwa aus irgendeinem Grunde nichtig sein sollte (die Nichtigkeitsklage ist ja auch Feststellungsklage); denn das Vertrauen der Aktionäre auf die Verkündung des Vorsitzenden muß geschützt werden. Es kann z. B. sein (vgl. Hueck a. a. O.), daß ein Aktionär, insbesondere ein nicht erschienener, anfechtungsberechtigter Aktionär, nur im Vertrauen auf die Richtigkeit des Beschlußergebnisses die Anfechtungsklage unterlassen hat; es wäre eine große Härte für ihn, wenn dann etwa nach Verstreichung der Anfechtungsfrist durch Feststellungsurteil das gegenteilige Beschlußergebnis festgestellt werden könnte. Anders liegt es eben nur dann, wenn aus dem Protokoll hervorgeht, daß das Beschlußergebnis zweifelhaft geblieben ist. Dann ist die Feststellungsklage möglich, soweit ein rechtliches Interesse an der gerichtlichen Feststellung des richtigen Beschlußergebnisses besteht. (Gegen die hier vertretene Auffassung Staub Anm. 5 zu § 259, der die Feststellungsklage immer schon dann, wenn die Verkündung durch den Vorsitzenden mit den Tatsachen im Widerspruch steht, zulassen will.)

Eine Ausnahme von dem hier vertretenen Standpunkt muß nur für den Fall gelten, daß sämtliche Stimmabgaben wegen mangelnder Stimmberechtigung (oder auch aus anderen Gründen) ungültig sind. Hier ist trotz der Protokollierung ein gültiger Beschluß nicht zustandegekommen. Hier kann also in jedem Fall die Nichtigkeit durch Feststellungsklage geltend gemacht werden. (Vgl. Simon 298.)

In allen diesen Fällen kann aber statt der Feststellungsklage auch die Anfechtungsklage erhoben werden.

b) Die Einwirkung gesetzwidriger oder „antisozialer" Stimmabgaben auf die Beschlußfassung, abgesehen von den Stimmenthaltungsvorschriften.

aa) Zunächst kommt hier in Betracht die Nichtigkeit von Beschlüssen, die durch ihren Inhalt gegen ein Gesetz verstoßen. Auf die rechtliche Natur des Beschlusses braucht hier nicht näher eingegangen zu werden. Allgemein anerkannt ist heute jedenfalls, daß ein Beschluß, der gegen die guten Sitten verstößt, gemäß § 138 BGB. nichtig ist. Denn wenn auch der Beschluß kein Rechtsgeschäft ist, so muß doch § 138 entsprechend auf ihn angewendet werden. (Vgl. z. B. RG. 52, 293; 68, 243, 314; 80, 390; 82, 186; 91, 324; 105, 373; 107, 71, 74, 204; 108, 41, 322ff.; 111, 29; 112, 14; Staub Anm. 3 zu § 271; Fischer 202; Horrwitz 120; Hueck 116; Brodmann Anm. 4 zu § 47 S. 182.)

Wann ein Beschluß durch seinen Inhalt gegen § 138 BGB. verstößt, kann nur von Fall zu Fall entschieden werden; bloße objektive Schädigung eines Personenverbandes durch den Mehrheitsbeschluß seiner Mitglieder macht den Beschluß noch nicht wegen Sittenwidrigkeit ungültig. (Vgl. Hueck 119; RG. 68, 317; 107, 71ff.) Andererseits kann auch eine gegen die guten Sitten verstoßende Schädigung der Minderheit durch die Mehrheit den Verstoß gegen die guten Sitten begründen. (Vgl. Hueck 116; RG. vom 23. Okt. 1925 in JW. 1926, 543ff.) In jedem Falle aber muß sich die Mehrheit wenigstens der schädigenden Wirkung des Beschlusses bewußt sein. Daß sich die Mehrheit von eigennützigen Motiven leiten läßt, genügt nicht (vgl. RG. a. a. O.), es kommt vielmehr auf den „aus der Zusammenfassung von Inhalt, Beweggrund und Zweck erhellenden Gesamtcharakter des Beschlusses an". (RG. 107, 71ff.; Flechtheim 573.) Andererseits geht es wohl wieder zu weit, bei der Mehrheit der beschließenden Mitglieder den dolus des § 826 BGB. zu verlangen (so RG. 68, 317). Ein Verstoß gegen § 138 liegt dann in der Regel nicht vor, wenn der Geschädigte in Kenntnis der Sachlage freiwillig seine Zustimmung erteilt. (Vgl. Hueck 116.) Im allgemeinen bewahrt das RG. mit Recht bei Beurteilung der Frage, wann ein Beschluß wegen Verstoßes gegen die guten Sitten nichtig ist, große Vorsicht und Zurückhaltung.

Nichtig ist auch ein Beschluß, dessen Inhalt gegen § 134 BGB. verstößt.

bb) Eine weitere Frage ist die, ob ein Beschluß, dessen Inhalt keine zwingenden Rechtssätze verletzt, deswegen, weil die Art seines Zustandekommens als sittenwidrig angesehen werden muß, nichtig sein kann. Das wird von Hueck (118), der die Frage als erster ex professo behandelt, bejaht. (Dagegen Wenck 64; Gieseke in Gruchot 66, 62; zweifelnd Flechtheim 573.) Prinzipiell ist Hueck wohl zuzustimmen. Äußerst schwierig ist aber die Frage, wann ein Beschluß durch die Art seines Zustandekommens als gegen die guten Sitten verstoßend zu erachten ist. Nach Hueck ist das dann der Fall, „wenn durch irgendwelche unlautere Machenschaften ein Beschluß durchgesetzt wird, der bei ordnungsmäßigem Vorgehen nicht die erforderliche Mehrheit gefunden hätte". Als solche unlautere Machenschaften wären also z. B. auch „Verschiebungen" von Aktien, die zu dem Zweck vorgenommen werden, einem nicht Stimmberechtigten das Stimmrecht zu verschaffen, zu betrachten. Mit der bloßen Anfechtungsklage, die in den meisten Fällen an die Erklärung des Widerspruchs in der GV., vor allem aber immer an die einmonatige Ausschlußfrist gebunden ist, wäre in solchen Fällen oft wenig gedient, weil die Unzulässigkeit solcher unlauteren Machenschaften in aller Regel zum mindesten einige Zeit verborgen bleiben wird. Dennoch aber ist zu bedenken, daß eine derartige an keine Ausschlußfrist gebundene Nichtigkeitsklage die Rechtssicherheit erheblich gefährden würde, weil eben die Aktionäre wie auch Dritte sich im allgemeinen auf die Gültigkeit eines Beschlusses wenigstens nach Ablauf der einmonatigen Ausschlußfrist verlassen können müssen. Es ist daher Flechtheim (573) zuzustimmen, wenn er sagt, daß „die Fälle latenter Nichtigkeit" auf das allernotwendigste Maß beschränkt bleiben müssen, und wenn er darauf hinweist, daß das Interesse der Allgemeinheit, insbesondere der Gläubiger und der späteren Aktienerwerber, mindestens ebenso schützenswert sei, als das der überrumpelten oder getäuschten Aktionäre. Es kann also z. B. nicht schon stets dann, wenn einem nach den Stimmenthaltungsvorschriften vom Stimmrecht Ausgeschlossenen die Ausübung des Stimmrechts durch irgendwelche Machenschaften ermöglicht wird, das Zustandekommen des Beschlusses als sittenwidrig bezeichnet werden; das kann vielmehr höchstens dann geschehen, wenn durch eine „Schiebung" oder durch damit zusammenhängende Machenschaften die übrigen Mitglieder in arglistiger Weise über die Unzulässigkeit der betr. Stimmabgabe getäuscht werden sollen und wenn der Abstimmende oder derjenige, für den er abstimmt, sich der Schädigung der AG. oder einzelner Aktionäre bewußt war.

cc) Ist eine Stimmabgabe nach § 138 BGB. nichtig, was also insbesondere dann der Fall ist, wenn sie gegen § 826 BGB. verstößt, oder ist sie nach Maßgabe der §§ 226 oder 134 BGB. ungültig, so ist der Beschluß nicht notwendigerweise nichtig; denn der Beschluß selbst braucht, wenn eine Stimmabgabe jene Vorschriften verletzt, noch nicht gegen sie zu verstoßen; er ist aber dann anfechtbar, weil die Art seines Zustandekommens gegen das Gesetz verstößt. Auch hier muß aber der beklagten Gesellschaft der Einwand des mangelnden Kausalzusammenhangs zwischen Gesetzesverletzung und Beschlußfassungsergebnis eingeräumt werden. Außerdem ist ev. das Beschlußfassungsergebnis wegen der Ungültigkeit jener Stimmen ein anderes, als es in der GV. festgestellt wurde. U. U. kann das richtige Beschlußergebnis dann durch Feststellungsurteil festgestellt werden. Es gelten hier die oben gemachten Ausführungen über die Feststellungsklage in entsprechender Weise. Der Beschluß kann freilich selber auch, wenn einzelne Stimmabgaben gegen die oben erwähnten Gesetzesvorschriften verstoßen, eine dieser Vorschriften verletzen und daher nichtig sein. Wird der Beschluß wiederholt und wiederholt sich derselbe Vorgang, was dann möglich ist, wenn die betr. Mitglieder nicht vom Stimmrecht ausgeschlossen sind, so können diese Mitglieder sich u. U. schadensersatzpflichtig machen, eine Verurteilung auf Abstimmung in gewissem Sinne ist aber bei der AG. unmöglich.

dd) Ist die Nichtigkeitsklage begründet, so kann an ihrer Stelle auch die Anfechtungsklage erhoben werden. (Vgl. RG. 75, 241; 89, 383; 92, 409; Brodmann Anm. 4 zu § 47; Hueck 246.)

2. Bei der GmbH., der e. Gen. und dem „großen" VersVer. a. Gegens.

Hier gelten im allgemeinen die für die AG. dargelegten Grundsätze in entsprechender Weise. Daß auch hier die Zulassung eines nicht Stimmberechtigten wie die Nichtzulassung eines Stimmberechtigten grundsätzlich nicht Nichtigkeit, sondern nur Anfechtbarkeit des Beschlusses begründet, ist allgemein anerkannt. (Vgl. RG. 49, 145; 85, 311; 89, 383; 101, 160; Staub-Hachenburg Anm. 16 zu § 45; Brodmann Anm. 4 zu § 47 S. 182; Parisius-Crüger Anm. 27 zu § 43.) Bei der e. Gen. geht das schon aus dem § 51 GenGes., der dem § 271 HGB. entspricht, hervor; für den „großen" VersVer. a. Gegens. sind in § 36 VAG. die Vorschriften der §§ 271 ff. HGB. für entsprechend anwendbar erklärt. Bei der GmbH. ergibt es sich auf Grund der Analogie.

Soweit bei der GmbH. oder dem großen VersVer. a. Gegens. die Stimmabgabe eines stimmberechtigten Mitgliedes gegen Treu und Glauben verstößt, ist der Beschluß auch deswegen (sofern nicht der Mangel des Kausalzusammenhangs nachgewiesen wird) anfechtbar.

Ähnlich wie bei der AG. kommt auch bei der GmbH., der e. Gen. und dem großen VersVer. a. Gegens. in manchen Fällen, wo das Beschlußergebnis infolge des Wegfalls ungültiger Stimmen ein anderes ist, als in der Mitgliederversammlung festgestellt wurde, die auf Feststellung des richtigen Beschlußergebnisses gerichtete Feststellungsklage in Betracht. (Vgl. RG. 104, 185.) Bei der Gen. und dem großen Vers.-Ver. a. Gegens., deren Beschlußfassungen nach dem Gesetz protokolliert werden müssen, finden die für die AG. geltenden Grundsätze entsprechende Anwendung. Bei der GmbH. ist Protokollierung gesetzlich nur für diejenigen Beschlüsse vorgeschrieben, die eine Satzungsänderung enthalten. (§ 53 GmbHGes.) Im übrigen kann durch den Gesellschaftsvertrag das Erfordernis der Protokollierung der Beschlüsse festgesetzt werden. In jedem Fall kann aber bei der GmbH. die Feststellungsklage auch dann erhoben werden, wenn das unrichtige Beschlußergebnis in der Mitgliederversammlung festgestellt worden und protokolliert worden ist; denn hier gilt die einmonatige Ausschlußfrist des § 271, II HGB.

nicht. (Vgl. Brodmann 184.) Das Vertrauen der Gesellschafter auf die Gültigkeit dessen, was als Beschlußergebnis erklärt oder protokolliert worden ist, braucht hier also nicht besonders geschützt zu werden.

3. Beim rechtsfähigen Verein des BGB. und dem „kleinen" VersVer. a. Gegens.

a) Auf den rechtsfähigen Verein des BGB. können die Vorschriften über die Anfechtbarkeit von GV.-Beschlüssen der AG. keine entsprechende Anwendung finden. Dafür mangelt es an jeder gesetzlichen wie rechtspolitischen Grundlage, vor allem aber liegen hier die Verhältnisse insoferne anders, als ein besonderer Schutz des Vertrauens der Mitglieder wie auch Dritter in die Gültigkeit der Beschlüsse der Mitgliederversammlung beim Verein des BGB. in der Regel nicht dringend erforderlich erscheint. Auf die Beschlüsse der Mitgliederversammlung des rechtsfähigen Vereins müssen daher die allgemeinen Vorschriften des BGB. über Nichtigkeit und Anfechtbarkeit von Rechtsgeschäften entsprechende Anwendung finden. Eine Anfechtbarkeit kann darnach in den Fällen der Zulassung nicht Stimmberechtigter oder der Nichtzulassung Stimmberechtigter zur Beteiligung an der Beschlußfassung nicht in Frage kommen. Ebensowenig in den Fällen, wo einzelne Stimmabgaben gegen die §§ 134, 138 oder 226 BGB. verstoßen. Vielmehr machen alle diese Verstöße den Beschluß nichtig. Bei Nichtzulassung Stimmberechtigter dürfte das kaum bestritten sein; es ist von der herrschenden Lehre aber auch bei der Zulassung nicht Stimmberechtigter anerkannt. (Vgl. Oertmann Anm. 3 a β zu § 34; Planck Anm. 2 zu § 34; RGRKomm. Anm. 1 zu § 34; Hölder Anm. c zu § 34; Broicher in ArchBürgR. 24, 199.) Biermanns Standpunkt (Anm. 18 S. 494), daß ein Beschluß durch das Mitstimmen von nicht stimmberechtigten Mitgliedern nicht ungültig wird, sondern daß nur diese Stimmen nicht mitgezählt werden dürften, wodurch also meist nur das Beschlußergebnis berührt würde, ist unhaltbar. Denn es kann ja sein, daß zwar der Wegfall der Stimmen der Nichtstimmberechtigten das Beschlußergebnis nicht berührt, daß aber das Beispiel der Nichtstimmberechtigten eine erhebliche Anzahl von Stimmberechtigten bewogen hat, ebenso wie die Nichtstimmberechtigten zu stimmen. Dann müßte der Beschluß trotzdem Gültigkeit haben.

Das gleiche gilt auch für die Fälle, in denen einzelne Stimmabgaben gegen die §§ 134, 138, 157 oder 226 BGB. verstoßen.

Zuzugeben ist aber, daß der Beschluß in allen diesen Fällen dann nicht nichtig ist, wenn der Beschluß unzweifelhaft nicht auf jenen Verstößen gegen das Gesetz beruht. (Ähnlich Broicher a. a. O.; Hölder a. a. O.; RGRKomm. a. a. O.; Oertmann Anm. 3 a zu § 34; Planck a. a. O.)

Ferner muß aber auch beim Verein in jenen zwei weiteren Fällen eine Ausnahme von der Ungültigkeit eines unter Zulassung nicht Stimmberechtigter zustandegekommenen Beschlusses gemacht werden, in denen bei den übrigen Körperschaften eine Ausnahme von der Anfechtbarkeit eines solchen Beschlusses gemacht werden muß, wenn nämlich feststeht, daß die Nichtstimmberechtigten gegen ihr Privatinteresse gestimmt haben oder daß der Beschluß zu ihren Ungunsten ausgefallen ist.

Ein Vereinsbeschluß kann im übrigen auch aus den unter II, 1, b erwähnten Gründen nichtig sein. Das dort Gesagte gilt in entsprechender Weise auch für den rechtsfähigen Verein des BGB.

b) Diese Grundsätze gelten entsprechend auch für den „kleinen" VersVer. a. Gegens. (Vgl. oben S. 21.)

4. Bei den Personenverbänden ohne Rechtspersönlichkeit.

Hier kommt eine bloße Anfechtbarkeit von Beschlüssen nur aus rein formellen Gründen in Betracht. (Vgl. Düringer-Hachenburg Anm. 5 zu § 119.) Auch hier bewirkt also die Zulassung Nichtstimmberechtigter sowie die Nichtzulassung Stimmberechtigter die Nichtigkeit der fraglichen Beschlüsse. Nichtig sind auch Beschlüsse, wenn einzelne Stimmabgaben gegen §§ 134, 138 oder 226 BGB. verstoßen (vgl. RG. in Holdheim 1913, 216; in LZ. 1916, 1100 und in LZ. 07, 738), bei der oHG., der Gesellschaft des bürgerl. Rechts, dem nicht rechtsfähigen Verein, der KG. und der Reederei aber auch dann, wenn einzelne Stimmabgaben gegen Treu und Glauben verstoßen. Bei der Gemeinschaft nach Bruchteilen wie bei der Erbengemeinschaft sind auch Mehrheitsbeschlüsse nichtig, die nicht einer ordnungsmäßigen Verwaltung oder Benutzung entsprechen. (Vgl. §§ 745, 2038, II BGB.) Im übrigen ist auf die Ausführungen unter 3 zu verweisen.

Bei den „Gesellschaften" ohne Rechtspersönlichkeit tritt der Unterschied zwischen demjenigen Fall, daß ein Nichtstimmberechtigter mitgestimmt hat, und demjenigen, daß ein Stimmberechtigter mitgestimmt hat, aber bei seiner Abstimmung gegen §§ 134, 138, 226 oder 157 BGB. verstoßen hat, besonders deutlich in Erscheinung. Hat ein Nichtstimmberechtigter mitgestimmt, so ist seine Stimme ungültig. Wird sie mitgezählt, so ist der Beschluß (es sei denn, daß der Mangel des Kausalzusammenhangs dargetan wird) nichtig. Bei Wiederholung der Beschlußfassung wird man den Nichtstimmberechtigten daher von der Abstimmung ausschließen. Weigert ein Nichtstimmberechtigter seine Zustimmung, so ist das unbeachtlich, weil es seiner Zustimmung gar nicht bedarf. Der Widerspruch eines nicht Stimmberechtigten ist gleichfalls unbeachtlich.

Hat dagegen ein Stimmberechtigter mitgestimmt, aber bei seiner Abstimmung gegen eine der genannten Vorschriften verstoßen, so ist seine Stimme gültig, aber der Beschluß ist nichtig. Bei Wiederholung der Beschlußfassung muß er jedoch in aller Regel wieder zugelassen werden. Wiederholt sich das gleiche Verfahren, so kann er auf Abstimmung in gewissem Sinne verurteilt werden, wenn er dazu nach Treu und Glauben verpflichtet ist. Ein gegen jene Vorschriften verstoßender Widerspruch eines Stimmberechtigten ist unbeachtlich. Weigert ein Stimmberechtigter seine nach dem Gesetz oder dem Gesellschaftsvertrag erforderliche Zustimmung, so kann zwar die fragliche Handlung ohne seine Zustimmung nicht vorgenommen werden, aber er kann, soweit er nach Treu und Glauben zur Zustimmung verpflichtet ist, dazu verurteilt werden. Event. kann der geschäftsführende Gesellschafter in dringenden Fällen, wie schon erwähnt, sich durch einstweilige Verfügung zur Vornahme der fraglichen Handlung ermächtigen lassen.

In der Praxis wird der handelnde Gesellschafter in aller Regel nicht erst derartige Klagen erheben oder entsprechende einstweilige Verfügungen erwirken, sondern er wird, wenn er den Widerspruch des betr. Gesellschafters oder die Weigerung seiner Zustimmung für ungerechtfertigt und daher für unbeachtlich hält, die fragliche Handlung vornehmen. Praktisch wird also meist eine Prüfung der Rechtswirksamkeit des Widerspruchs bzw. der Zustimmungsweigerung unvermeidlich sein, wenn auch die endgültige Entscheidung dann dem Gericht vorbehalten bleiben mag. Nach der von uns vertretenen Ansicht hat der handelnde Gesellschafter in erster Linie nicht zu prüfen, ob die Ausübung des Widerspruchsrechts bzw. die Weigerung der Zustimmung durch einen anderen Gesellschafter gegen Treu und Glauben verstößt, sondern vielmehr, ob der betr. Gesellschafter nach den Ausschlußvorschriften oder nach Treu und Glauben vom Stimmrecht ausgeschlossen ist. Diese Frage wird in aller Regel leichter zu entscheiden sein als jene. Weigert der Teilhaber einer Gemeinschaft nach Bruchteilen seine Einwilligung zu einer zur Erhaltung des gemeinschaftlichen Gegenstandes notwendigen Maßnahme, so kann jeder andere Teilhaber seine Einwilligung durch Klage erzwingen. (Vgl. § 744, II BGB.) Keiner Zustimmung der übrigen Teilhaber bedarf es in den Fällen des § 744, I BGB., der analog auch auf die Gesellschaft des bürgerl. Rechts, die oHG. und die Reederei anzuwenden ist. (Vgl. Knoke 57; Staudinger Anm. II, 3 zu § 709.)

5. Bei der AKG.

Hier sind für die Beschlüsse der GV. des Kommanditistenverbandes im allgemeinen die für die AG. geltenden Grundsätze, für die Komplementare dagegen die für die oHG. geltenden Grundsätze maßgebend. Zur Anfechtung der Beschlüsse des Kommanditistenverbandes sind auch die Komplementare berechtigt. (§ 325 Ziff. 4 HGB.) Verletzt ein Beschluß der Kommanditisten-GV. in einer gegen Treu und Glauben verstoßenden Weise den Gesellschaftszweck, so wird dieser Beschluß anfechtbar sein.

§ 20.

III. Weitere gesetzliche Schutzmittel gegen gesetzwidrige Ausübung des Stimmrechts.

1. Der bloße Umstand, daß ein Nichtstimmberechtigter bei einem Beschluß mitstimmt, begründet für ihn zweifellos noch keine Schadensersatzpflicht, mag nun der Stimmrechtsausschluß auf den Ausschlußvorschriften oder aber auf § 157 BGB. beruhen. Auch wenn ein Verschulden des Abstimmenden vorliegt, ist dieser deswegen noch nicht etwa gemäß § 823, II BGB. schadensersatzpflichtig, weil die Stimmenthaltungsvorschriften nicht als Schutzgesetze im Sinne des § 823, II angesehen werden können. Anders ist es dagegen in denjenigen Fällen, in denen Mitglieder von Personenverbänden durch die Art ihrer Abstimmung gegen ihre ihnen nach Treu und Glauben obliegenden sozialrechtlichen Verpflichtungen verstoßen. Dann kann u. U. eine Schadensersatzpflicht dieser Mitglieder wegen Verletzung ihrer vertraglichen Pflichten in Frage kommen. (Vgl. Düringer-Hachenburg Anm. 5 und 10 zu § 115; Wieland 569ff.; Staub Anm. 4 zu § 115.)

Außerdem aber kann bei allen Personenverbänden die Abstimmung in einem den Personenverband oder seine Mitglieder schädigenden Sinne eine Schadensersatzpflicht gemäß § 826 BGB. begründen.

Fraglich kann es hier nur insbesondere sein, wann ein Verstoß gegen die guten Sitten vorliegt. Schadensersatzpflichtig können sein die stimmberechtigten oder nichtstimmberechtigten Mitglieder selbst, sowie die das Stimmrecht an ihrer Stelle Ausübenden, z. B. ein Legitimationszessionar. Für eine durch diesen verursachte Schädigung wird u. U. gemäß § 831 BGB. der Legitimationszedent haftbar gemacht werden können. Geschädigt sein können der Personenverband selbst oder einzelne seiner Mitglieder. Daraus ergibt sich u. U. eine Konkurrenz von Schadensersatzansprüchen, auf deren rechtliche Beurteilung hier aber nicht eingegangen werden kann. Bei rechtswidriger Zulassung Nichtstimmberechtigter zur Abstimmung wie auch bei rechtswidriger Nichtzulassung Stimmberechtigter kann u. U. auch eine Schadensersatzpflicht des Versammlungsleiters in Frage kommen.

2. Bei verschiedenen Personenverbänden bestehen noch andere Möglichkeiten des zivilrechtlichen Schutzes gegen gesetzwidrige oder den Verband oder einzelne Verbandsmitglieder schädigende Stimmabgaben. So kann z. B. bei der GmbH. u. U. in solchen Fällen die Auflösungsklage des § 61 GmbHGes. begründet sein. Beim Verein des BGB. kann bei entsprechender Satzungsbestimmung ein Grund zur Ausschließung des betreffenden Mitgliedes vorliegen. Bei der bürgerlichrechtlichen Gesellschaft, der oHG., KG. und Reederei kann eine derartige Stimmrechtsausübung u. U. Kündigung (§ 723 BGB.), bzw. Auflösung (vgl. § 133 HGB.) der Gesellschaft, die Ausschließung (vgl. §§ 737 BGB., 140 HGB.) oder die Entziehung der Geschäftsführungsbefugnis (vgl. §§ 712 BGB., 117 HGB.) rechtfertigen.

Bei der AG. kommen auch gewisse den Aktionären eingeräumte Minderheitsrechte (vgl. §§ 266, II, 268, I, 295, II, III HGB.) als Schutzmittel gegen egoistischen Mißbrauch des Stimmrechts durch interessierte Aktionäre in Betracht.

3. Für die AG. sind in den §§ 316—318 HGB. besondere strafrechtliche Bestimmungen aufgestellt, um Mißbräuche bei der Ausübung des Stimmrechts zu verhindern. Die Vorschriften gelten entsprechend auch für den Kommanditistenverband der AKG. Besonders wichtig sind mit Bezug auf die Verhinderung von Umgehungen der Stimmenthaltungsvorschriften, wie wir sahen, die Bestimmungen der §§ 317 und 318 Satz 2 HGB. (Vgl. dazu J a c o b i in BankArch. 10, 83ff. und R a t j e n in BankArch. 10, 116f.) Die Stimmabgabe desjenigen, welcher sich Aktien eines anderen gegen Entgelt leiht (§ 318 Abs. 2 HGB.) und auf diese das Stimmrecht ausübt, ist gemäß § 134 BGB. nichtig. Das gleiche gilt, wie ebenfalls schon bemerkt, von der Stimmabgabe desjenigen, welcher sich besondere Vorteile dafür gewähren oder versprechen läßt, daß er bei einer Abstimmung in der GV. in einem gewissen Sinne stimme (§ 317, I HGB.), wenn er in diesem Sinne stimmt. (Ebenso H a s e l b e r g e r 67.)

Nachtrag.

Die soeben in RGZ. 115, 246ff. veröffentlichte Entsch. des RG. vom 19. November 1926, welche für das in vorliegender Arbeit behandelte Thema von hoher Bedeutung ist, konnte im Text nicht mehr berücksichtigt werden. Sie soll daher an dieser Stelle eine kurze Würdigung erfahren.

Das RG. hat hier einmal seine auch in der vorliegenden Arbeit vertretene Ansicht bestätigt, daß bei der Beschlußfassung der Gen. Vers. über die „Genehmigung" eines von dem Vorstand der AG. bereits rechtswirksam abgeschlossenen Rechtsgeschäfts mit einem Dritten dieser stimmberechtigt sei, da der Beschluß nicht mehr die Vornahme eines Rechtsgeschäfts mit dem Dritten betreffe; es handle sich vielmehr hier nur um eine Entlastung des Vorstandes; daher seien allerdings die Mitglieder dieses Verwaltungsorgans sowie u. U. auch die des Aufsichtsrates vom Stimmrecht ausgeschlossen. (Vgl. dazu im Text S. 78 f., 108 ff.)

Weiterhin ist in der Entsch. des RG. ausgesprochen, daß bei der Beschlußfassung der Gen. Vers. einer AG. über den Abschluß eines Rechtsgeschäfts mit einer anderen Gesellschaft deren Muttergesellschaft nicht wegen Interessenkollision vom Stimmrecht ausgeschlossen ist, wenn sie Aktionärin der beschließenden AG. ist, auch wenn sie sämtliche Anteile der Tochtergesellschaft in Händen hat. Nach dem in der vorliegenden Arbeit vertretenen Standpunkt (vgl. S. 96ff.) ist die Frage des Stimmrechtsausschlusses der Muttergesellschaft nach den Grundsätzen über Treu und Glauben zu entscheiden. Jedenfalls aber kann der Umstand allein, daß die Tochtergesellschaft bei ihren Geschäftsbeschlüssen nicht an die Weisungen der Muttergesellschaft, sondern an diejenigen einer anderen Gesellschaft gebunden ist, nicht etwa die Gestattung des Stimmrechts begründen. Denn daß trotzdem die Muttergesellschaft unmittelbar und erheblich an diesen Geschäftsabschlüssen interessiert ist, bedarf keiner weiteren Begründung. Unrichtig ist auch der Hinweis des RG. auf die Entsch. in RGZ. 103, 64; denn einmal stand hier das Stimmrecht von Tochtergesellschaften in Frage, sodann aber handelte es sich überhaupt nicht um den „Abschluß eines Vertrages mit der Muttergesellschaft".

Register.

(Die Zahlen bezeichnen die Seiten.)

A.

B.

D.

E.

F.

G.

I.

K.

L.

M.

N.

O.

P.

R.

S.

T.

U.

V.

W.

Z.

FSC
www.fsc.org
MIX
Papier | Fördert gute Waldnutzung
FSC® C083411

Kolibri 360 GmbH
Ferdinand-Jühlke-Straße 7
99095 Erfurt, Deutschland
produktsicherheit@kolibri360.de